汽车美容装饰实用手册：施工流程

敏捷科技（沈阳）有限公司 **组编**

主 编 罗 悦

参 编 田久民 徐 德

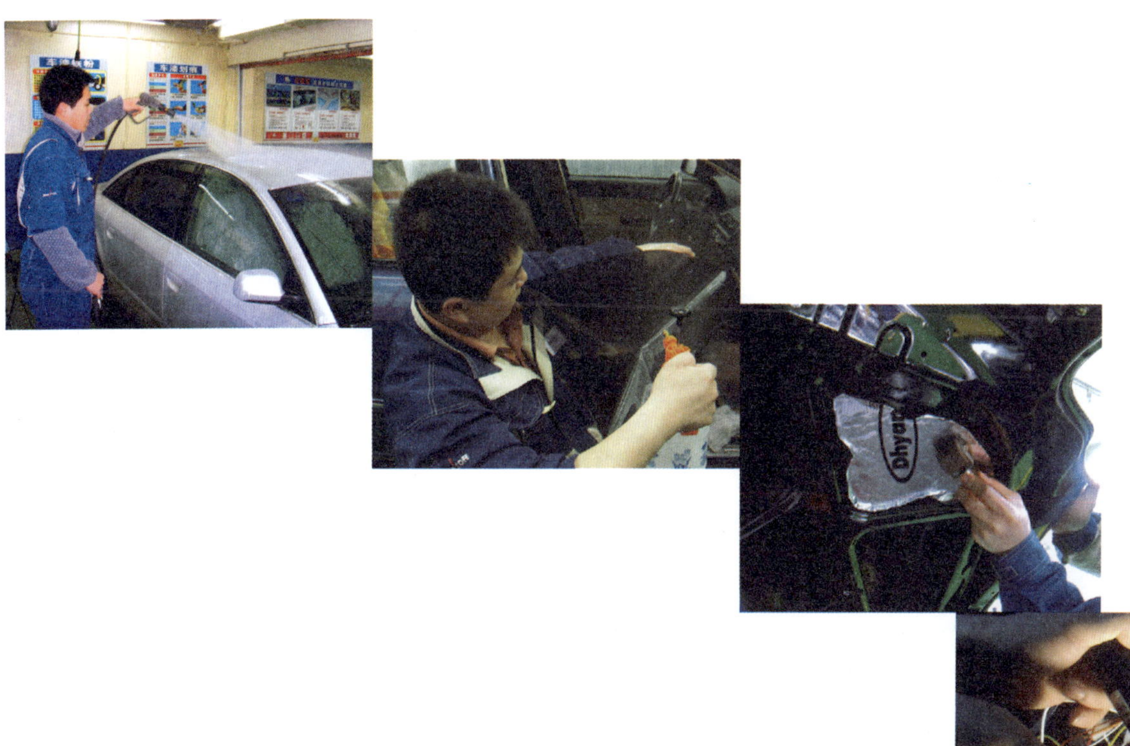

机械工业出版社

本书包括四部分内容：美容装饰、电子产品安装、轮胎保养、车辆安全检测。每部分内容包含多项相关施工项目的流程。针对每项施工项目，以专业、科学的流程步骤逐一讲解，每项步骤都配合实际施工图片及相关文字描述，便于店铺管理者及员工阅读，是汽车服务店铺统一施工流程、人员技术培训的最佳实用手册。

图书在版编目（CIP）数据

汽车美容装饰实用手册．施工流程/罗悦主编．—北京：机械工业出版社，2011.11（2016.8 重印）
ISBN 978-7-111-36210-4

Ⅰ．①汽…　Ⅱ．①罗…　Ⅲ．①汽车-车辆保养-手册②汽车-车辆保养-服务业-业务流程-手册　Ⅳ．①U472-62②F719.9-62

中国版本图书馆 CIP 数据核字（2011）第 215871 号

机械工业出版社（北京市百万庄大街 22 号 邮政编码 100037）
策划编辑：齐福江　责任编辑：杜凡如
版式设计：张世琴　责任校对：刘志文
封面设计：马精明　责任印制：李　洋
北京汇林印务有限公司印刷
2016 年 8 月第 1 版第 4 次印刷
210mm×285mm · 8.75 印张 · 285 千字
7501–9400 册
标准书号：ISBN 978-7-111-36210-4
定价：59.80 元

凡购本书，如有缺页、倒页、脱页，由本社发行部调换

电话服务
服务咨询热线：（010）88361066
读者购书热线：（010）68326294
（010）88379203

网络服务
机工官网：www.cmpbook.com
机工官博：weibo.com/cmp1952
教育服务网：www.cmpedu.com
金书网：www.golden-book.com

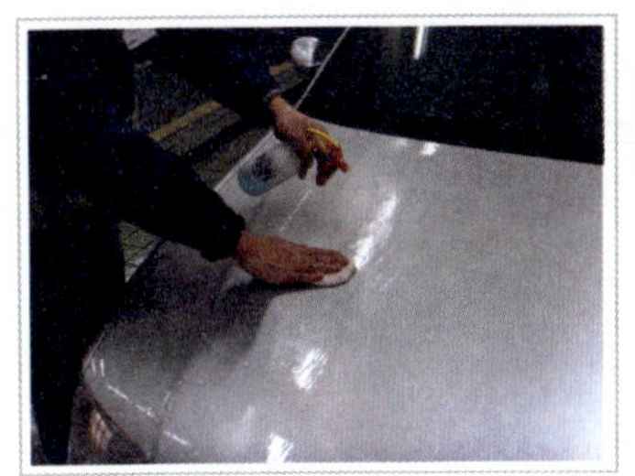
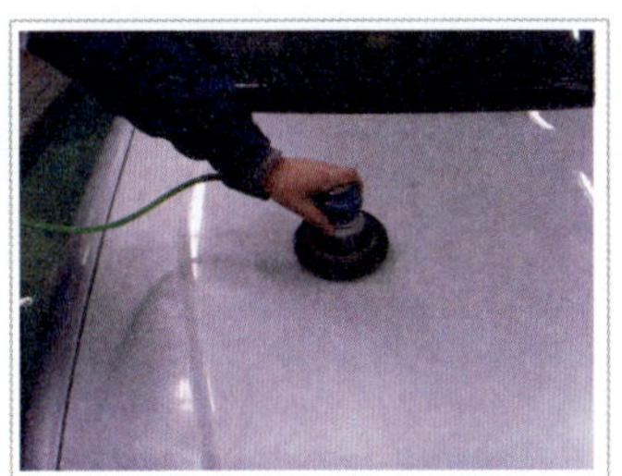

序　言

近些年，随着国内汽车销量的增加，汽车服务店铺的数量逐年增加，行业从业人员的数量也激增，但行业内一直没有统一的行业服务标准，以至于从业店铺的管理、服务、施工等良莠不齐，特别是各店铺对人员培养的问题已经成为困扰及阻碍店铺发展的瓶颈。

本书以真实的店铺经营为素材来源。本书作者就是店铺的经营者，并且具备多年的行业从业经验。作者从店铺实际经营出发，分门别类地对经营、管理、销售、施工、服务等方面进行了详细介绍，并且采用大量图片配合文字讲解，图文并茂、通俗易懂，所表述内容专业、规范。

本书是目前行业内最专业、系统、实用的培训手册和工具书，无论对于店铺的经营者、管理者，还是店铺的普通员工，都有很大的帮助及借鉴意义，希望此书能够得到广大汽车服务行业人员的认可及支持。

李海东
辽宁新天成实业有限公司
辽宁新天成商业管理有限公司
2011 年 11 月 15 日

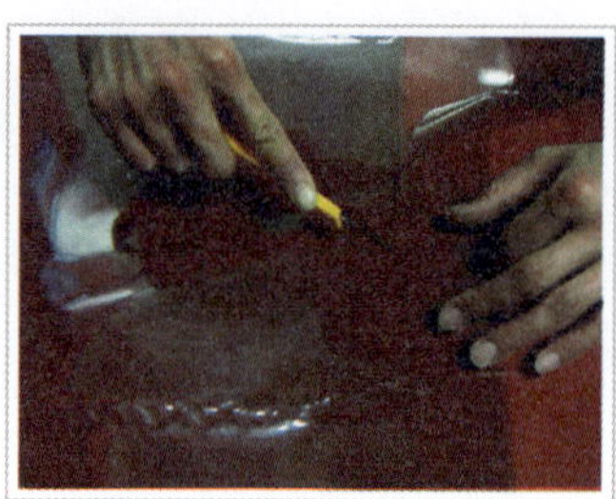
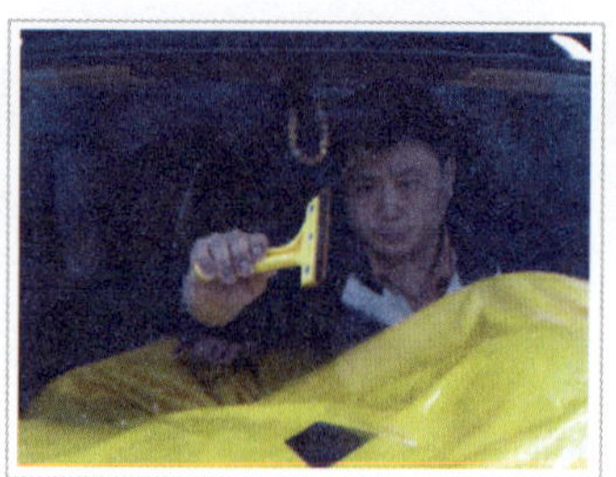
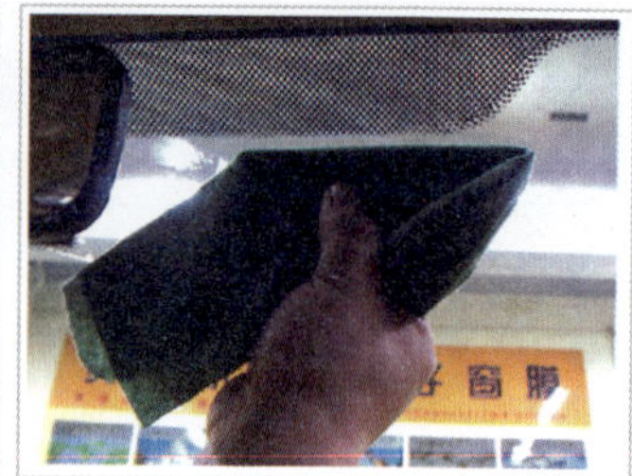

前　言

目前，汽车美容、装饰行业内施工项目存在的主要问题是：施工流程不专业、不统一；施工质量不一致；施工人员难招聘、难培养等。对于施工项目的学习还停留在师傅带徒弟的传统方式，人员技术水平提高慢，从而影响店铺服务质量及进一步发展。

本书包括四部分内容：美容装饰、电子产品安装、轮胎保养、车辆安全检测。每部分内容包含多项相关施工项目的流程。针对每项施工项目，以专业、科学的流程步骤逐一讲解，每项步骤都配合实际施工图片及相关文字描述，便于店铺管理者及员工阅读，是汽车服务店铺统一施工流程、人员技术培训的最佳实用手册。

希望广大汽车服务行业同仁，通过阅读本书能够对店铺的施工管理及人员技术培训有所帮助。

编　者

Contents

目　录

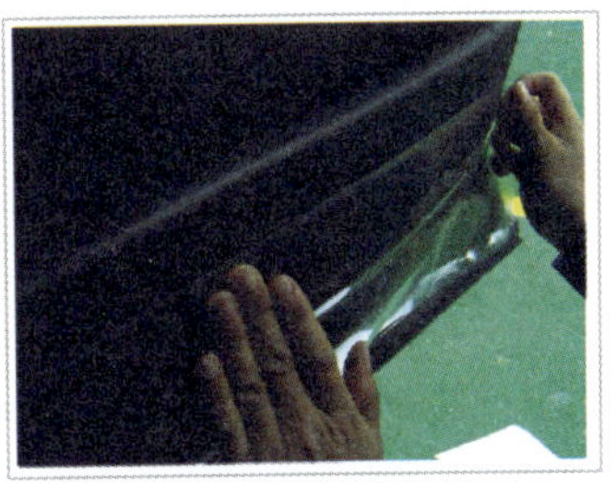

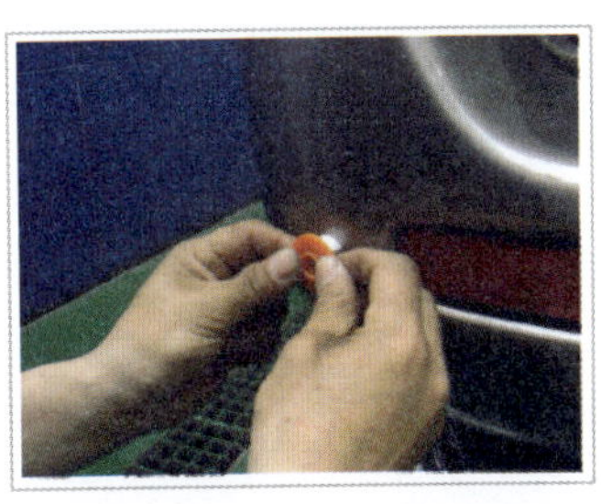

一、美容装饰

（一）汽车美容用品

车身专用水桶

专门存装清洗车身的专用清洁液及海绵，并只能用于车身清洁。

车身指汽车底裙以及保险杠以上部位。

底裙专用水桶

专门存装清洗底裙、轮胎、轮辋、前后保险杠的专用清洁液及海绵，并只能用于底裙、轮胎、轮辋、前后保险杠的清洁。

车身专用海绵

清洗车身专用海绵，用于给车身涂抹泡沫清洁液，清除泥沙之用。

此海绵表面由不规则毛孔组成，用于包裹泥沙，以免误伤漆面。

此海绵只能用于车身部位清洁。

底裙专用海绵

清洗底裙、轮胎、轮辋、前后保险杠的专用海绵，用于涂抹泡沫清洁液及清除泥沙之用。

此海绵只能用于底裙、轮胎、轮辋、前后保险杠部位的清洁。

软毛刷

专门用于清扫汽车内室缝隙灰尘，如：仪表板、空调口、音响控制板等部位。

硬毛刷

专门用于刷洗轮胎、脚垫等污染严重的部位。

车身大毛巾

专门用于清除冲洗车身后的表面浮水。

此毛巾由超细纤维组成，吸水性好，柔软，不伤漆面，结实耐用。

车身小毛巾

超细纤维毛巾，专门用于擦拭车身表面水渍。

门边毛巾

可利用淘汰下来的车身专用毛巾。由于门边、足踏板、行李箱盖边缘等部位泥沙较多，所以清洁上述部位应使用门边专用毛巾，绝对不可混用，否则有划伤漆面的危险。

褪蜡毛巾

专门用于车身表面打蜡、封釉、覆膜、镀膜等高级美容项目。

褪蜡毛巾要柔软，并始终保持干燥，使用褪蜡毛巾清褪蜡渍时，要注意控制力量，以免误伤漆面。

内室清洁毛巾

专门用于汽车内室灰尘的清洁，由于汽车内室相对比较干净，所以内室毛巾坚决不能用于其他部位的清洁。

玻璃毛巾

擦拭玻璃的毛巾要保持干净及干燥，水渍及污渍残留在玻璃上会十分明显。

内室翻新毛巾

专门用于汽车内室翻新，独立使用，毛巾用旧后可淘汰作门边毛巾。

其他毛巾

用于轮胎上蜡、胶边养护、底裙上蜡等方面，可使用淘汰毛巾。

铁粉泥

车漆表面残留的制动片碎沫、粉尘等颗粒状顽固污物，普通洗车很难清除。

使用铁粉泥，并一边喷水，一边在车漆表面擦拭，可轻松去除以上污垢。

兰威宝

专门用于清洁各种污渍，浓缩配方，依据污染程度来调整兑水稀释比例，喷于污渍处，使用毛刷刷洗、毛巾擦拭都可，使用广泛，尤其对严重污渍的清洁，效果非常明显。

轮胎蜡

用于对刷洗过后的轮胎进行上光养护，可使轮胎光亮美观，并防止轮胎产生老化龟裂。

直接喷在轮胎表面，用干毛巾擦干即可。

柏油清洁剂

专门用于清除车身柏油、焦油、胶渍等各种污垢，不损伤车漆。

使用前充分摇晃，直接喷在上述污渍处，用毛巾擦拭干净即可。

内室上蜡毛巾

专门用于汽车内室仪表板、座椅等处上蜡保养，需要始终保持干燥。

洗车蜡水

专门用于清洗车身，中性清洁剂，不会损伤车漆或导致车漆褪色，含有蜡水成分，令洗车过后，车漆表面光亮顺滑。

万能泡沫清洁剂

此种清洁剂属于干性清洁剂，清洁各种污渍。使用前充分摇晃，直接喷在污渍处，略停留片刻，用毛刷刷洗，或用毛巾擦拭都可，无需清水。

使用方便、用途广泛。

玻璃清洁剂

专门清洁玻璃上的各种油污和油膜，擦洗玻璃不留水痕，不易粘尘，不损伤车漆表面。

将本品喷在玻璃表面，用干毛巾擦净即可。

轮辋清洁剂

专门用于清洁轮辋表面的严重污渍，清洁力强，不损伤轮辋表面电镀层，操作简便。

将本品喷在轮辋表面，略浸泡片刻，用毛刷刷洗，最后用清水冲洗干净即可。

仪表蜡

专门用于仪表板、车门饰条、座椅等皮革塑料制品，增加光泽，防老化、防污、防静电等。

使用前充分摇晃，直接喷在物品表面，用干毛巾擦拭即可。

皮水

专门用于给皮革制品、橡胶制品等上光养护，防止龟裂、褪色及老化，并可长时间保持光泽。

使用前充分摇晃，喷在物品表面，用干毛巾擦拭即可。

WD－40 防锈润滑剂

专门用于金属表面防锈润滑处理，也可以作除胶、排除湿气等用。

使用前摇晃充分，喷在需要处理部位的表面即可。

铜水

属于金属擦亮剂，专门处理腐蚀、氧化的金属表面，使其恢复原有光泽，并不损伤电镀层。使用前摇晃均匀，倒在干毛巾上少许，反复擦拭金属表面，直至光亮为止。

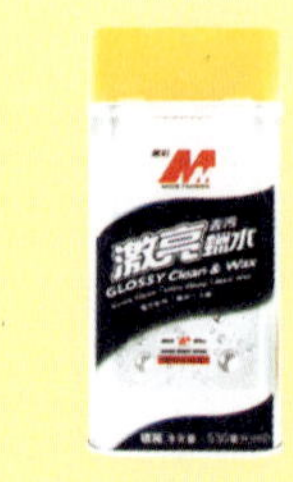

新车去蜡水

专门用于清洁新车表面的保护蜡层，不损伤车漆表面。

先将车身冲洗干净，然后将本品涂抹在车身上，用毛巾反复擦拭，直至保护蜡层消失，然后再冲洗车身即可。

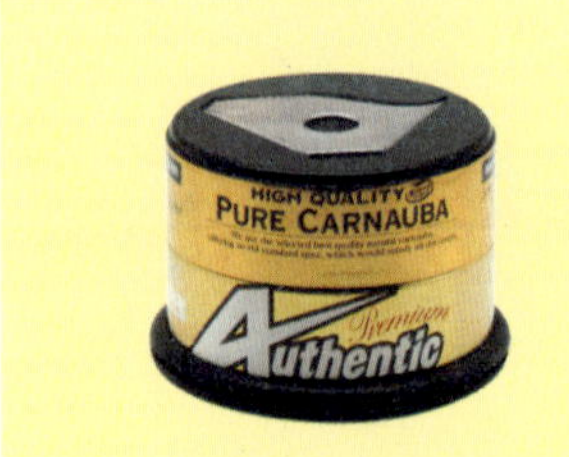

车蜡

车蜡会增加车漆亮度，同时起到防水、耐光等保护效果。

车蜡的种类繁多，打蜡时需要车漆干净干燥，车身温度正常并在室内操作，车蜡在车漆上涂抹均匀，半干时褪掉。

砂蜡

即粗蜡，专门清除车漆表面划痕及顽固污渍。

操作时使用干毛巾蘸少许砂蜡，反复打磨划痕或污渍处，注意力度，以免损伤车漆。砂蜡处理过的漆面会变乌，需要用细研磨蜡抛光。

超能蜡

属于含有细研磨剂的上光蜡，具有一般车蜡的防护和光亮功能，同时具有一定的研磨功能，可以清除污渍或细小划痕，并保持漆面光亮。

使用海绵或干毛巾涂抹于车身，并手工抛光亮。

3000 号抛光蜡

配合抛光机使用，针对中度划痕进行抛光处理，研磨颗粒较粗，摩擦力较大，要使用粗抛光海绵低速操作抛光机。

操作后漆面会有抛光纹，需要用细抛光蜡镜面抛光处理。

9800 号抛光蜡

配合抛光机使用，针对细小划痕进行抛光处理，研磨颗粒极细，要配合细抛光海绵高速操作抛光机。

操作后深色车迎光观察时，会有细小光纹，需要用解消伤痕蜡处理。

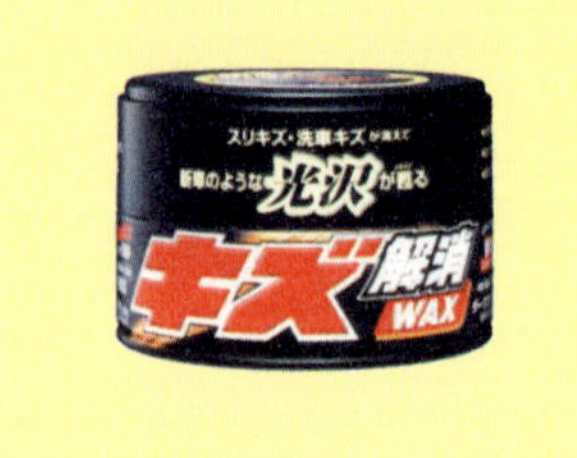

解消伤痕蜡

特殊成分，具有超强附着力及硬度，涂抹车漆后，会掩盖细小划痕，消除光纹，并同时具有车蜡的其他功能。

补漆笔

用于修补露底漆的划痕，按漆颜色不同分为多种漆号，使用时可以与车身比对颜色并采用查找漆号方法来使用。

将车身处理干净后，在划痕处涂抹车漆，干燥后可抛光处理。

覆膜剂

车漆高级保养剂，比普通车蜡的防护功能及光亮度要强，操作比较复杂，且防护期较长。

同类产品还有：封釉、镀膜等，功能和操作方法大致相同，防护效果各有分别。

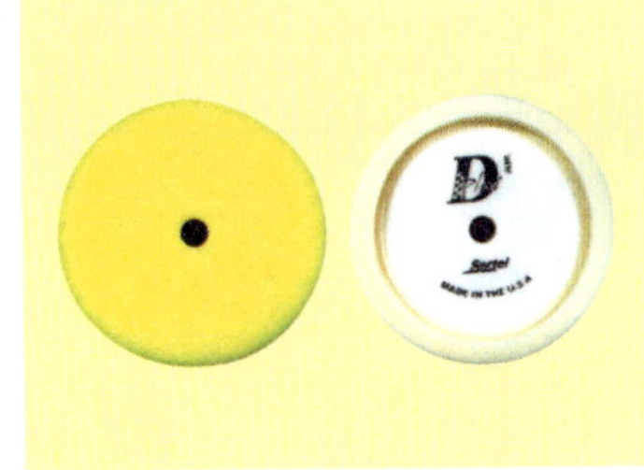

抛光专用海绵

专门配合抛光机使用的海绵，海绵背面有凹槽，将抛光机轮盘包裹，可以避免误伤漆面。

海绵按毛孔分粗细海绵，使用时按抛光蜡粗细程度选择海绵。

抛光机

专门用于车漆表面抛光的设备，一般抛光机会有4~5档转速，抛光时根据使用抛光蜡粗细及漆面情况，决定使用何种转速抛光。

打蜡机

打蜡机也可作为封釉、覆膜等高级美容使用工具，打蜡机分为气动和电动两种。

最好使用气动打蜡机，因为汽车美容场所潮湿，气动设备没有漏电危险，并且耐用。

打蜡海绵

专门用于车身上蜡使用的海绵，根据使用方法分为手工上蜡海绵和机械上蜡海绵，根据海绵毛孔粗细，分为不同粗细海绵。

打蜡时根据车蜡的粗细情况，选择适中海绵。

水磨砂纸

专门用于车漆表面打磨使用，必须配合专用打磨板及带水操作。

汽车美容行业使用的砂纸多用于打磨深度划痕，或打磨底漆之用。

砂纸磨板

专门用于打磨漆面时，配合砂纸使用。

千万不可用手直接接触砂纸打磨漆面，因为手部凸凹不平，作用在漆面的摩擦力不均匀，极易损伤漆面。

高压洗车机

专门用于冲洗车身，雾状喷水伴随高压，可以将车身泥沙一并冲掉，避免人为划痕产生，洗车机压力可以调节，正常压力应在0.4MPa左右，压力过大，有损伤车漆的危险。

吸尘器

专门用于吸取车内及行李箱灰尘，吸尘器按使用功能可分为吸灰尘机器及吸水机器，按需要选择使用。

甩干机

用于毛巾、座套、毛制脚垫等脱水。

消毒机

专门用于车内消毒。

气泵

用于轮胎充气、车门边吹水、车内吹尘等。

气枪

使用气管与气泵连接，专门用于吹气。

不要使用金属气枪，若使用时不小心碰到漆面，极易损伤车漆。

（二）汽车清洗

施工前的检查工作

首先按客户要求填写施工单，检查车身状况，及时提示车主，并将异常情况在施工单上标注，提示客户随身携带贵重物品，最后请客户在施工单上签字确认，以免事后发生纠纷。

冲洗顶篷

调整好洗车机压力及出水状况，距车身 40cm 以上距离，首先从车顶篷开始冲洗。

按水流规律，冲洗车辆顺序为：从上至下、从前至后、从右至左。

冲洗前风窗玻璃

接下来冲洗前风窗玻璃，注意密封胶条及刮水器，避免过度冲洗而产生损坏。

冲洗发动机舱盖

冲洗整个发动机舱盖。

冲洗前保险杠

注意将保险杠底部缝隙中的泥沙冲洗干净。

冲洗右前侧翼子板

冲洗时不要遗漏底裙部位。

冲洗右前侧轮槽

汽车轮槽是泥沙最多的部位，所以需要反复冲洗，直至将泥沙全部冲掉。

冲洗右前侧轮胎及轮辋

轮胎与轮辋中的泥沙也非常多，所以一定要冲洗干净。

冲洗右侧车门

将右侧前后两个车门冲洗干净。

冲洗右侧后视镜

一定不要遗漏后视镜的冲洗。

冲洗右侧车身底裙

车身底裙及挡泥板的泥沙较多，所以一定要反复冲洗。

冲洗后风窗玻璃

冲洗后风窗玻璃时也要注意密封胶条的安全。

冲洗行李箱盖

将整个行李箱盖冲洗干净。

冲洗右后侧翼子板

冲洗时不要遗漏，将底裙及挡泥板处的泥沙冲洗干净。

冲洗右后侧轮槽

反复冲洗直至泥沙全部冲掉。

冲洗右后侧轮胎及轮辋

将泥沙全部冲掉。

冲洗行李箱尾部

注意牌照架等处缝隙的冲洗。

冲洗后侧保险杠

注意对保险杠底部的泥沙进行反复冲洗。

冲洗左后侧翼子板

冲洗时不要遗漏，将底裙及挡泥板处的泥沙冲洗干净。

冲洗左后侧轮槽

反复冲洗直至将泥沙全部冲掉。

冲洗左后侧轮胎及轮辋

将泥沙全部冲掉。

冲洗左侧车门

将左侧前后两个车门冲洗干净。

冲洗左侧后视镜

一定不要遗漏后视镜的冲洗。

冲洗左侧车身底裙

车身底裙及挡泥板的泥沙较多，所以一定要反复冲洗。

25

冲洗左前侧翼子板

冲洗时不要遗漏底裙部位。

26

冲洗左前侧轮槽

反复冲洗直至泥沙全部冲掉。

27

冲洗左前侧轮胎及轮辋

轮胎与轮辋泥沙也非常多，所以一定要冲洗干净。

冲车工作完毕。

28

右侧顶篷打泡沫

使用专用洗车蜡水稀释液，并配合车身专用海绵，从右侧车顶篷开始打泡沫，切忌遗漏。

并且车身泡沫存放在专用桶内，不可与底裙泡沫混用。车身指底裙及保险杠以上部位。

29

右侧前风窗玻璃打泡沫

注意避免遗漏。

若两个人擦车，一人给车身打泡沫，一人刷洗轮胎及擦洗底裙，两人同时操作。

30

右侧刮水器打泡沫

将刮水器拿起，先给底部风窗玻璃打泡沫，再给刮水器打泡沫，然后立即将刮水器归位。

施工时需要支起刮水器，施工结束立即将刮水器归位，否则，刮水器回弹易振碎风窗玻璃。

31

右侧发动机舱盖打泡沫

注意避免遗漏。

32

右侧前保险杠打泡沫

注意车灯、进气格栅缝隙及车标等处均应打泡沫。

33

右前侧翼子板打泡沫

注意避免遗漏。

34

右侧后视镜打泡沫

一定不要遗漏，后视镜里外均要打泡沫。

35

右侧车门打泡沫

注意前后两个车门手扣处不要遗漏打泡沫。

36

右侧后风窗玻璃打泡沫

注意避免遗漏。

右后侧翼子板打泡沫

注意避免遗漏。

行李箱盖打泡沫

注意避免遗漏。

行李箱尾部打泡沫

注意车标、字母、牌照架缝隙等处均应打泡沫。

左侧后风窗玻璃打泡沫

注意避免遗漏。

左后侧翼子板打泡沫

注意避免遗漏。

左侧顶篷打泡沫

注意避免遗漏。

左侧车门打泡沫

注意前后两个车门手扣处均打泡沫。

左侧后视镜打泡沫

后视镜里外打泡沫。

左侧前风窗玻璃打泡沫

注意避免遗漏。

左侧刮水器打泡沫

注意刮水器底部玻璃及刮水器打泡沫，并注意安全，及时将刮水器归位。

左侧发动机舱盖打泡沫

注意避免遗漏。

左前侧翼子板打泡沫

注意避免遗漏。

左前侧保险杠打泡沫

注意车灯应打泡沫，整个车身泡沫全部打完。

夏天气温高，车身泡沫变干较快，若一个人清洗车身，此时应该先将车身泡沫冲掉，以免泡沫变干后难以冲洗，留下水渍也难以擦掉。

刷洗右前侧轮胎

洗车蜡水稀释液加兑兰威宝增强清洁力，可作为底裙及轮胎清洁液。

要用专门桶存放，严禁用于车身清洁，因为底裙泥沙较多易损伤车漆。

刷洗轮胎要用力，胎侧及胎肩都要刷洗。

擦洗右前侧轮辋

使用清洁底裙专用海绵及底裙专用清洁剂，将轮辋表面、轮辋柱孔以及螺栓孔均擦洗干净。

擦洗右前侧轮槽边缘

轮槽边缘的泥沙较多，所以一定要使用底裙专用海绵擦洗干净。

擦洗右前侧挡泥板

挡泥板泥沙多，打泡沫时要反复擦洗干净，尤其注意车底部位的挡泥板，要擦洗到位。

擦洗右侧底裙

车底以上、车门防撞条以下部位为需要擦洗部位，泥沙多需要反复擦洗，尤其注意车底部位底裙，要擦洗到位。

防撞条以上的车身部位，坚决不可以使用底裙海绵，易产生划痕。

刷洗右后侧轮胎

刷洗轮胎要用力，胎侧及胎肩都要刷洗。

擦洗右后侧轮辋

使用清洁底裙的专用海绵及底裙专用清洁剂，将轮辋表面、轮辋柱孔及螺栓孔擦洗干净。

擦洗右后侧轮槽边缘

轮槽边缘处的泥沙较多，所以一定要使用底裙专用海绵擦洗干净。

擦洗右后侧挡泥板

挡泥板泥沙多，打泡沫时要反复擦洗干净，尤其注意车底部位的挡泥板，要擦洗到位。

擦洗右后侧底裙

泥沙多需要反复擦洗，尤其注意车底部位的底裙，要擦洗到位。

擦洗后侧保险杠

泥沙多需要反复擦洗，尤其注意车底部位保险杠，要擦洗到位。

61

擦洗左后侧底裙

泥沙多需要反复擦洗，尤其注意车底部位的底裙，要擦洗到位。

62

擦洗左后侧挡泥板

挡泥板泥沙多，打泡沫时要反复擦洗干净，尤其注意车底部位的挡泥板，要擦洗到位。

63

刷洗左后侧轮胎

刷洗轮胎要用力，胎侧及胎肩都要刷洗。

64

擦洗左后侧轮辋

使用清洁底裙的专用海绵及底裙专用清洁剂，将轮辋表面、轮辋柱孔及螺栓孔擦洗干净。

65

擦洗左后侧轮槽边缘

轮槽边缘泥沙较多，所以一定要使用底裙专用海绵擦洗。

66

擦洗左侧底裙

车底以上、车门防撞条以下部位为需要擦洗的部位，泥沙多需要反复擦洗，尤其注意车底部位底裙，要擦洗到位。

防撞条以上的车身部位，坚决不可以使用底裙海绵，易产生划痕。

67

擦洗左前侧挡泥板

挡泥板泥沙多，打泡沫时要反复擦洗干净，尤其注意车底部位的挡泥板，要擦洗到位。

68

刷洗左前侧轮胎

刷洗轮胎要用力，胎侧及胎肩都要刷洗。

69

擦洗左前侧轮辋

使用清洁底裙专用的海绵及底裙专用清洁剂，将轮辋表面、轮辋柱孔及螺栓孔擦洗干净。

70

擦洗左前侧轮槽边缘

轮槽边缘泥沙较多，所以一定要使用底裙专用海绵擦洗。

71

擦洗左前侧底裙

泥沙多需要反复擦洗，尤其注意车底部位底裙，要擦洗到位。

72

擦洗前侧保险杠

泥沙多需要反复擦洗，尤其注意车底部位保险杠，要擦洗到位。

车牌照、雾灯、保险杠通风网都要擦洗到位。

73

擦洗右前侧底裙

泥沙多需要反复擦洗，尤其注意车底部位底裙，要擦洗到位。

全车车身泡沫及底裙、轮胎擦洗完毕。

74

冲洗车顶篷

按照冲车要求及顺序，先从车顶篷开始冲洗，将车身全部泡沫冲洗干净。

75

冲洗前侧风窗玻璃

注意密封胶条及刮水器安全。

76

冲洗发动机舱盖及保险杠

冲洗到位，避免遗漏。

77

冲洗右侧车身

冲洗到位，避免遗漏。

78

冲洗后侧风窗玻璃

注意密封胶条安全。

79

冲洗行李箱及保险杠

冲洗到位，避免遗漏。

80

冲洗左侧车身

冲洗到位，避免遗漏，车身冲洗完毕。

81

擦右侧发动机舱盖浮水

使用擦车大毛巾，从发动机舱盖右侧开始，擦掉车身上的浮水。

若两个人擦车，可将大毛巾展开，在车左右各一人分别拽住大毛巾，从前至后将车身上的浮水擦掉。

82

擦右侧前风窗玻璃浮水

注意擦刮水器及底部玻璃上的浮水。

83

擦右侧车顶篷浮水

擦掉右侧车顶篷上的浮水。

84

擦右侧后视镜浮水

注意避免遗漏。

擦右侧车身浮水

将右侧车身浮水擦掉。

擦右侧后风窗玻璃浮水

将右侧后风窗玻璃浮水擦掉。

擦行李箱浮水

将行李箱及保险杠浮水擦掉。

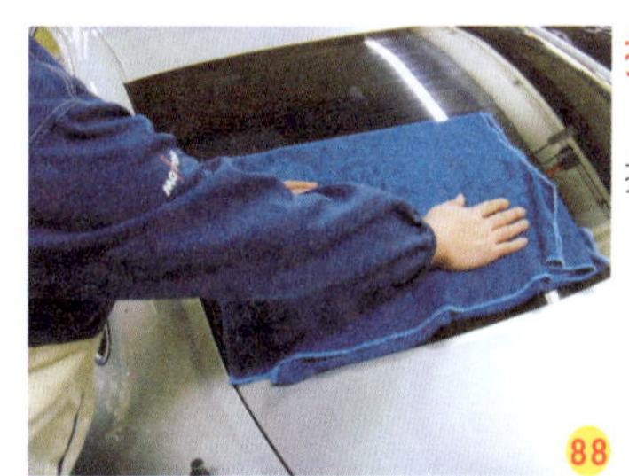

擦左侧后风窗玻璃浮水

将左侧后风窗玻璃浮水擦掉。

擦左侧车顶篷浮水

将左侧车顶篷浮水擦掉。

擦左侧车身浮水

将左侧车身浮水擦掉。

擦左侧后视镜浮水

注意避免遗漏。

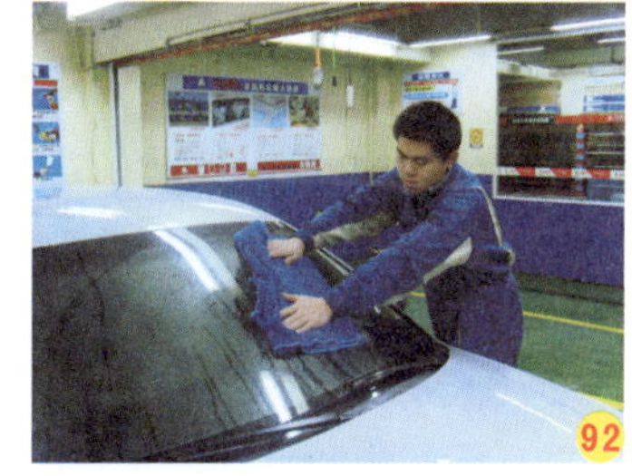

擦左侧前风窗玻璃浮水

注意擦刮水器及底部玻璃浮水。

擦左侧发动机舱盖浮水

将左侧发动机舱盖浮水擦掉。

擦前侧保险杠浮水

将前侧保险杠浮水擦掉，擦浮水工作完毕。

车门边及窗边吹水

四个车门边及窗边缝隙都要吹水。

车身缝隙水分，用抹布很难擦干净，待车移动时，水会从缝隙流出，影响擦车效果，若在冬天则会冻冰，以至于车门打不开，所以要吹水。

后视镜吹水

车身两侧后视镜缝隙都要吹水。

门手扣吹水

四个车门的手扣及钥匙孔缝隙都要吹水。

门板防撞条吹水

四个车门的防撞条缝隙都要吹水。

行李箱盖吹水

整个行李箱盖的缝隙都要吹水。

油箱盖吹水

油箱盖缝隙要吹水。

车尾灯吹水

车辆后部所有尾灯缝隙全部吹水。

车标及字母吹水

车辆后部所有车标及字母都要吹水。

车牌照吹水

车辆后部牌照及周边缝隙、钥匙孔都要吹水。

行李箱盖边缘吹水

行李箱盖边缘的缝隙吹水。

后保险杠吹水

后保险杠缝隙吹水。

车外天线吹水

所有车外天线的缝隙都要吹水。

车边灯吹水

车身左右两侧边灯缝隙都要吹水。

刮水器吹水

左右两侧刮水器吹水。

前风窗玻璃底部吹水

前风窗玻璃底部缝隙吹水。

发动机舱盖吹水

发动机舱盖及上边刮水器喷水孔、车标等缝隙都要吹水。

车前灯吹水

车前部所有灯边缝隙吹水。

进气格栅吹水

进气格栅及其上边车标缝隙吹水。

车牌照吹水

车辆前部牌照及其周边缝隙吹水。

前保险杠吹水

前侧保险杠及其上边网条等缝隙吹水。

车身缝隙吹水完毕。

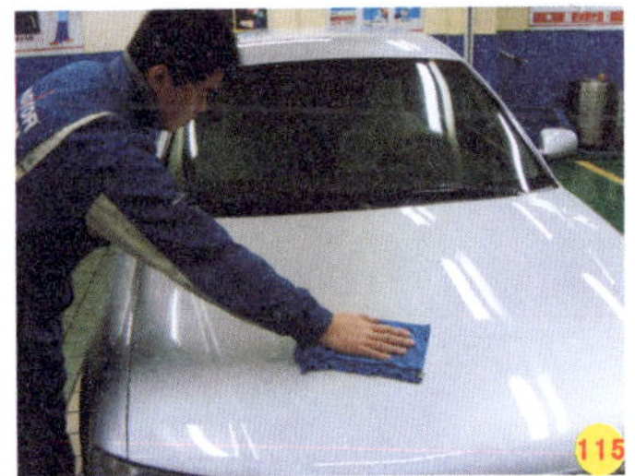

右侧发动机舱盖擦干

使用专门擦车身毛巾，从前发动机舱盖右侧开始，将全车身擦干。

若两个人擦车，可以一人擦车身，一人擦内室同时操作。

右前侧翼子板擦干

将右前侧翼子板擦干。

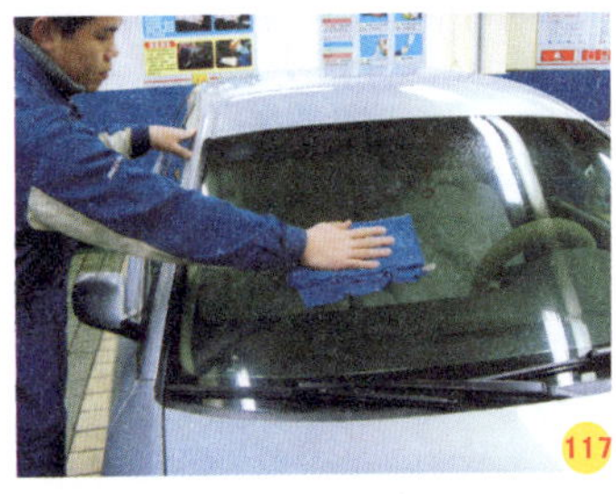

右侧前风窗玻璃擦干

将右侧前风窗玻璃水分擦干。

右侧刮水器擦干

将右侧刮水器及其底部玻璃一并擦干，注意安全。

右侧车顶篷擦干

将右侧车顶篷擦干。

右侧后视镜擦干

注意避免遗漏。

右前车门玻璃擦干

将右前车门玻璃外侧擦干。

右前门擦干

将右前门表面及手扣部位擦干。

右后车门玻璃擦干

将右后车门玻璃外侧擦干。

右后门擦干

将右后门表面及手扣部位擦干。

后风窗玻璃右侧擦干

将后风窗玻璃右侧外部擦干。

右后侧翼子板擦干

将右后侧翼子板擦干。

行李箱擦干

将行李箱表面、车牌照及周边部位擦干。

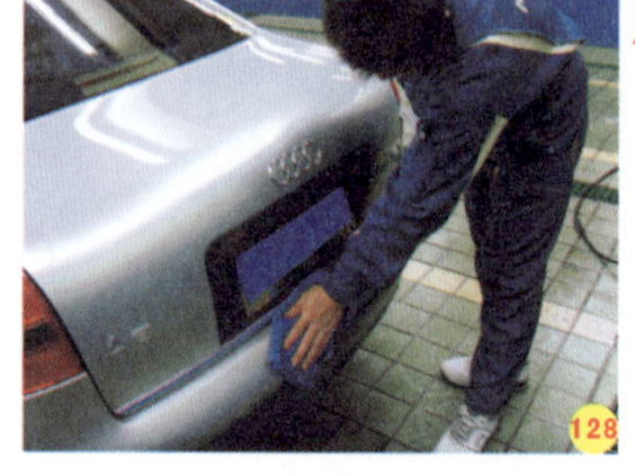

后保险杠擦干

将后保险杠擦干。

后风窗玻璃左侧擦干

将后风窗玻璃左侧外部擦干。

左后侧翼子板擦干

将左后侧翼子板擦干。

左侧车顶篷擦干

将左侧车顶篷擦干。

左后车门玻璃擦干

将左后车门玻璃外侧擦干。

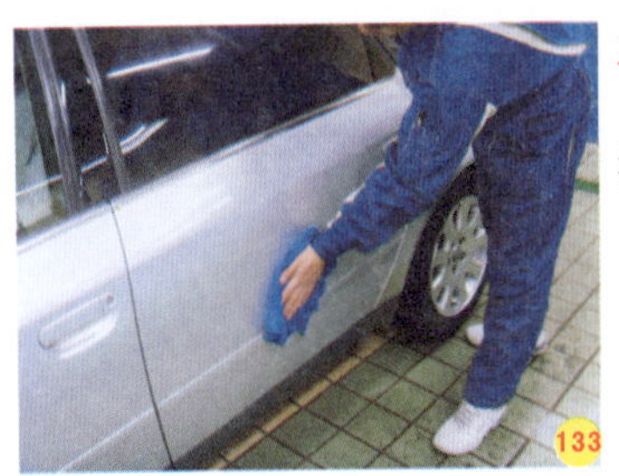
133

左后门擦干

将左后门表面及手扣部位擦干。

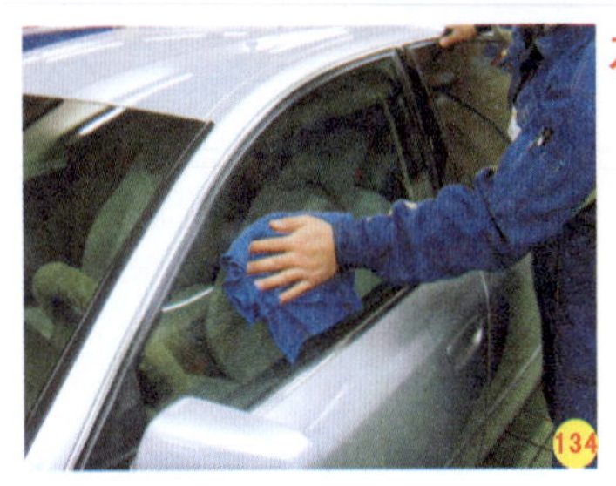
134

左前车门玻璃擦干

将左前车门玻璃外侧擦干。

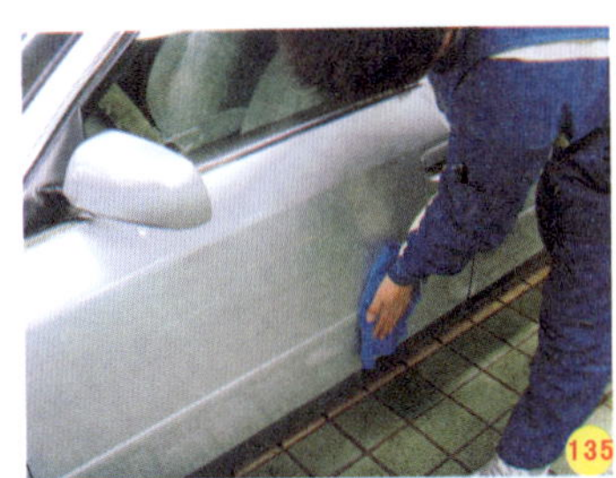
135

左前门擦干

将左前门表面及手扣部位擦干。

136

左侧后视镜擦干

注意避免遗漏。

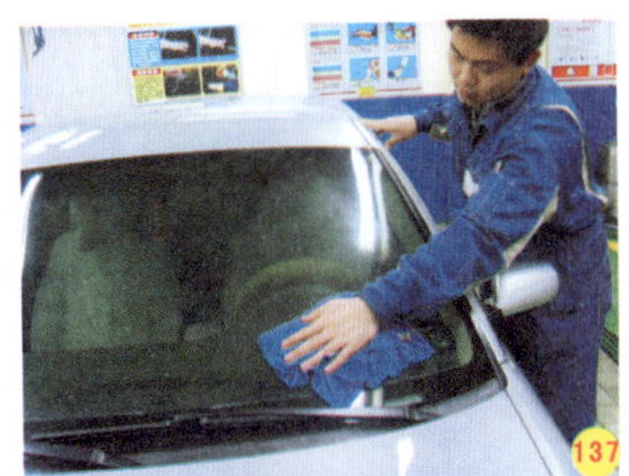
137

左侧前风窗玻璃擦干

将左侧前风窗玻璃水分擦干。

138

左侧刮水器擦干

将左侧刮水器及其底部玻璃一并擦干，注意安全。

139

左侧发动机舱盖擦干

将左侧发动机舱盖擦干。

140

左前侧翼子板擦干

将左前侧翼子板擦干。

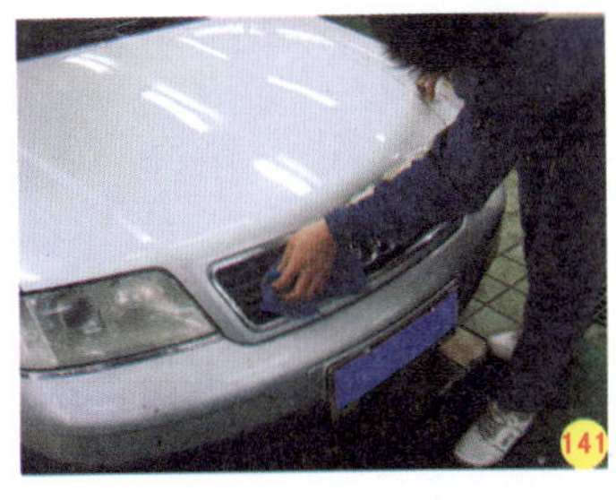
141

进气格栅擦干

将进气格栅缝隙、车标及左右车灯表面擦干。

142

前保险杠擦干

将前保险杠及其上边的牌照、边条缝隙擦干，此部位应仔细操作，避免遗漏。

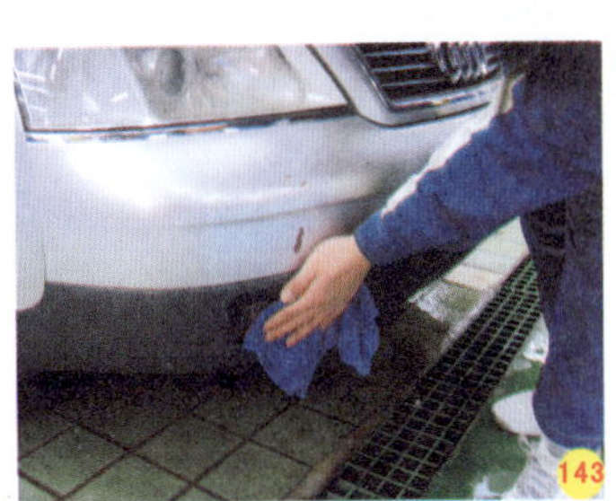
143

前雾灯擦干

将前保险杠两侧雾灯擦干净，注意避免遗漏。

车身表面擦干完毕。

144

车门边擦干

使用专门擦车门边的抹布，先将车门上边擦干净，注意擦到位。

车门边水分及泥沙较多，所以操作要仔细，并注意操作时抹布用脏了要经常清洗。

145

车门侧边擦干

将车门侧边擦干净。

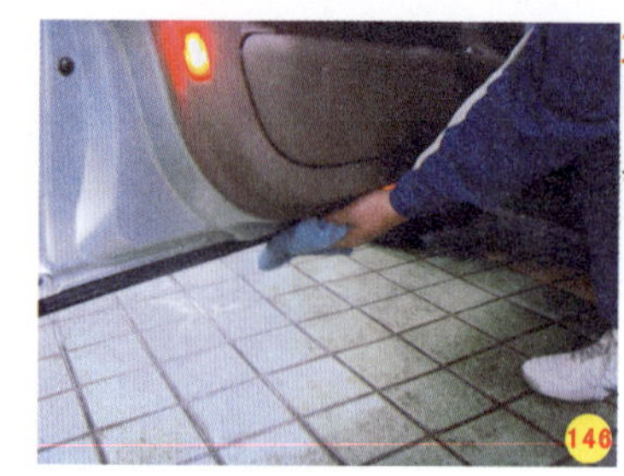

146

车门底边擦干

将车门底边擦干净，此处易遗漏，所以要仔细操作。

147

车门柱上边擦干

将车门柱上边擦干净。

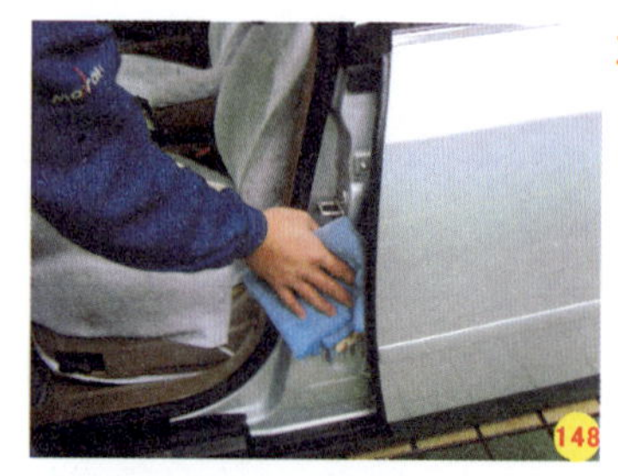

148

车门柱侧边擦干

将车门柱侧边擦干净。

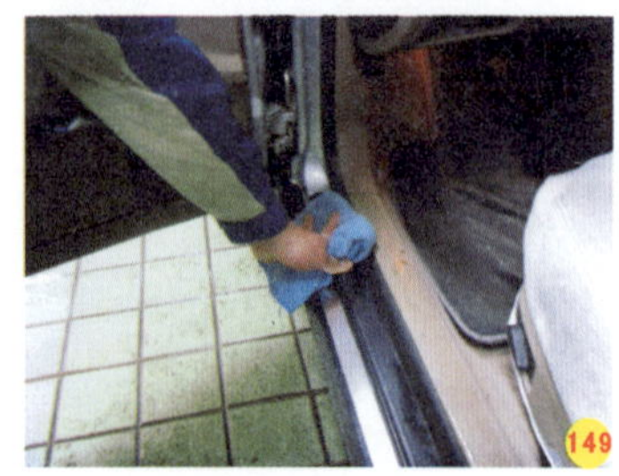

149

车门踏板擦干

由于上下车经常会踢到踏板，所以此处较脏，要仔细操作。

按以上步骤将四个车门边擦干净。

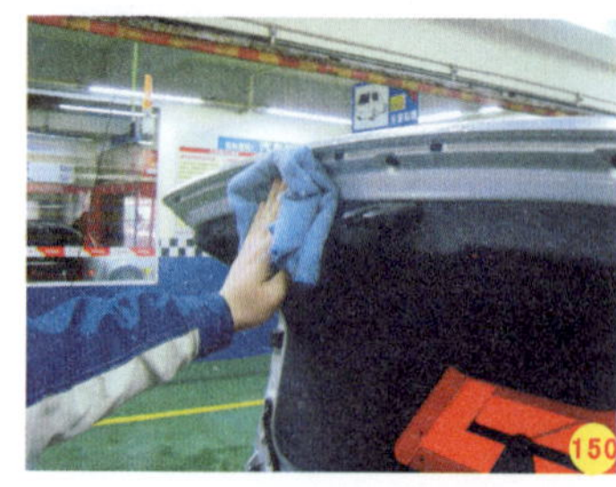

150

行李箱盖边缘擦干

同样使用擦门边毛巾，先从行李箱盖上边缘擦起，不要遗漏。

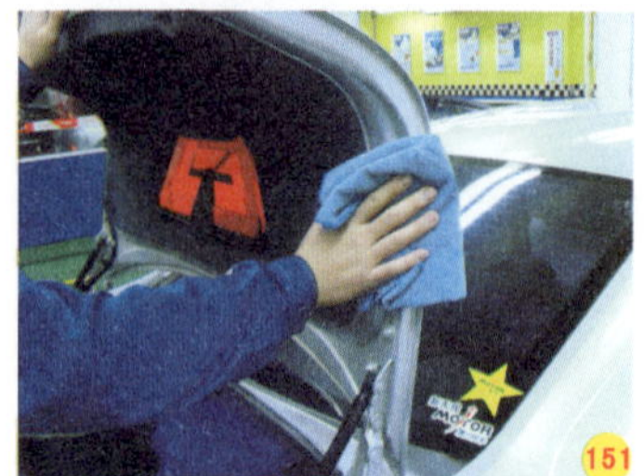

151

行李箱盖边缘擦干

将行李箱盖两侧边缘擦干净。

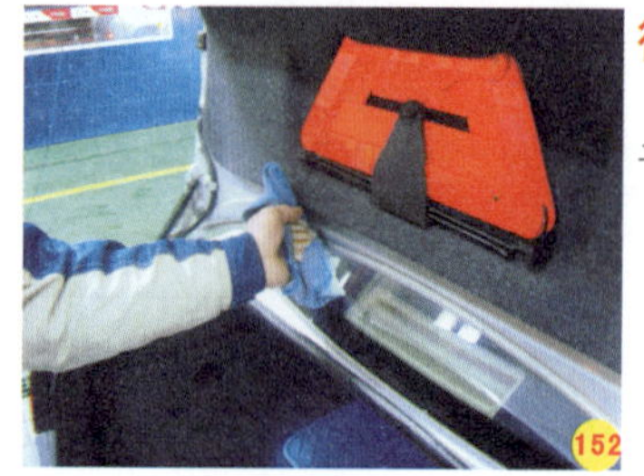

152

行李箱盖边缘擦干

将行李箱盖底侧边缘擦干净。

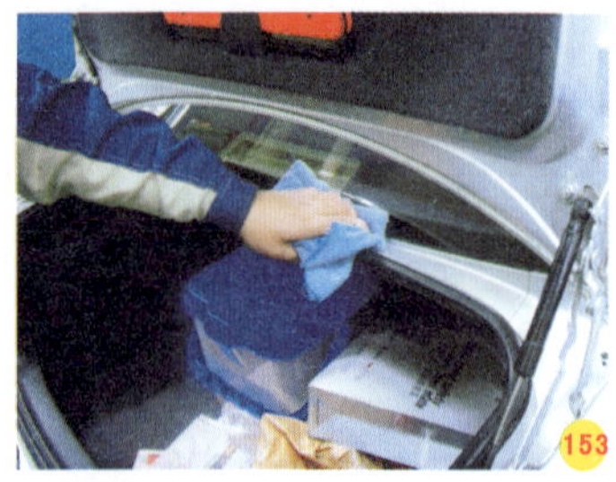

153

行李箱边缘凹槽擦干

行李箱边缘凹槽存水及泥沙较多，所以此处要仔细操作，先将上部凹槽擦干净。

154

行李箱边缘凹槽擦干

再将行李箱边缘两侧凹槽擦干净。

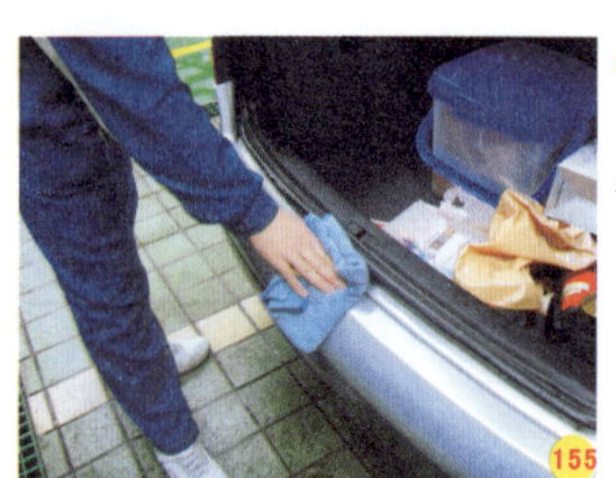

155

行李箱底侧边缘擦干

将行李箱底侧边缘及保险杠上边表面擦干净。

156

油箱盖擦干净

将油箱盖打开，使用擦门边毛巾将里侧全部擦干净。

有些油箱盖可以直接打开，有些需车钥匙打开，还有些在驾驶人座椅附近有开关控制，必须熟悉各种油箱盖开启方法。

轮胎上蜡养护

轮胎上蜡即可使轮胎光亮美观，又可保养轮胎，防止发生龟裂。

将轮胎蜡喷在轮胎侧面。

轮胎上蜡养护

使用轮胎蜡专用毛巾将轮胎表面擦干。

轮辋擦干

最后将轮辋表面水分及刚喷的轮胎蜡残液擦干净，注意每个柱孔及螺栓孔都要擦干净。

按上述步骤，将四条轮胎及轮辋都上蜡擦干。车身外部清洗结束。

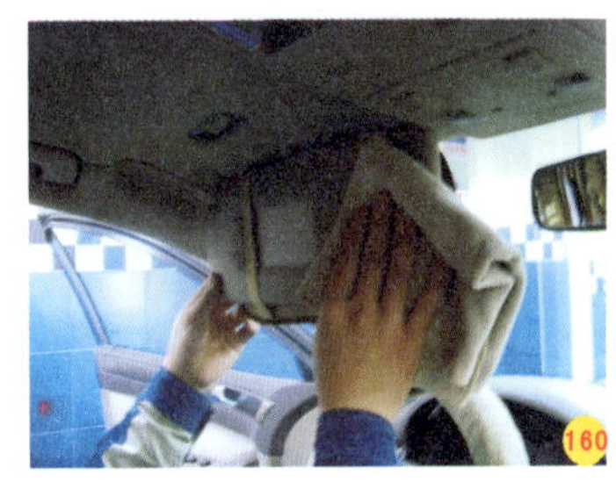

遮阳板清洁

以下部分属于汽车内室清洁。

使用内室清洁专用毛巾，先将两个遮阳板清洁干净，注意遮阳板内侧镜子的清洁。

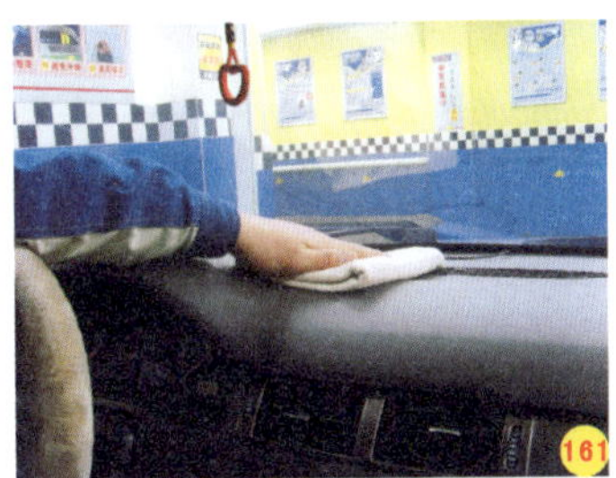

仪表板表面清洁

将仪表板表面擦干净。客户车内会零散地放一些物品，仪表板上、座椅上等都有可能放物品，我们清理内室时尽量不要动客户物品，需挪动的，清洁后将物品立即归原位。

空调出风口清洁

空调出风口表面多是浮尘，并且出风口缝隙多，用抹布不易清洁，使用软毛刷清洁较方便。

转向盘清洁

清洁转向盘时，正面、侧面及缝隙的灰尘都要清洁。

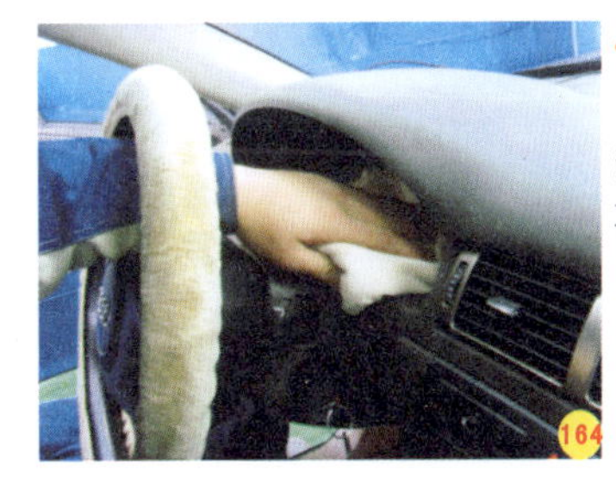

仪表部位清洁

转向盘后的仪表是驾驶人驾驶经常观察的地方，所以要清洁干净。

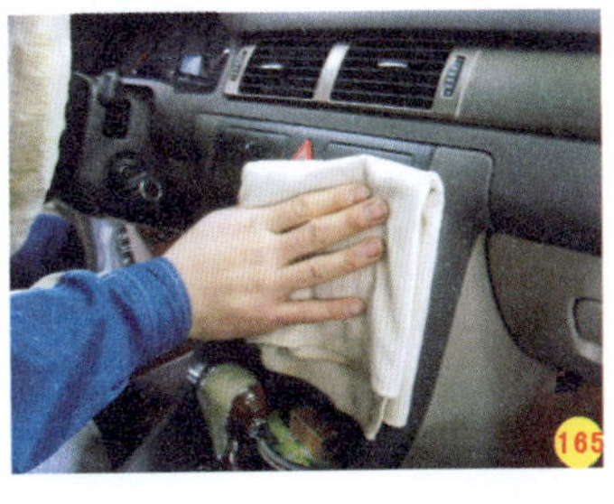

电子控制面板清洁

在清洁电子控制面板时，切忌使用潮湿的毛巾，因为毛巾上的水分容易顺缝隙渗到开关里边，会发生短路等损坏电子元件的危险。

还应将变速杆及中间扶手位置一并清洁。

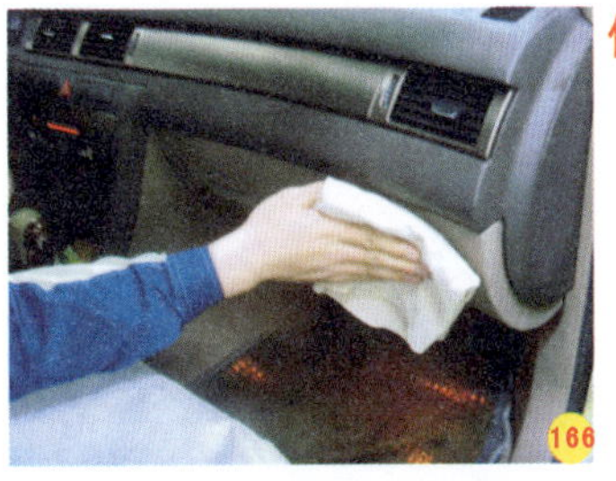

仪表板储物箱表面清洁

将表面清洁干净。

门板内侧清洁

首先将门板上部清洁，并注意上边的开门手扣凹槽处灰尘的清洁。

门板内侧清洁

再清洁中间扶手位置，注意玻璃升降开关凹槽的清洁。

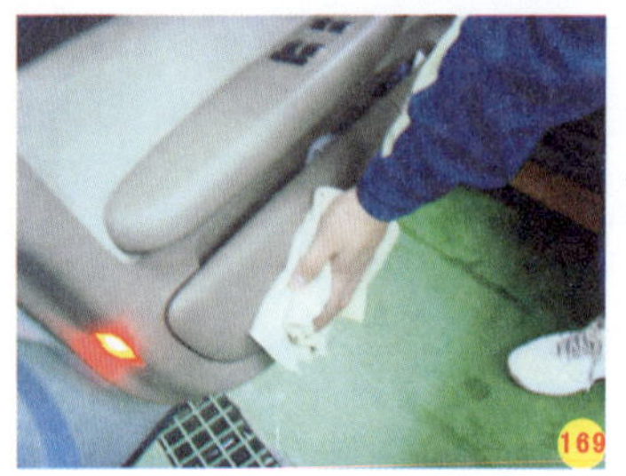
169

门板内侧清洁

最后清洁门板下方，此处上下车经常会被踢到，所以比较脏，要仔细清洁。

按上述步骤将四个车门板内侧清洁干净。

170

烟灰缸清洁

一般烟灰缸在仪表板下方 1 个，后车门板内侧各 1 个，扶手箱后面 1 个。清洁烟灰缸需要将其拆卸下来，倒掉烟灰，用清水冲洗并擦干，再安装回原位，要熟练掌握拆装各种车辆的烟灰缸。

171

前风窗玻璃外侧清洁

使用玻璃清洁专用毛巾及玻璃清洁剂，将前风窗玻璃外侧清洁干净，注意仔细操作，不留任何污渍及水渍。

172

前风窗玻璃内侧清洁

将前风窗玻璃内侧清洁干净，注意仔细操作，不留任何污渍及水渍。

并将车内后视镜一并擦干净。

173

车门玻璃外侧清洁

将车门玻璃外侧擦干净。

174

车门玻璃内侧清洁

将车门玻璃内侧擦干净。

并按上述步骤将四个车门玻璃都擦干净。

175

后风窗玻璃外侧清洁

同样将后风窗玻璃外侧擦干净。

176

后风窗玻璃内侧清洁

同样将后风窗玻璃内侧擦干净。

177

撤出车内脚垫

将车内所有的脚垫撤出。

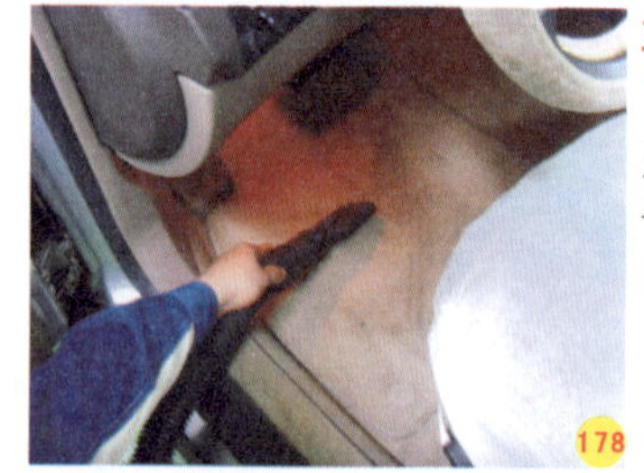
178

车内地毯吸尘

使用吸尘器将车内地毯及周边缝隙和座椅底部缝隙吸干净。

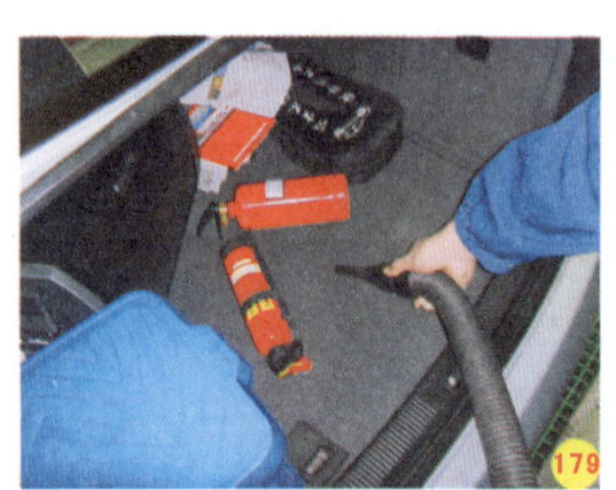
179

行李箱吸尘

使用吸尘器将行李箱内及周边缝隙吸干净。

不需要刷洗脚垫服务的，在行李箱吸尘结束，将撤出的脚垫吸干净铺回车内，汽车清洗工作结束。

180

刷洗脚垫

需要刷洗脚垫服务的，将脚垫放在地上，使用洗车机冲洗脚垫。

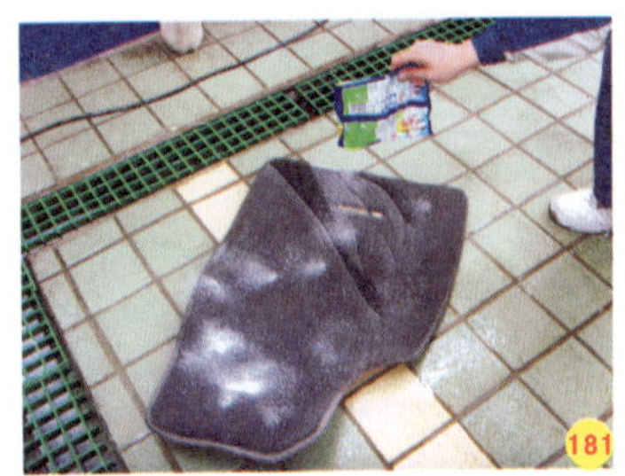

刷洗脚垫

然后在脚垫上洒些洗衣粉。

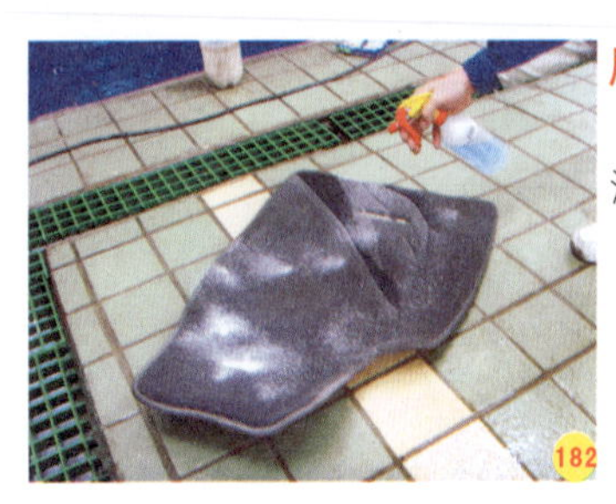

刷洗脚垫

再喷些兰威宝，增强清洁力。

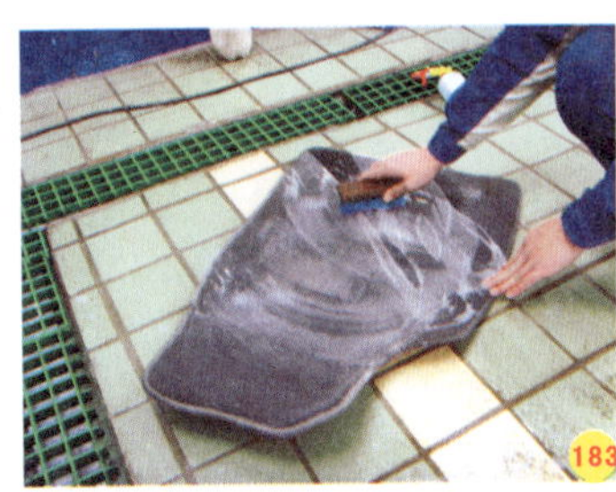

刷洗脚垫

使用刷洗轮胎的毛刷，用力刷洗脚垫，注意全部刷洗到位。

刷洗脚垫

最后再使用洗车机将脚垫上的泡沫冲洗干净。

脚垫甩干

将刷洗干净的脚垫放在甩干桶内，脱水甩干。

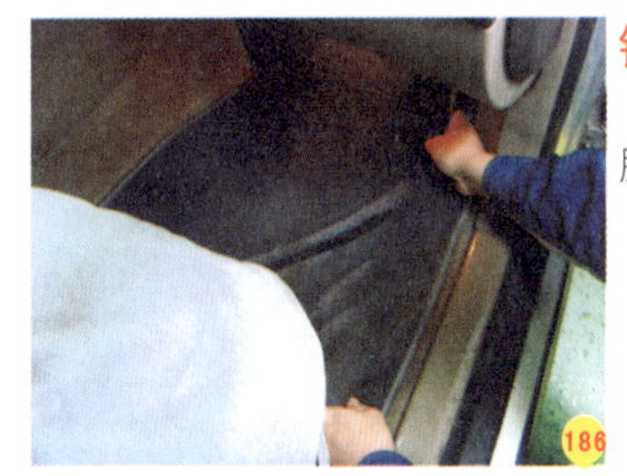

铺脚垫

将所有刷洗干净并甩干的脚垫铺回车内。

施工后检查

在所有施工结束后，将车辆清洗情况再检查一下，未清洁干净的部位及时清洁干净。

将车辆交给车主前，一定确保各项都清洁干净，给客户提供满意的服务。

（三）高级美容养护

施工前检查工作

首先按客户要求填写施工单，检查车身状况，及时提示车主，并将异常情况在施工单上标注，提示客户随身携带贵重物品，最后请客户在施工单上签字确认，以免事后发生纠纷。

冲洗车身

按洗车程序将车身冲洗干净。

车身泡沫清洁

按洗车程序给车身打泡沫并清洁。

刷洗轮胎及轮辋

按洗车程序将轮胎及轮辋刷洗干净。

擦洗底裙

按洗车程序将底裙及挡泥板擦洗干净。

冲洗车身

将车身泡沫冲洗干净，车身浮水不要擦干。

车身去铁粉

将铁粉泥反复揉搓并压扁，露出干净面。

在冬天，气温低，铁粉泥会变硬，使用前加热即可变软使用。

右侧发动机舱盖去铁粉

先在车身喷水或稀释的洗车液，然后用铁粉泥擦拭漆面，注意力量适中，以免划伤漆面。

使用稀释洗车液的目的是润滑铁粉泥。

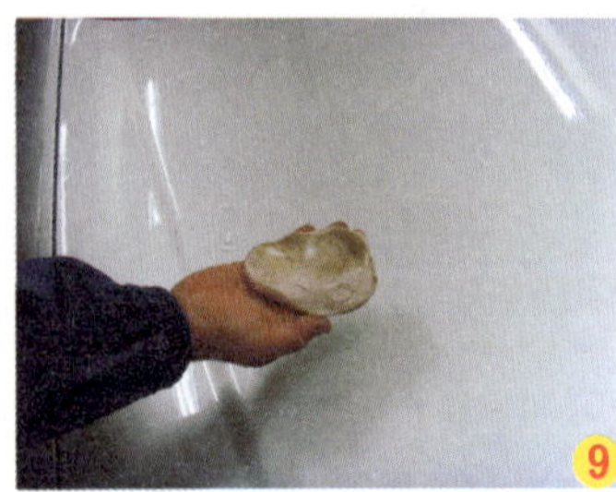

车身铁粉

如果车漆铁粉较多，擦拭一半机器盖面积，铁粉泥上就会粘上很多铁粉。

车身铁粉会影响车漆的光滑度，并降低车漆亮度，所以清除车身铁粉对车漆保养非常重要。

揉搓铁粉泥

反复揉搓铁粉泥，将铁粉揉搓到里面，露出干净面继续操作。

注意经常揉搓铁粉泥，以免铁粉泥表面过脏，会划伤漆面。

右前侧翼子板去铁粉

一边喷水一边去除铁粉。

前风窗玻璃右侧去铁粉

一边喷水一边去除铁粉。玻璃上也会粘有很多铁粉，时间久了会使玻璃透视性降低。

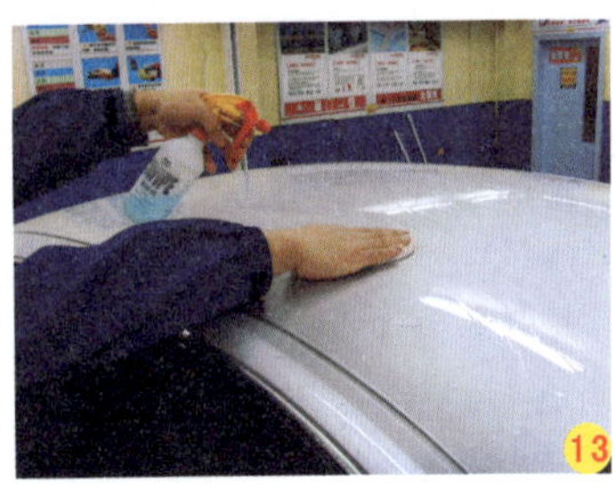

右侧车顶篷去铁粉

一边喷水一边去除铁粉。并且注意揉搓铁粉泥。

右侧后视镜去铁粉

注意避免遗漏。

右前门玻璃去铁粉

一边喷水一边去除铁粉。

右前门去铁粉

一边喷水一边去除铁粉，并且注意揉搓铁粉泥。

右后门玻璃去铁粉

一边喷水一边去除铁粉。

右后门去铁粉

一边喷水一边去除铁粉，并且注意揉搓铁粉泥。

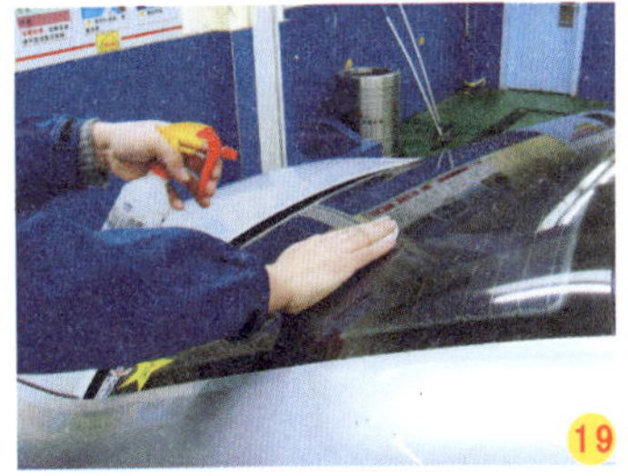

后风窗玻璃右侧去铁粉

一边喷水一边去除铁粉。

右后侧翼子板去铁粉

一边喷水一边去除铁粉，并且注意揉搓铁粉泥。

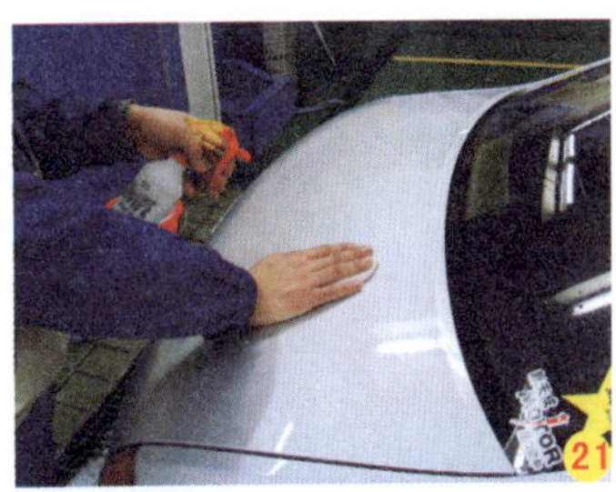

行李箱盖去铁粉

一边喷水一边去除铁粉。

后保险杠去铁粉

一边喷水一边去除铁粉，并且注意揉搓铁粉泥。

后风窗玻璃左侧去铁粉

一边喷水一边去除铁粉。

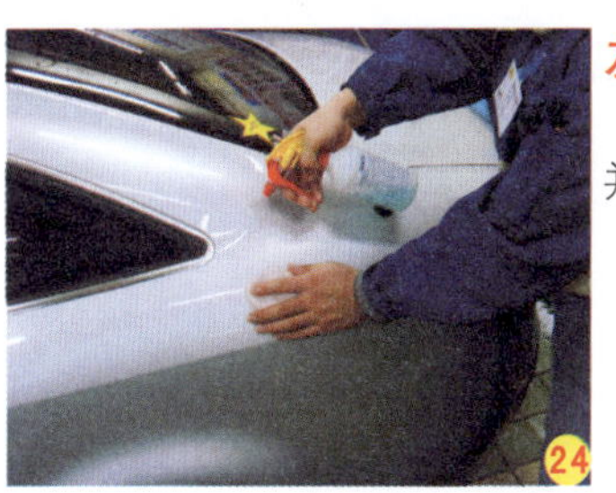

左后侧翼子板去铁粉

一边喷水一边去除铁粉，并且注意揉搓铁粉泥。

左侧车顶篷去铁粉

一边喷水一边去除铁粉，并且注意揉搓铁粉泥。

左后门玻璃去铁粉

一边喷水一边去除铁粉。

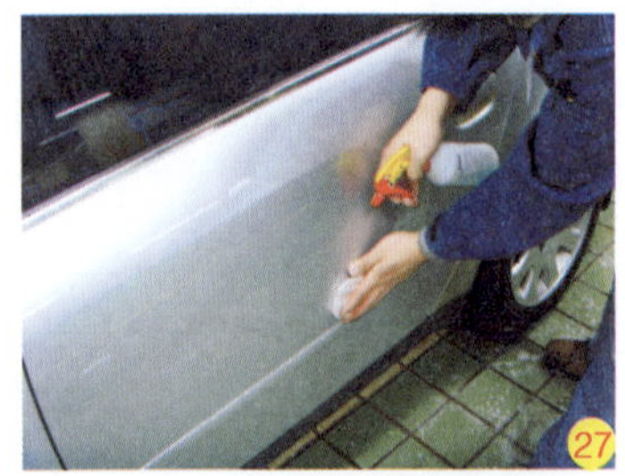

左后门去铁粉

一边喷水一边去除铁粉，并且注意揉搓铁粉泥。

左前门玻璃去铁粉

一边喷水一边去除铁粉。

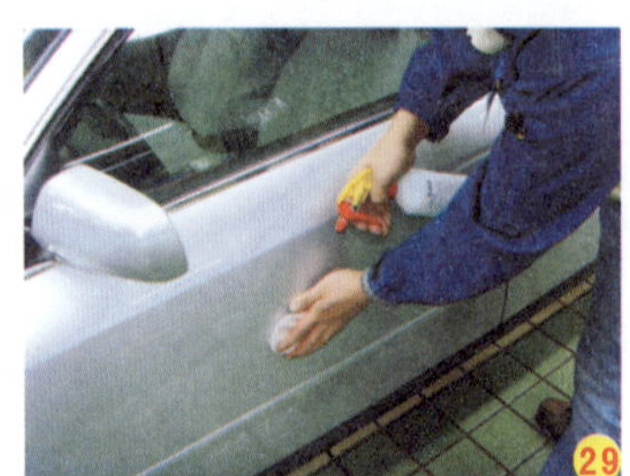

左前门去铁粉

一边喷水一边去除铁粉，并且注意揉搓铁粉泥。

左侧后视镜去铁粉

注意避免遗漏。

前风窗玻璃左侧去铁粉

一边喷水一边去除铁粉。

左侧发动机舱盖去铁粉

一边喷水一边去除铁粉，并且注意揉搓铁粉泥。

左前侧翼子板去铁粉

一边喷水一边去除铁粉。

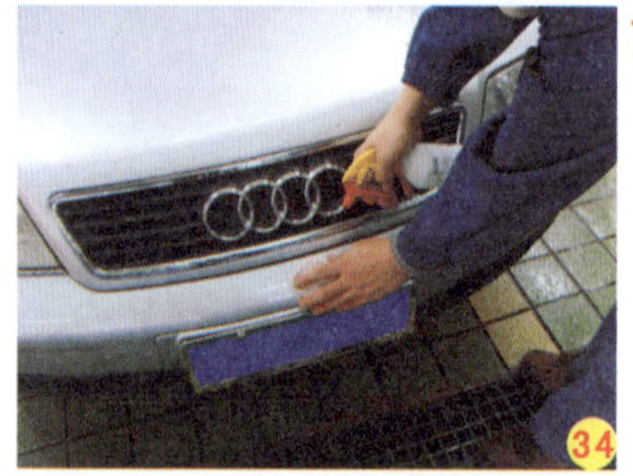

前保险杠去铁粉

一边喷水一边去除铁粉。车身去铁粉完毕。

车身打泡沫

由于去铁粉时间较长，车身水渍易变干，所以再打次泡沫，以便冲洗干净。

冲洗车身

将车身泡沫冲洗干净。

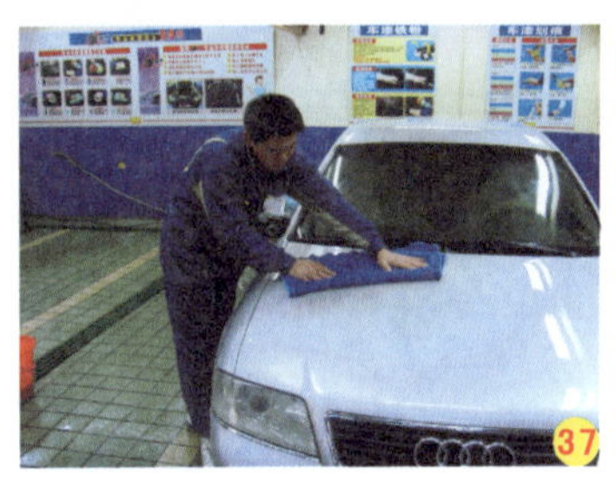

去除车身浮水

使用大毛巾将车身浮水擦掉。

车身缝隙吹水

使用气枪将车身缝隙水分吹掉。

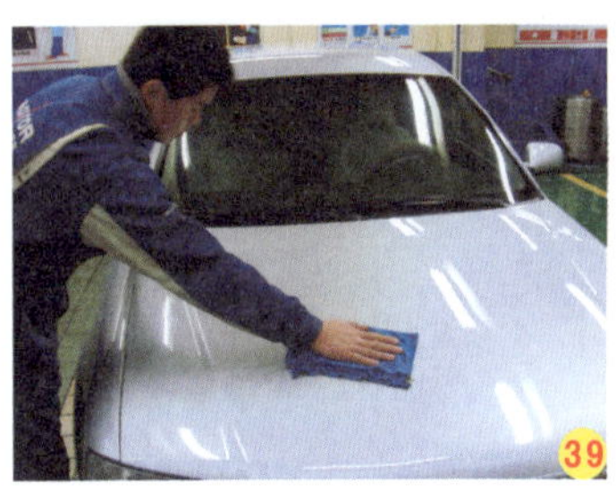

车身擦干

使用车身专用毛巾将车身表面擦干。

门边清洁

使用门边专用毛巾将四个车门边擦干净。

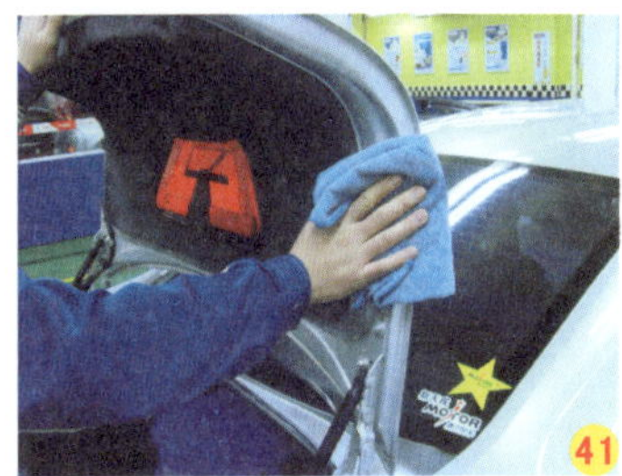

行李箱边缘擦干

将行李箱边缘擦干净。

油箱盖擦干

将油箱盖里侧擦干净。

车身养护

将车漆养护剂倒在气动打蜡机海绵上，不要倒得过多，以免打蜡过厚浪费，并且也不易褪掉。

大概倒一次蜡够发动机舱盖面积大小涂抹为宜。

右侧发动机舱盖打蜡

首先从右侧发动机舱盖开始打蜡，注意气管绕到身后，以免碰到车漆。

打蜡采取先横后竖的方法，将蜡薄厚均匀地涂抹在车漆表面，使车漆全部覆盖，避免遗漏。

右前侧翼子板打蜡

注意薄厚均匀，避免遗漏。

右侧车顶篷打蜡

注意薄厚均匀，避免遗漏。

右侧后视镜打蜡

注意避免遗漏。

右侧车门打蜡

注意薄厚均匀，避免遗漏。

右后侧翼子板打蜡

注意薄厚均匀，避免遗漏。

行李箱盖打蜡

注意薄厚均匀，避免遗漏。

后保险杠打蜡

注意薄厚均匀，避免遗漏。

左后侧翼子板打蜡

注意薄厚均匀，避免遗漏。

左侧车顶篷打蜡

注意薄厚均匀，避免遗漏。

左侧车门打蜡

注意薄厚均匀，避免遗漏。

左侧后视镜打蜡

注意避免遗漏。

左侧发动机舱盖打蜡

注意薄厚均匀，避免遗漏。

左前侧翼子板打蜡

注意薄厚均匀，避免遗漏。

前保险杠打蜡

注意薄厚均匀，避免遗漏。全车打蜡完毕。

右侧发动机舱盖褪蜡

使用褪蜡毛巾将右侧发动机舱盖蜡液褪干净，注意避免遗漏。

车蜡要在半干状态时褪掉，时间过长及过短都不易褪掉。

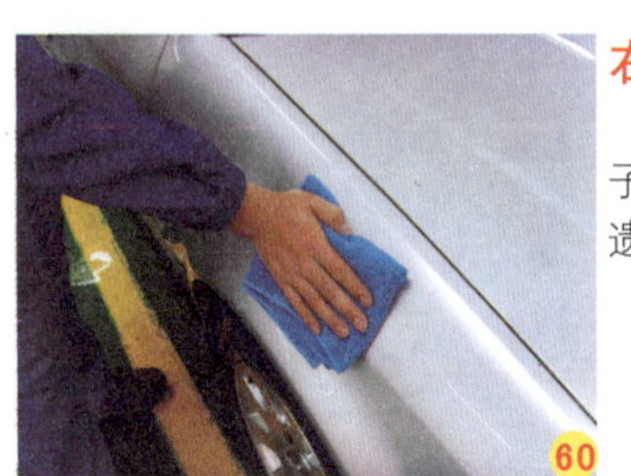

右前侧翼子板褪蜡

使用褪蜡毛巾将右前侧翼子板蜡液褪干净，注意避免遗漏。

61

右侧车顶篷褪蜡

使用褪蜡毛巾将右侧车顶篷蜡液褪干净，注意避免遗漏。

62

右侧后视镜褪蜡

使用褪蜡毛巾将右侧后视镜蜡液褪干净，注意避免遗漏。

63

右侧车门褪蜡

使用褪蜡毛巾将右侧车门蜡液褪干净，注意避免遗漏。

64

右后侧翼子板褪蜡

使用褪蜡毛巾将右后侧翼子板蜡液褪干净，注意避免遗漏。

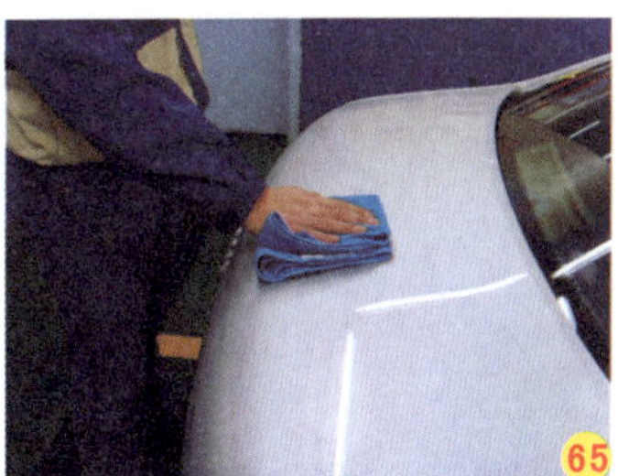
65

行李箱盖褪蜡

使用褪蜡毛巾将行李箱盖蜡液褪干净，注意避免遗漏。

66

后保险杠褪蜡

使用褪蜡毛巾将后保险杠蜡液褪干净，注意避免遗漏。

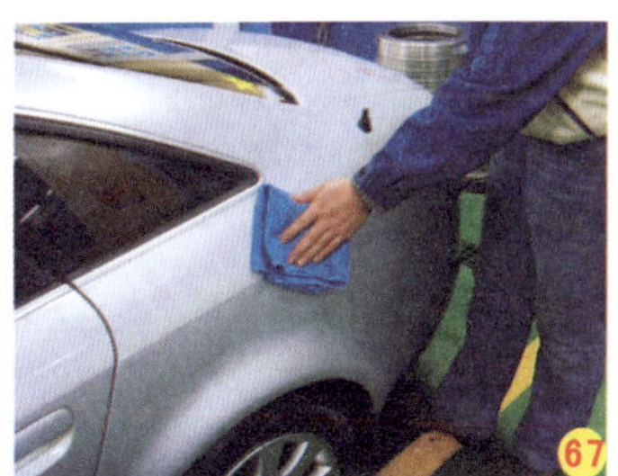
67

左后侧翼子板褪蜡

使用褪蜡毛巾将左后侧翼子板蜡液褪干净，注意避免遗漏。

68

左侧车顶篷褪蜡

使用褪蜡毛巾将左侧车顶篷蜡液褪干净，注意避免遗漏。

69

左侧车门褪蜡

使用褪蜡毛巾将左侧车门蜡液褪干净，注意避免遗漏。

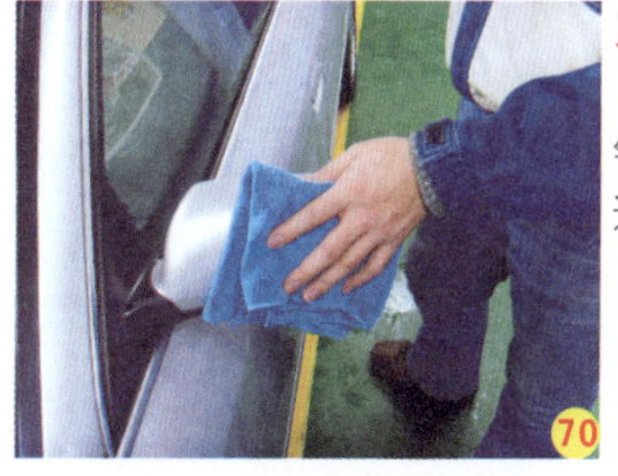
70

左侧后视镜褪蜡

使用褪蜡毛巾将左侧后视镜蜡液褪干净，注意避免遗漏。

71

左前侧翼子板褪蜡

使用褪蜡毛巾将左前侧翼子板蜡液褪干净，注意避免遗漏。

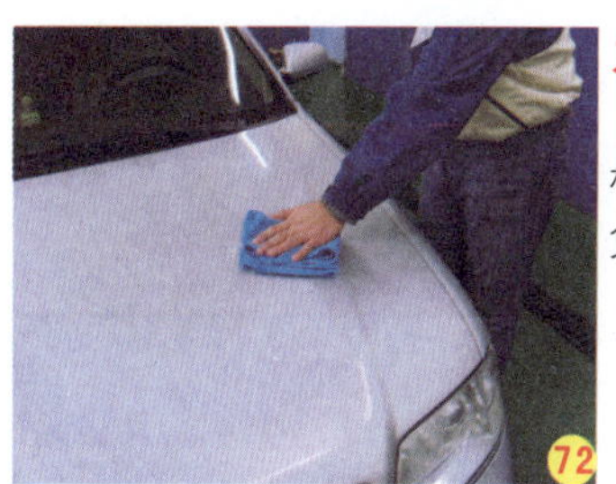
72

左侧发动机舱盖褪蜡

使用褪蜡毛巾将左侧发动机舱盖蜡液褪干净，注意避免遗漏。

前保险杠褪蜡

使用褪蜡毛巾将前保险杠蜡液褪干净，注意避免遗漏。

局部再次褪蜡

使用另一条褪蜡毛巾将车身再次局部褪蜡。

发动机舱盖上的刮水器出水孔及车标周边重点清褪蜡液。

局部再次褪蜡

将发动机舱盖边缘缝隙的蜡液褪干净。

局部再次褪蜡

将车身两侧边灯缝隙的蜡液褪干净。

局部再次褪蜡

检查右侧车身表面蜡液是否褪干净，并注意门手扣及防撞条边缘缝隙蜡液的清褪。

局部再次褪蜡

将行李箱盖上的车标及字母等边缘缝隙蜡液褪干净。

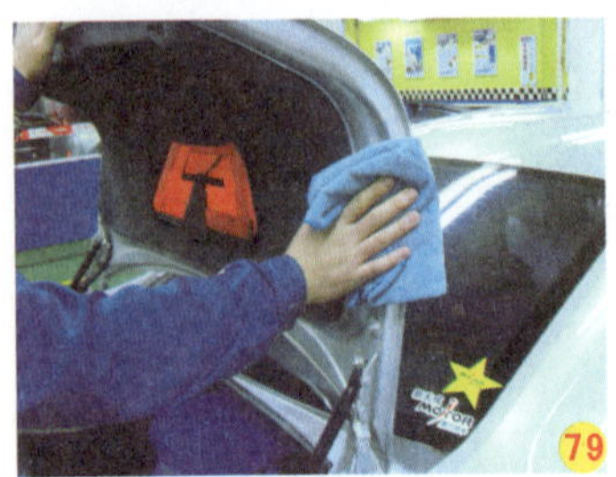

局部再次褪蜡

将行李箱边缘蜡液褪干净。

局部再次褪蜡

检查右侧车身表面蜡液是否褪干净，并注意门手扣及防撞条边缘缝隙蜡液的清褪。

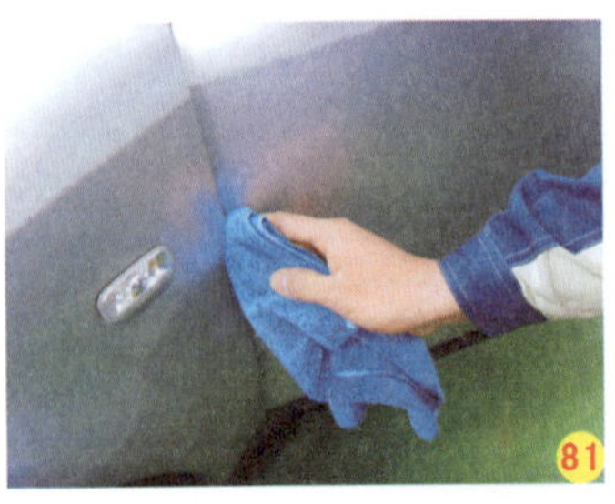

局部再次褪蜡

将车门处边的蜡液褪干净。

局部再次褪蜡

将车门窗边胶条的蜡液褪干净。

局部再次褪蜡

将车门边蜡液褪干净。

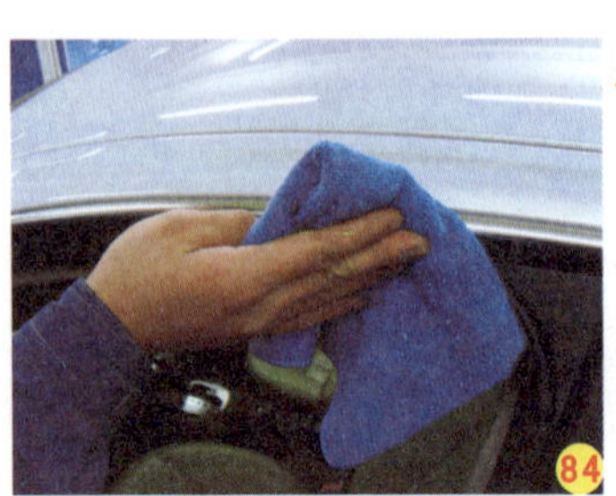

局部再次褪蜡

将车门柱上边蜡液褪干净。

褪蜡工作完毕。

轮胎上蜡

轮胎喷上光蜡。

轮胎上蜡

使用干毛巾将轮胎蜡擦干净。

擦干轮辋

将轮辋表面及网柱孔擦干净。

进气格栅上蜡

将前进气格栅橡胶条上蜡。

前保险杠上蜡

将前保险杠底部橡胶条上蜡。

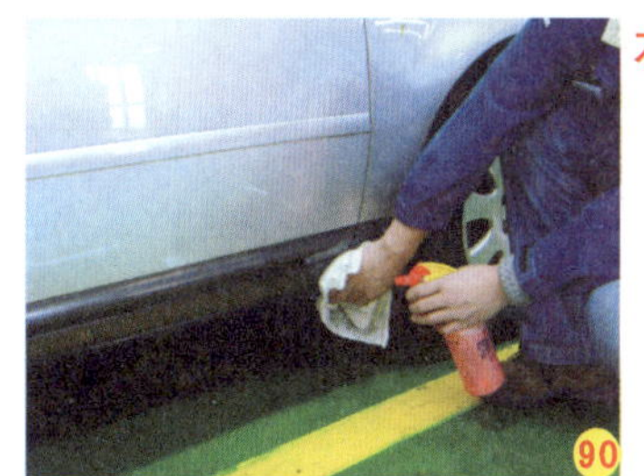

右侧底裙上蜡

将右侧底裙橡胶上蜡。

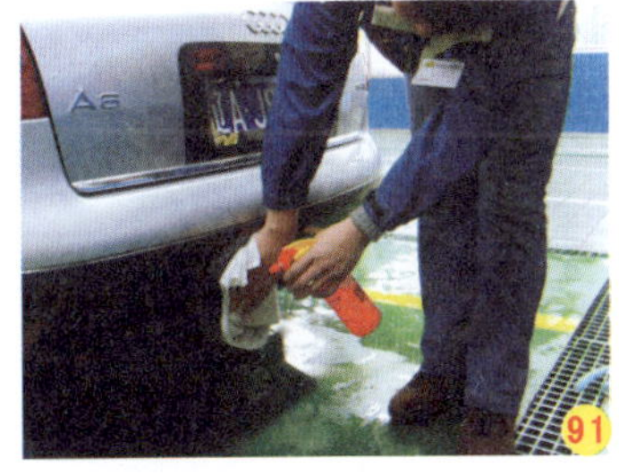

后保险杠上蜡

将后保险杠底部橡胶上蜡。

左侧底裙上蜡

将左侧底裙橡胶上蜡。

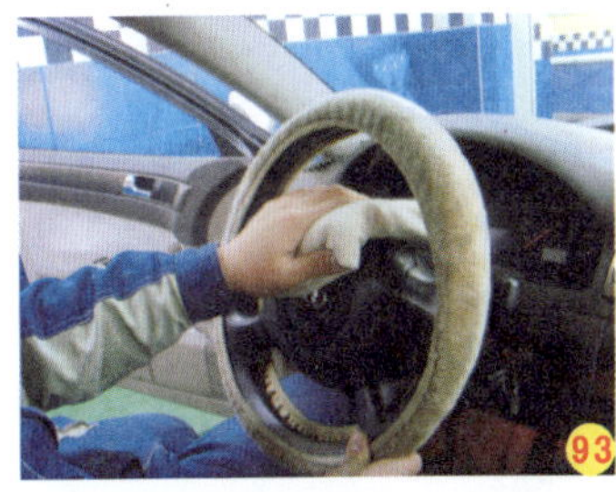

内室清洁

按标准洗车程序，将汽车内室清洁干净。

擦车窗玻璃

将全车玻璃里外都擦干净。

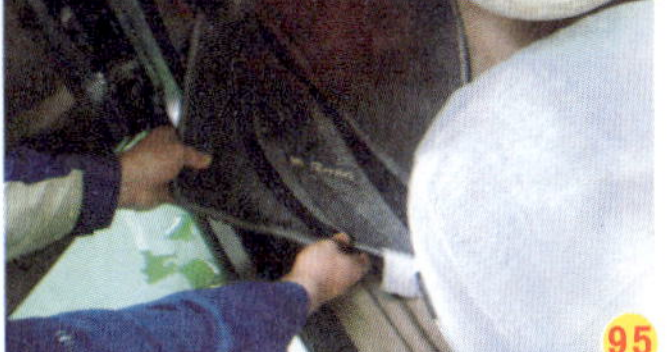

撤出车内脚垫

将车内脚垫全部撤出。

车内地毯吸尘

将车内地毯吸干净。

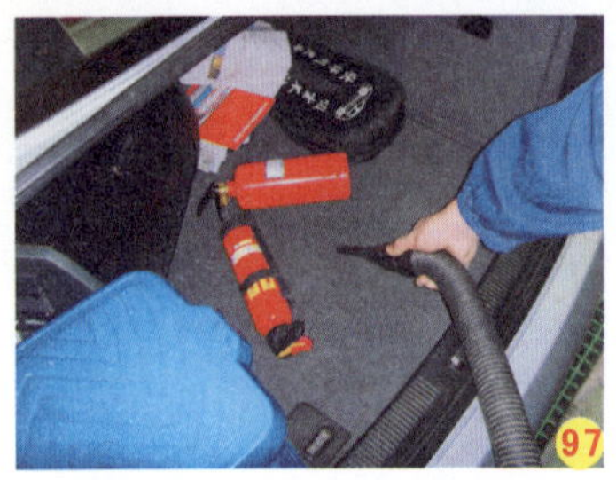

行李箱吸尘

将行李箱内吸干净。

车内局部清洁

检查车内局部是否有顽固污渍，并清洁干净。

刷洗脚垫

将车内脚垫刷洗干净。

脚垫甩干

将脚垫放入甩干桶内脱水甩干。

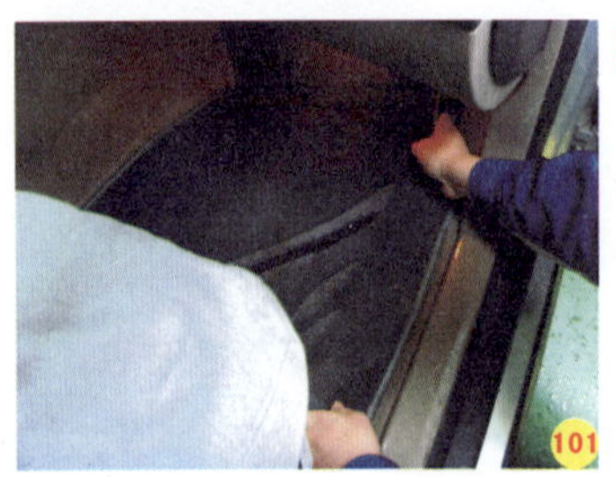

脚垫铺回车内

将甩干的脚垫全部铺回车内。

汽车高级美容养护施工完毕。

施工后检查

最后再仔细检查全车是否都清洁干净。

（四）车漆抛光

施工前检查工作

首先按客户要求填写施工单，检查车身状况，及时提示车主，并将异常情况在施工单上标注，提示客户随身携带贵重物品，最后请客户在施工单上签字确认，以免事后发生纠纷。

冲洗车身

车漆抛光前必须将车身清洗干净，所以首先按洗车程序将车身冲洗干净。

车身泡沫清洁

按洗车程序给车身打泡沫并清洁。

刷洗轮胎及轮辋

按洗车程序将轮胎及轮辋刷洗干净。

擦洗底裙

按洗车程序将底裙及挡泥板擦洗干净。

冲洗车身

将车身泡沫冲洗干净，车身浮水不要擦干。

车身去铁粉

将车身铁粉全部去掉，清除车漆铁粉，会提高抛光效果，加快抛光进度。

再次冲洗车身

去除铁粉后将车身再次冲洗干净。

擦拭车身浮水

使用擦车大毛巾将车身浮水擦掉。

抛光防护

抛光前使用胶带纸将车身所有缝隙及易损部件包裹防护。

防护目的，一方面车身边角缝隙等处抛光时易损伤，要防护；另一方面抛光蜡用到缝隙里难清理，防护后易清理。

进气格栅防护

给进气格栅及前保险杠缝隙进行防护。

前车灯缝隙防护

将所有前部车灯边缘缝隙进行防护。

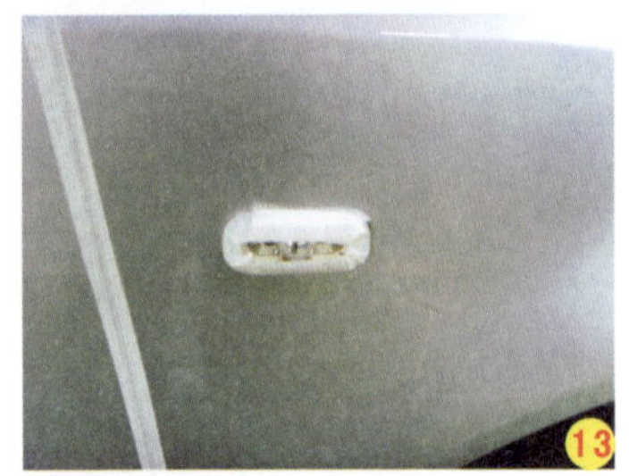

13

车边灯防护

将车身两侧边灯进行防护。

14

门手扣防护

四个车门的手扣缝隙都要防护。

15

车门边防护

四个车门边及上边的防撞条缝隙都要防护。

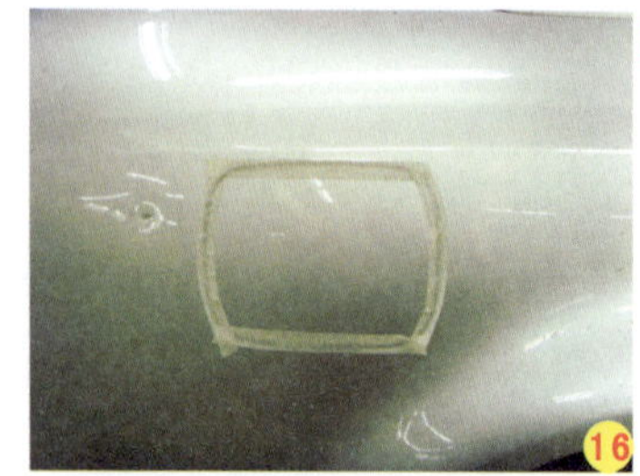

16

油箱盖防护

将油箱盖边缘进行防护。

17

车顶篷边缘防护

车顶篷边缘及后风窗玻璃边缘防护。

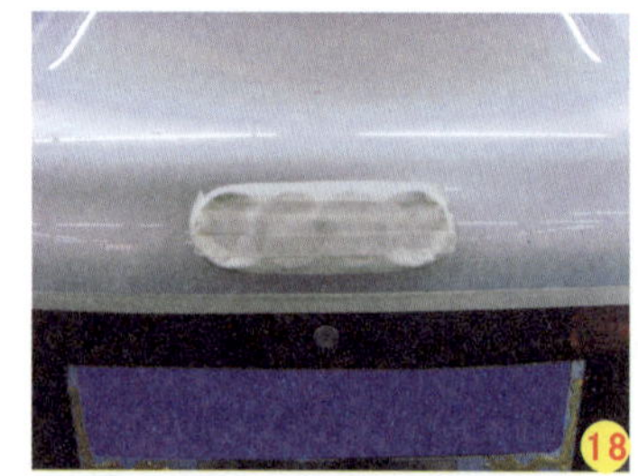

18

车标防护

将车身所有的车标及字母包裹防护。

19

后保险杠防护

将后保险杠缝隙及行李箱盖缝隙进行防护。

20

后车灯防护

将后部所有车灯边缘缝隙进行防护。

21

天线防护

将车辆天线包裹防护。

22

前风窗玻璃防护

使用大毛巾将前风窗玻璃中下部遮盖。

抛光时抛光蜡会甩到刮水器部位，由于刮水器部位缝隙较多，清理非常困难，所以要仔细防护。

23

整车防护效果（前）

注意避免遗漏。

24

整车防护效果（后）

注意避免遗漏。

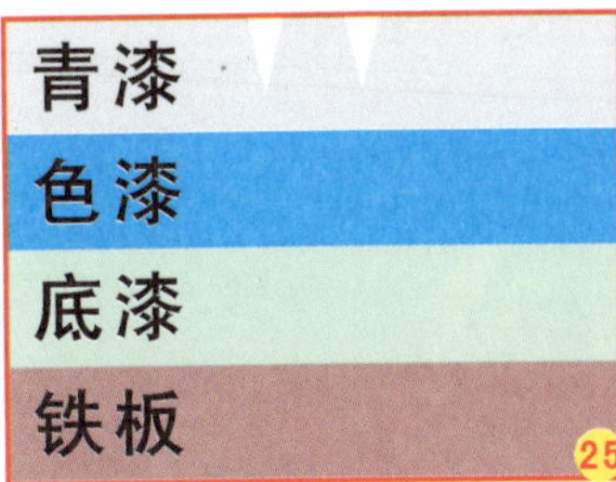

局部较深划痕处理

车漆局部会有一些破坏青漆较深的划痕，但并没有破坏色漆，这样的划痕可以处理掉。

砂纸打磨

首先使用 2000 号水磨砂纸，并包裹在专用打磨板上，注意平整。

砂纸打磨

砂纸沾水后，在划痕处反复打磨，注意用力要匀称，力量适中，并经常查看车漆打磨状况，打磨厚度接近划痕底部为好，注意不要磨漏青漆，用眼看划痕基本消失即可。

抛光防护

由于抛光时抛光蜡会甩到身上，所以要穿围裙防护。

更换抛光海绵

要使用背面有凹槽的专用抛光海绵，凹槽处会将抛光机轮盘包裹，以免抛光时不小心损伤漆面。

粗抛光海绵

首先使用粗抛光海绵。砂纸打磨后的漆面会变亚光而发乌，首先需要使用较粗的 3000 号抛光蜡，进行漆面初步打底抛光。

漆面喷水

抛光前给需要抛光的漆面先喷水，喷水的目的是可采取湿抛的方法。

抛光可分为湿抛和干抛两种，干抛摩擦力大，需要技术非常熟练，否则易损伤漆面，湿抛摩擦力小，相对较安全。

倒抛光蜡

按抛光面积大小，将适量的 3000 号抛光蜡倒在漆面上。

调整转速

3000 号抛光蜡摩擦力较大，所以需要低档转速，在抛光前将抛光机档位调整好。

抛光姿势

首先要将抛光机电源线绕到身后，以防止抛光时电源线接触漆面造成新的划痕，然后右手握住手柄，左手握住扶柄，双手及双臂放松，保持适中力度，操作抛光机。

涂抹抛光蜡

将倒在车漆上的抛光蜡涂抹在需要抛光的漆面上。

抛光

抛光机在需抛光的漆面缓慢移动，双手适当向下压，以增强摩擦力，并随时注意漆面状况，尤其注意漆面安全，直至漆面划痕基本消失为止。

抛边角处时，需仔细操作，避免抛光机滚落。

37

更换抛光海绵

初步抛光结束，需要使用细抛光蜡对漆面进行镜面抛光，所以要更换细抛光海绵。

38

更换抛光海绵

将抛光盘中心对准抛光海绵，用力向下压，确保海绵与抛光盘紧密结合。

39

漆面喷水

在需抛光的漆面处喷水。

40

倒抛光蜡

将9800号细抛光蜡倒在漆面上。

41

涂抹抛光蜡

将倒在车漆上的抛光蜡涂抹在需要抛光的漆面上。

涂抹面积适当扩大，镜面抛光需将周边漆面也适当抛光，以免发生漆面色差。

42

抛光

9800号细抛光蜡需高转速抛光，抛光机在需抛光漆面缓慢移动，双手适当向下压，以增强摩擦力，并随时注意漆面状况，尤其注意漆面安全，直至漆面划痕全部消失，漆面光亮如新为止。

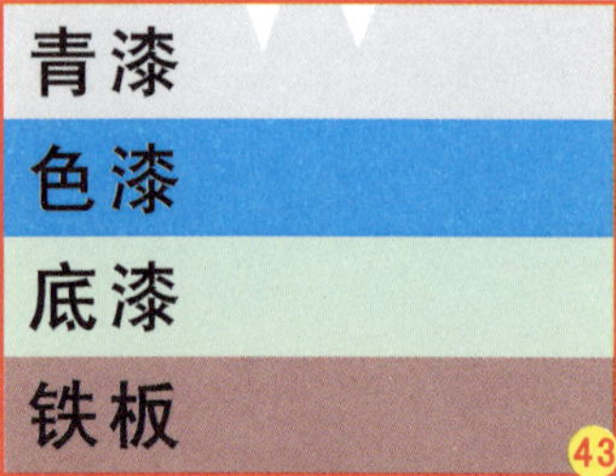

43

全车中度抛光

全车车漆划痕较多，且有一定深度，但没有破坏色漆，车漆表面还有氧化、污渍等情况，这样的漆面先要全车中度抛光，即先使用3000号抛光蜡进行操作。

44

漆面喷水

在需抛光的漆面处喷水。

45

倒抛光蜡

将3000号粗抛光蜡倒在漆面上。

46

涂抹抛光蜡

将倒在车漆上的抛光蜡涂抹在需要抛光的漆面上。

47

抛光

抛光机在需抛光漆面处缓慢移动，双手适当向下压，以增强摩擦力，并随时注意漆面状况，尤其注意漆面安全，直至漆面划痕基本消失为止。

抛边角处时，需仔细操作，避免抛光机滚落。

48

全车抛光

按顺序将全车车漆进行抛光，先在需抛光漆面处喷水。

全车抛光

将3000号粗抛光蜡倒在漆面上。

全车抛光

将倒在车漆上的抛光蜡涂抹在需要抛光的漆面上。

全车抛光

抛光机在需抛光漆面处缓慢移动，双手适当向下压，以增强摩擦力，并随时注意漆面状况，尤其注意漆面安全，直至漆面划痕基本消失为止。

抛边角处时，需仔细操作，避免抛光机滚落。

更换抛光海绵

全车中度抛光结束，需要使用细抛光蜡对漆面进行镜面抛光，所以要更换细抛光海绵。

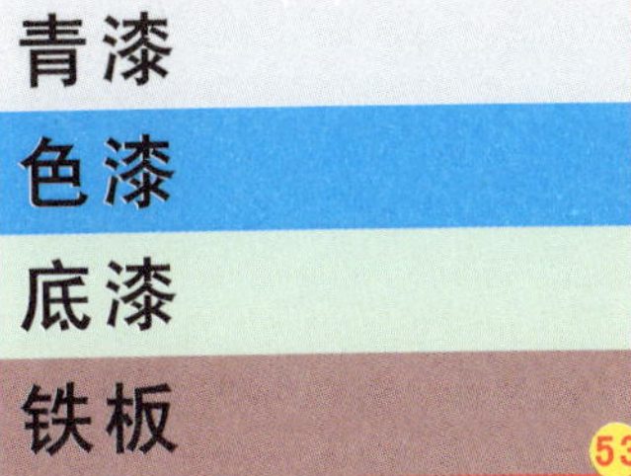

全车镜面抛光

全车中度抛光后，车漆表面划痕会变得非常浅或基本消失，漆面上留有较重的抛光纹，所以需要使用9800号细抛光蜡对全车镜面抛光。

若车辆全车划痕较浅，可直接此项操作。

更换抛光海绵

将抛光盘中心对准抛光海绵，用力向下压，确保海绵与抛光盘紧密结合。

漆面喷水

在需抛光漆面处喷水。

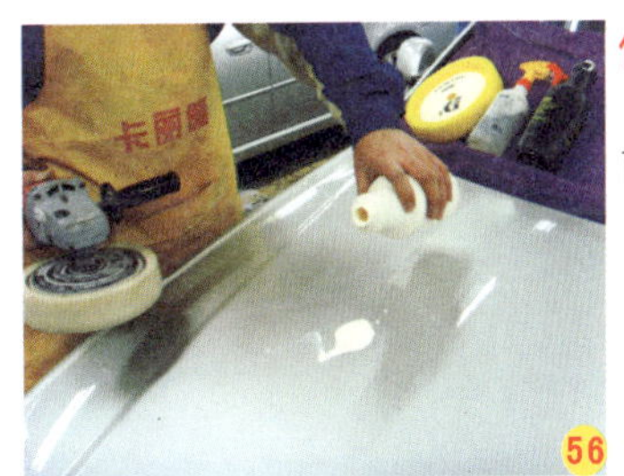

倒抛光蜡

将9800号细抛光蜡倒在漆面上。

涂抹抛光蜡

将倒在车漆上的抛光蜡涂抹在需要抛光的漆面上。

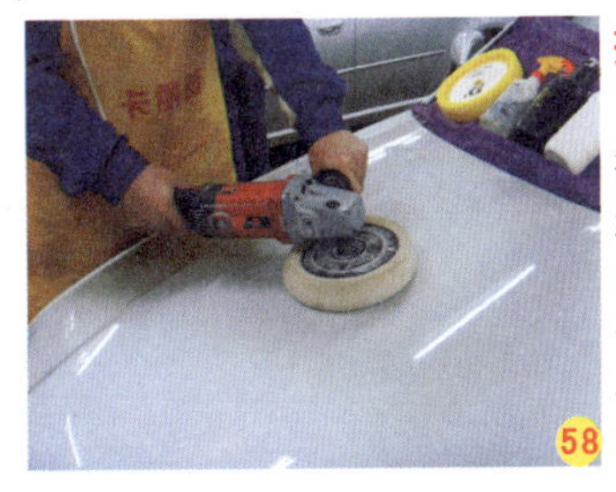

抛光

9800号细抛光蜡需高转速抛光，抛光机在需抛光漆面缓慢移动，双手适当向下压，以增强摩擦力，并随时注意漆面状况，尤其注意漆面安全，直至漆面划痕全部消失，漆面光亮如新为止。

全车抛光

按顺序将全车车漆进行抛光，先在需抛光漆面处喷水。

全车抛光

将9800号细抛光蜡倒在漆面上。

全车抛光

将倒在车漆上的抛光蜡涂抹在需要抛光的漆面上。

全车抛光

注意漆面安全，直至漆面划痕全部消失，漆面光亮如新为止。

全车抛光工作完毕。

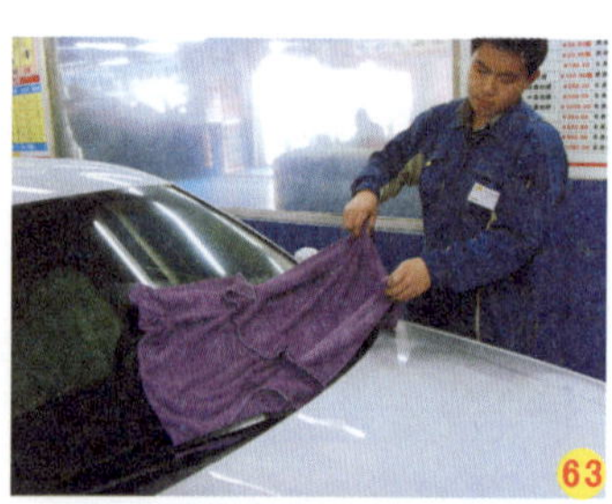

撤掉大毛巾

将遮盖前风窗玻璃的大毛巾撤掉。

撕掉防护胶带纸

将粘在全车的胶带纸全部撕掉。

车身打泡沫

抛光后的漆面附有很多抛光蜡残液，所以要将车身再次清洗。

冲洗车身

将车身泡沫冲洗干净。

擦拭车身浮水

使用大毛巾将车身浮水擦掉。

缝隙吹水

使用气枪将车身浮水吹掉。

擦干车身

使用车身专用毛巾将车漆擦干净。

门边擦干

使用门边专用毛巾将四个车门边擦干净。

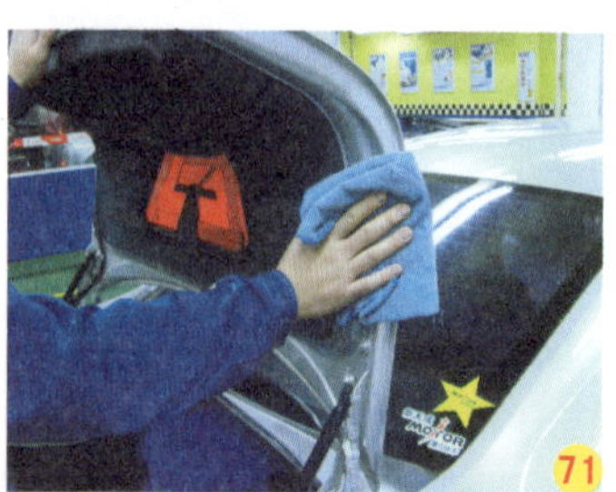

行李箱边缘擦干

将行李箱边缘擦干净。

油箱盖擦干

将油箱盖里侧擦干净。

车身上蜡

由于抛光过后，车漆表面会留有非常细小的抛光纹，所以要打解消伤痕蜡消除抛光纹。

车身上蜡

使用气动打蜡机将全车上蜡，注意避免遗漏。

全车褪蜡

车蜡凉至半干时，使用专用褪蜡毛巾将全车蜡液褪干净。

全车褪蜡

注意边角缝隙的褪蜡。

轮胎上光

将轮胎上蜡，并将轮辋擦干净。

进气格栅上光

将进气格栅胶条上蜡。

底裙上光

将全车底裙上蜡。

内室清洁

将汽车内室清洁干净。

玻璃清洁

将全车玻璃里外都擦干净。

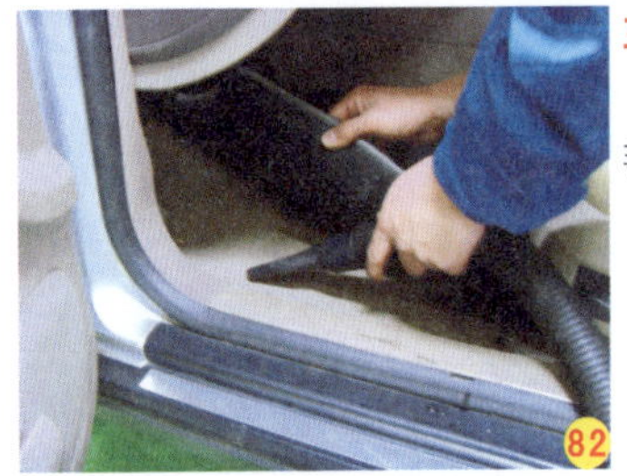

车内吸尘

将车内脚垫及脚垫下的地毯等处吸干净。

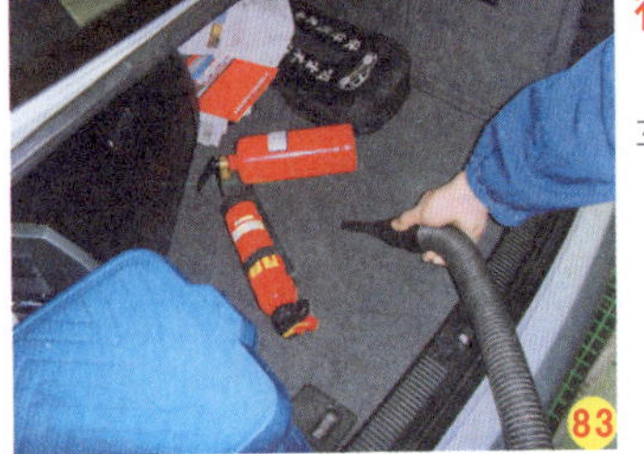

行李箱吸尘

将行李箱内部吸干净。全车抛光工作完毕。

施工后检查

施工结束后，注意检查每一处的施工质量。

（五）车漆覆膜

施工前检查工作

首先按客户要求填写施工单，检查车身状况，及时提示车主，并将异常情况在施工单上标注，提示客户随身携带贵重物品，最后请客户在施工单上签字确认，以免事后发生纠纷。

冲洗车身

车漆覆膜前必须将车身清洗干净，所以首先按洗车程序将车身冲洗干净。

车身泡沫清洁

按洗车程序给车身打泡沫并清洁。

刷洗轮胎及轮辋

按洗车程序将轮胎及轮辋刷洗干净。

擦洗底裙

按洗车程序将底裙及挡泥板擦洗干净。

冲洗车身

将车身泡沫冲洗干净，车身浮水不要擦干。

车身去铁粉

将车身铁粉全部去掉，清除车漆铁粉，会使漆面更光滑平整，以便覆膜达到最佳效果。

再次冲洗车身

去除铁粉后将车身再次冲洗干净。

擦拭车身浮水

使用擦车大毛巾将车身浮水擦掉。

车身缝隙防护

若施工车辆不是新车，那么覆膜前需要对车漆进一步处理，处理方法是使用覆膜专用前处理剂，配合抛光机对全车漆面抛光，所以要使用胶带纸将车身所有缝隙及易损部件包裹防护。

前风窗玻璃防护

使用大毛巾将前风窗玻璃中下部遮盖。

抛光时前处理剂会甩到刮水器部位，由于刮水器部位缝隙较多，清理非常困难，所以要仔细防护。

整车防护效果

注意避免遗漏。

13

处理漆面

使用覆膜剂专用的前处理剂，对全车漆面进行覆膜前的处理。

由于新车车漆状况比较完好，所以可省略此步骤。

14

处理漆面

前处理剂需要配合抛光机使用，且抛光机需要高转速操作，将全车漆面进行抛光处理，直至漆面光亮如新。

15

撕掉防护胶带

抛光结束后，将全车防护胶带撕掉。

16

撤掉防护大毛巾

将遮盖前风窗玻璃的大毛巾撤掉。

17

车身打泡沫

抛光后的漆面附有很多前处理剂残液，所以要将车身再次清洗，给全车身打泡沫。

18

冲洗车身

将车身泡沫冲洗干净。

19

擦拭车身浮水

使用大毛巾将车身浮水擦掉。

20

缝隙吹水

使用气枪将车身浮水吹掉。

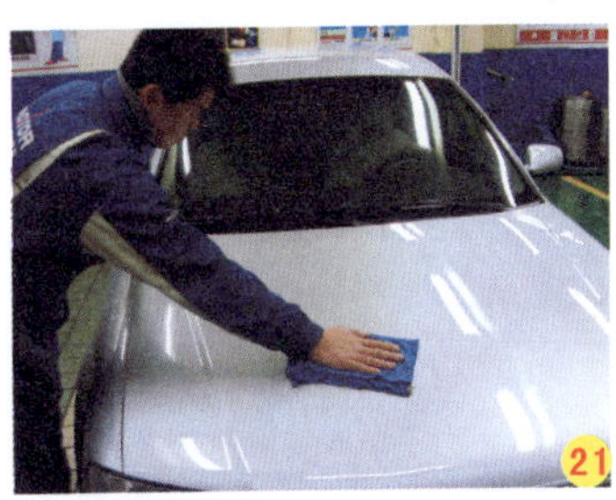
21

擦干车身

使用车身专用毛巾将车漆擦干净。

22

门边擦干

使用门边专用毛巾将四个车门边擦干净。

23

行李箱边缘擦干

将行李箱边缘擦干净。

24

油箱盖擦干

将油箱盖里侧擦干净。

机械覆膜

覆膜剂长期存放，会有液体分层现象，属正常现象，使用前充分摇晃，并倒在气动打蜡机海绵上，用量适中，刚好够发动机舱盖面积覆膜为好。

机械覆膜

将覆膜剂先横后竖，薄厚均匀地涂抹在全部车身，注意避免遗漏。

手工覆膜

若没有气动打蜡机，也可采用手工覆膜的方法，将覆膜剂倒在专用海绵上。

手工覆膜

采取先横后竖的方法覆膜，手工打蜡也是采取横竖打蜡的方法，这样能涂抹得薄厚均匀。

采取划圆圈的方法打蜡不科学，因为圆圈相互重叠，蜡体涂抹的薄厚不均匀。

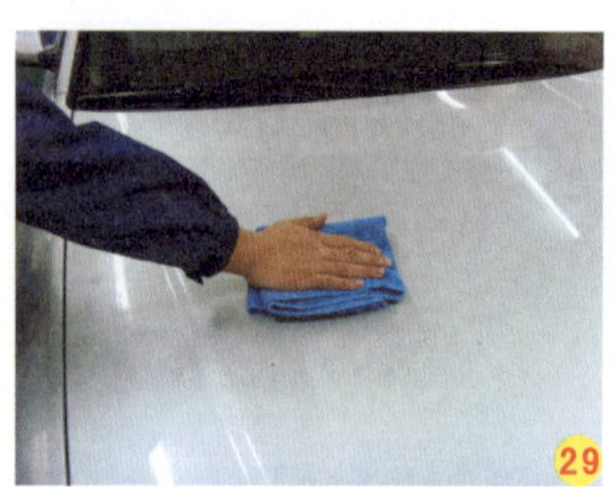

全车褪掉覆膜剂

覆膜剂涂抹在车漆后，需要一定时间渗透到车漆毛孔中，一般夏季停留10min，冬季停留15min，然后使用专用褪蜡毛巾将全车覆膜剂褪干净。

全车褪掉覆膜剂

注意边角缝隙褪干净。

轮胎上光

将轮胎上蜡，并将轮辋擦干净。

进气格栅上光

将进气格栅胶条上蜡。

底裙上光

将全车底裙上蜡。

内室清洁

将汽车内室清洁干净。

车内局部清洁

检查车内局部位置是否有顽固污渍，并清洁干净。

玻璃清洁

将全车玻璃里外都擦干净。

撤出脚垫

将车内所有的脚垫撤出车内。

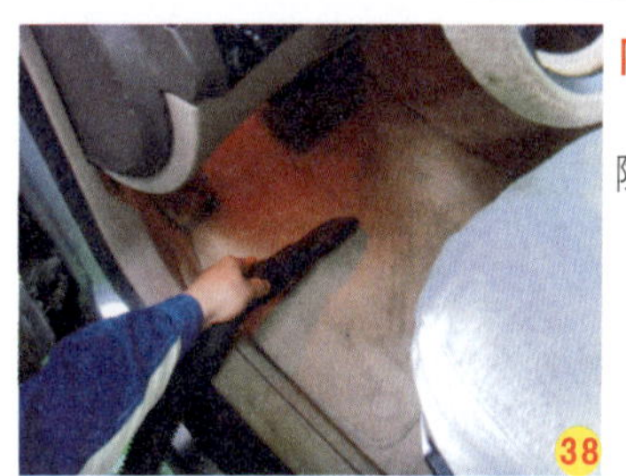

内室吸尘

将车内地毯及座椅底部缝隙等处的灰尘全部吸干净。

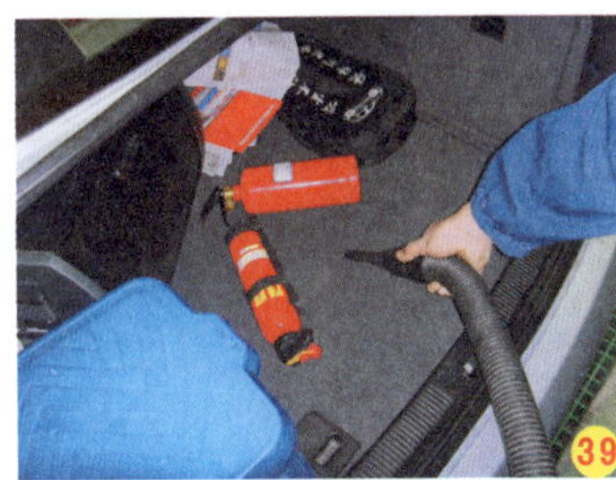

行李箱吸尘

将行李箱内部吸干净。

刷洗脚垫

将全车脚垫刷洗干净。

脚垫甩干

将刷洗干净的脚垫放在甩干桶内脱水甩干。

铺脚垫

将车内全部脚垫铺回车内。

车漆覆膜施工完毕。

施工后检查

施工结束后，注意检查每一处的施工质量。

（六）室内翻新

施工前检查工作

首先按客户要求填写施工单，检查车身状况，及时提示车主，并将异常情况在施工单上标注，提示客户随身携带贵重物品，最后请客户在施工单上签字确认，以免事后发生纠纷。

整理车内物品

准备几个塑料袋，将车内物品整理到塑料袋内，首先将四个车门储物盒内的物品放在塑料袋内。

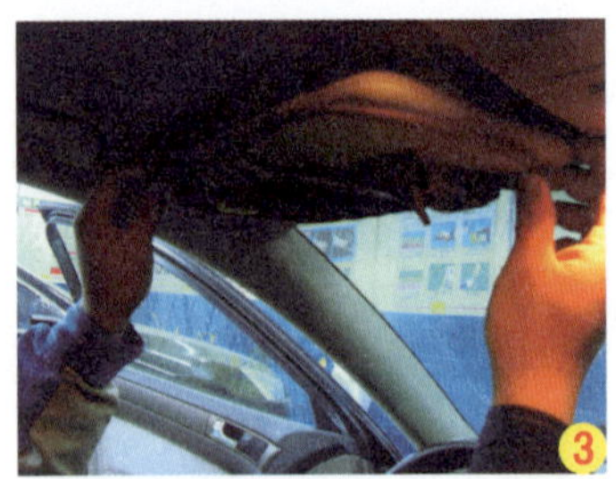

整理车内物品

将遮阳板上的 CD 袋撤掉，放在塑料袋内。

整理车内物品

将扶手箱内的物品放在塑料袋内。

其他位置的物品都要整理到塑料袋内。

统一保存

准备一个纸箱，将整理好的车内物品，统一放在纸箱内。

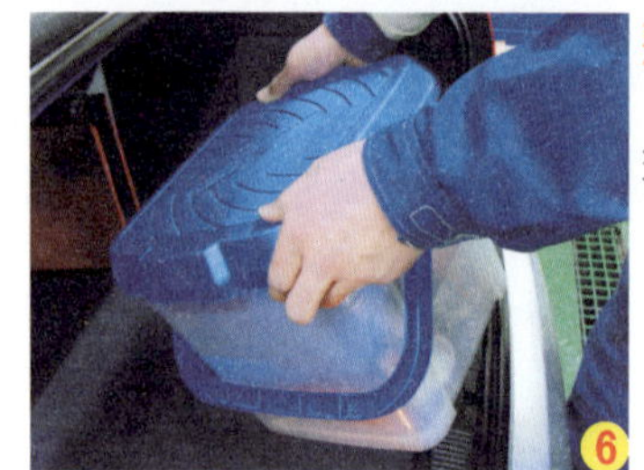

整理行李箱内物品

将行李箱内的所有物品整理好。

统一存放

将车内所有物品统一存放在安全地方，避免丢失。

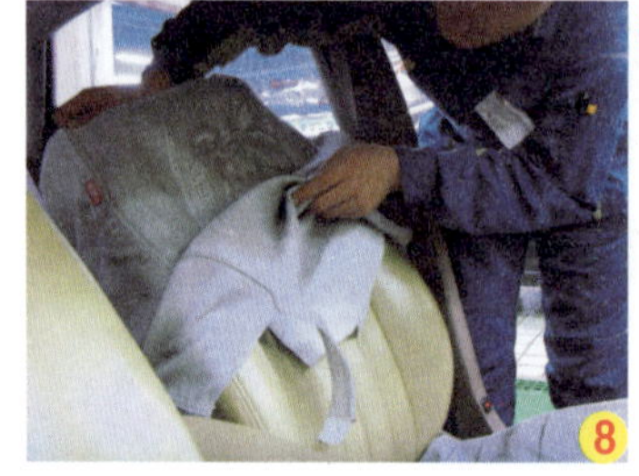

拆卸座套

将前排座椅上的座套拆下来。

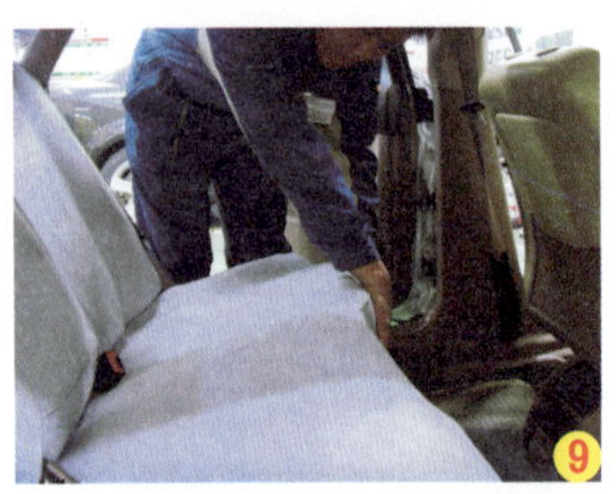

拆卸座套

将后排座椅上的座套拆下来。

拆卸后排长座时注意座椅底下卡扣的安全。

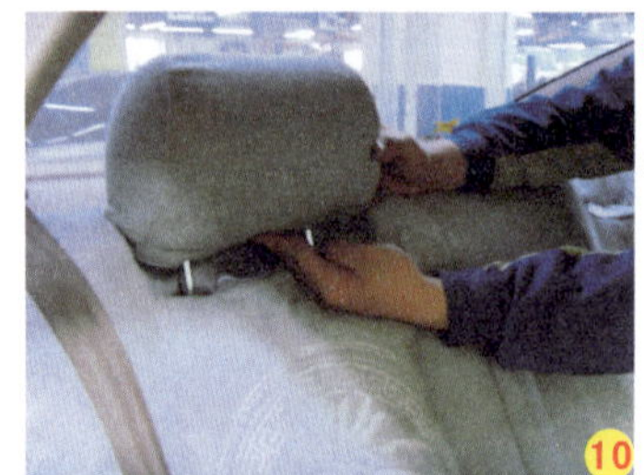

拆卸座套

拆卸座椅头枕时，注意卡扣位置，避免发生损坏。

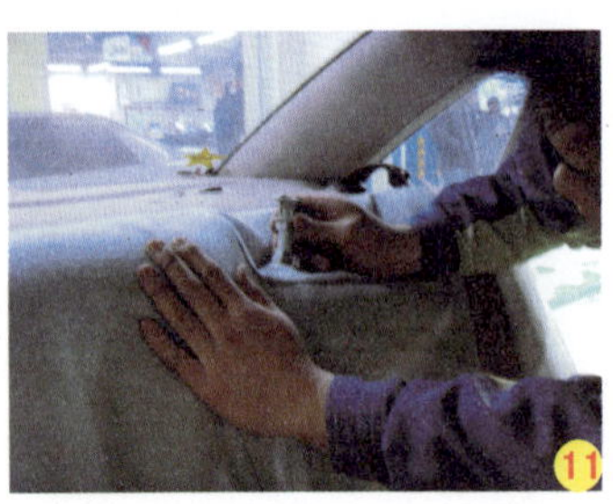

拆卸座套

拆卸后排靠背时注意小心拆卸卡扣，避免发生损坏。

每辆车的座椅固定及拆卸的方法不尽相同，所以要熟练掌握各种座椅的拆卸，并注意安全。

施工前车辆检查

在施工前，一定要将车钥匙门打开，发动汽车，检查车辆起动是否正常。

施工前音响检查

检查音响及空调等开关工作是否正常。

施工前车灯检查

检查车灯及转向等开关工作是否正常。

施工前仪表检查

检查仪表指示灯是否正常工作。

施工前车窗升降器检查

检查四个车门的玻璃升降开关工作是否正常，并将车窗玻璃都降下。

检查过程结束后，若有任何故障及时通知车主确认，以免施工结束后发生纠纷。

车内缝隙吹尘

车内缝隙灰尘不易清理，可使用气枪先将车内所有缝隙的灰尘吹掉。

毛刷清洁

再使用软毛刷对车内缝隙处清洁。

车内吸尘

将车内所有脚垫表面吸尘，吸尘目的是防止翻新时，落下的清洁剂与脚垫上的泥沙融合。

车内脚垫先不要撤出车内，室内翻新操作时，经常要踩在脚垫上，以免再次污染车内地毯。

车内吸尘

将脚垫下方的车内地毯吸尘。

车内吸尘

注意座椅底下等边角缝隙处的吸尘。

行李箱吸尘

将行李箱内吸尘。

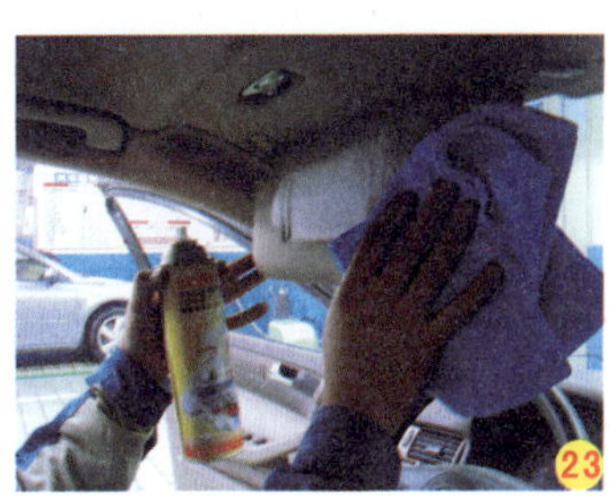

车内顶篷清洁

首先清洁遮阳板。

车内顶篷多为毛毡，切忌使用毛刷刷洗，那样毛毡会被破坏而起球，所以只能使用万能泡沫及翻新专用毛巾擦洗。将万能泡沫喷在清洁处，略浸泡后擦拭干净。

车内顶篷清洁

将万能泡沫喷在清洁处，略浸泡后擦拭干净。

25

车内顶篷清洁

顶篷扶手边角缝隙注意清洁干净。

26

车内 A 柱清洁

将车内 A 柱喷万能泡沫擦拭干净。

27

清洗毛巾

毛巾擦拭部分面积后，会变脏，所以一定要经常清洗毛巾。

28

车内 C 柱清洁

按前后左右顺序，将车内顶篷清洁干净。

清洁后侧顶篷时，将车内 C 柱清洁干净。

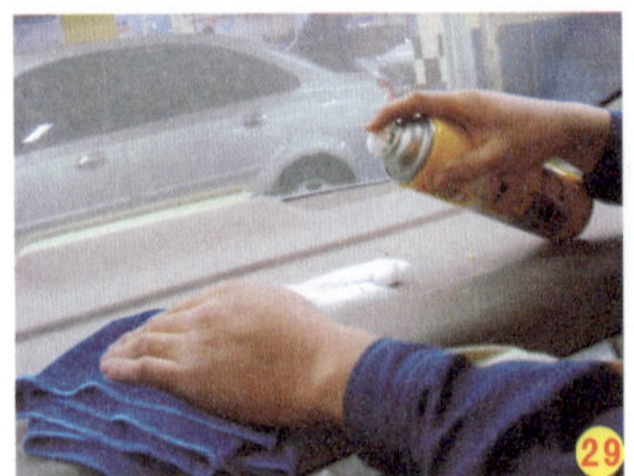

29

后平台毛毡清洁

清洁完 C 柱后，将后平台毛毡清洁干净，注意清洗毛巾。

30

车内顶篷清洁

清洁完 C 柱后，按顺序继续清洁顶篷，直至全部顶篷清洁完毕，注意清洗毛巾。

31

仪表板清洁

清洁车内仪表板部分，也要使用万能泡沫及毛巾擦拭，切忌使用水性清洁液，因为仪表板上有很多电器及开关，使用水性清洁液，容易渗透到电器及开关缝隙中造成短路，损坏电器。

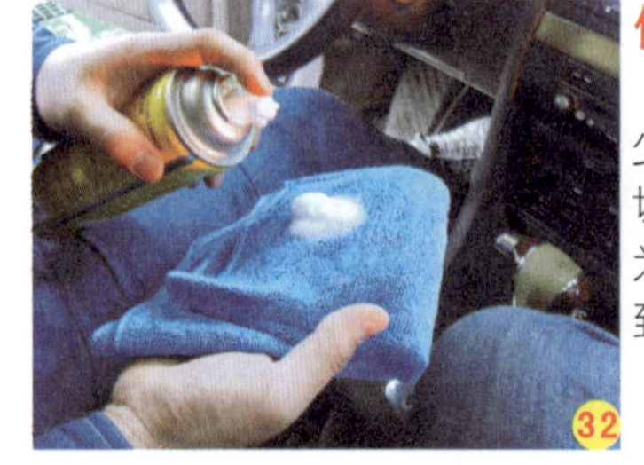

32

仪表板清洁

在清洁电器表面时，先将少量万能泡沫喷在毛巾表面，切忌直接喷在电器表面，因为泡沫溶解后，也容易渗透到缝隙中。

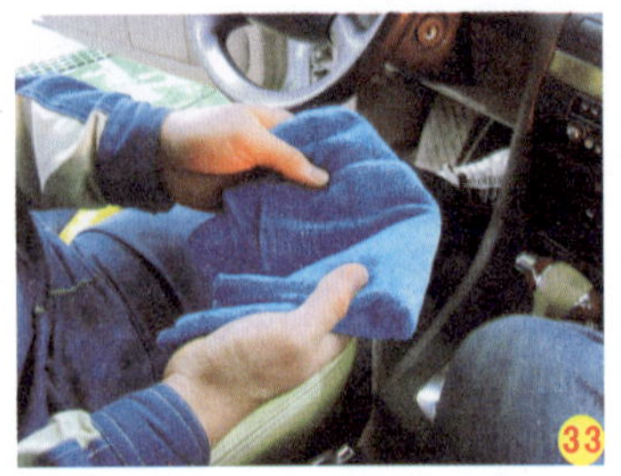

33

仪表板清洁

泡沫喷在毛巾后，用毛巾包裹泡沫揉搓，将泡沫溶解到毛巾中。

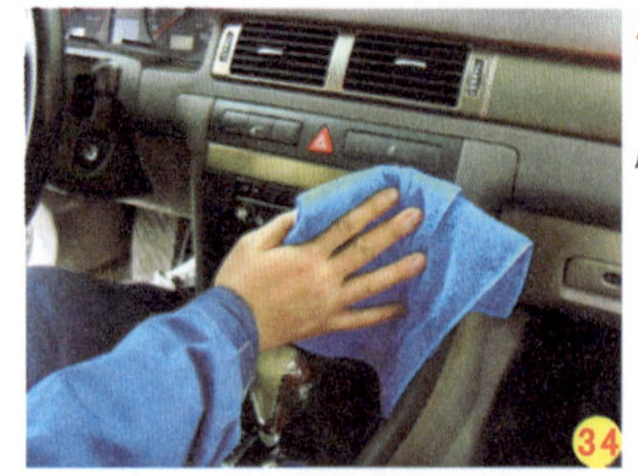

34

仪表板清洁

再使用溶解泡沫的毛巾小心擦拭电器表面。

35

仪表板清洁

转向盘及周边的清洁也要使用万能泡沫及毛巾擦拭，并注意边角缝隙的清洁，且及时清洗毛巾。

36

仪表板清洁

仪表板上的储物盒内也要清洁。

烟灰缸清洁

首先将烟灰缸小心拆卸下来，倒掉烟灰。

烟灰缸清洁

将兰威宝稀释液喷在烟灰缸内。

烟灰缸清洁

使用牙刷刷洗烟灰缸。

烟灰缸清洁

使用毛巾将烟灰缸擦干净。

烟灰缸归位

将烟灰缸小心安装回去，注意清洗毛巾。

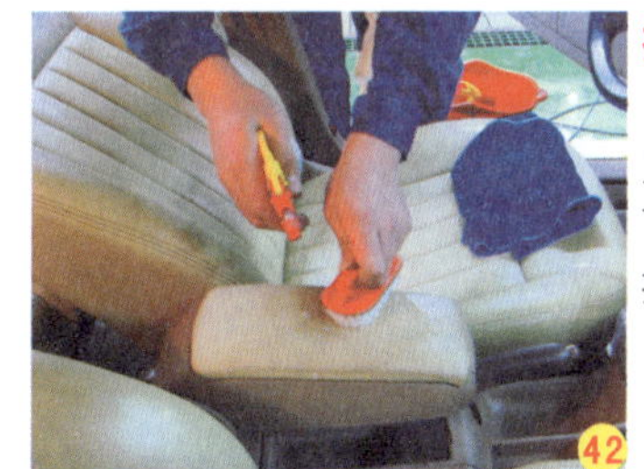

扶手箱清洁

若扶手箱较脏，使用兰威宝及毛刷刷洗，若较干净，可以使用万能泡沫及毛巾擦拭。

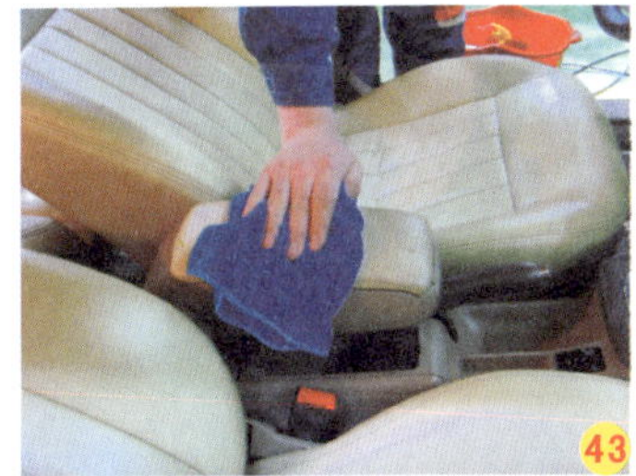

扶手箱清洁

刷洗后，使用毛巾擦干净。

扶手箱清洁

扶手箱内侧及底下部分使用牙刷刷洗，并使用毛巾擦干净，注意清洗毛巾。

安全带清洁

首先喷兰威宝在安全带两侧。

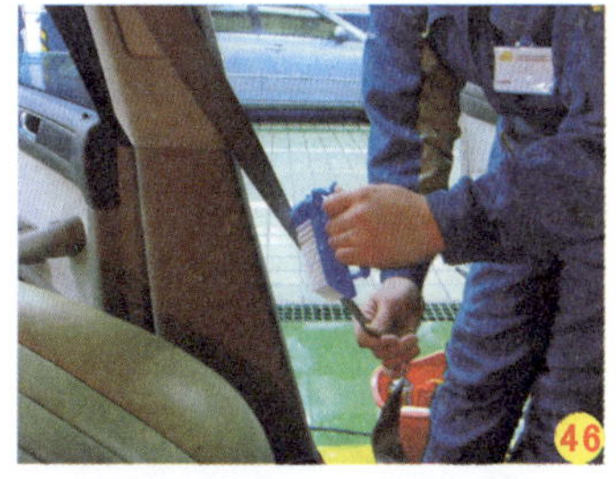

安全带清洁

再使用毛刷用力刷洗。

安全带清洁

最后使用毛巾包裹安全带两侧，用力擦干净。

将车内所有的安全带擦洗干净，并注意清洗毛巾。

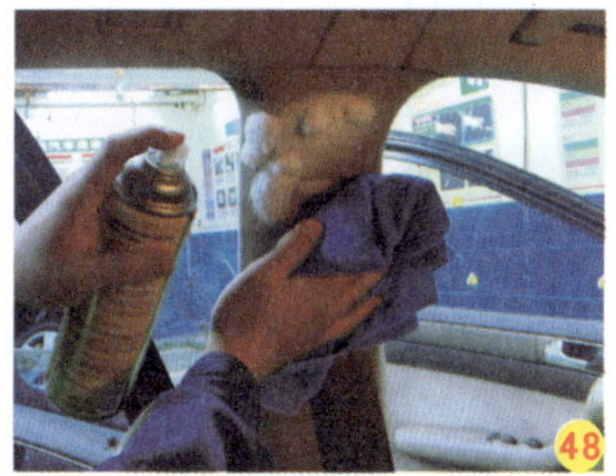

车内 B 柱清洁

清洁安全带的同时，将车内 B 柱清洁干净。

B 柱上部分为毛毡的，使用万能泡沫及毛巾清洁。

车内 B 柱清洁

B 柱下部分为塑料板的，使用兰威宝及毛刷刷洗。

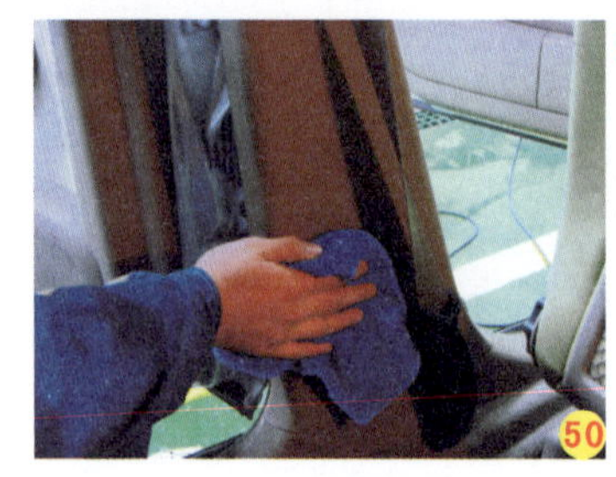

车内 B 柱清洁

最后使用毛巾擦干净。将车内两侧 B 柱清洁干净，并注意清洗毛巾。

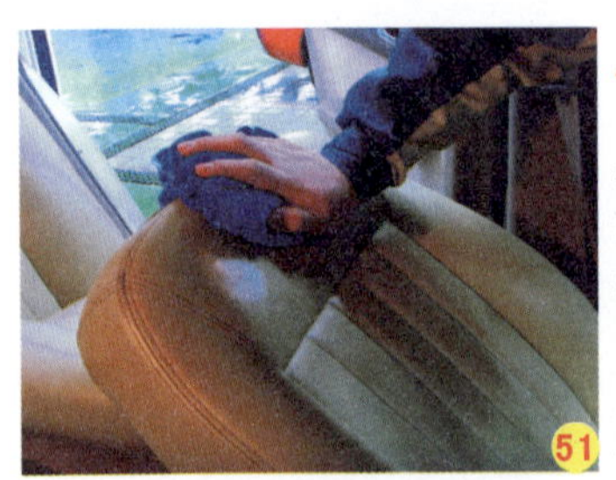

座椅清洁

若座椅表面较干净，或座椅皮质较软且有电加热散热孔的，使用万能泡沫及毛巾擦拭。

若使用毛刷，易损伤皮质，若使用兰威宝，易顺散热孔渗透到加热电线上，造成短路危险。

座椅清洁

若座椅较脏，皮质较硬，可以使用兰威宝。

在使用前，先喷少量兰威宝在皮椅不明显处，确定兰威宝不损伤皮质后，再进行使用。

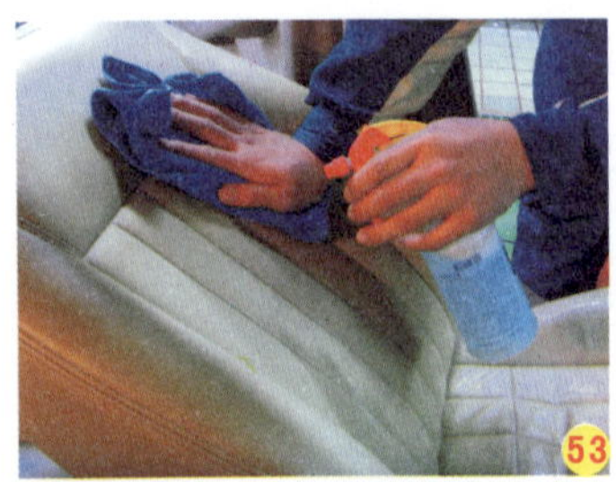

座椅清洁

若座椅较脏，可以使用兰威宝及毛巾擦洗。

若为丝绒座椅，只能使用万能泡沫及毛巾擦洗。

座椅清洁

若座椅非常脏，则使用兰威宝及毛刷刷洗，然后使用毛巾擦干净。

注意座椅边角缝隙的清洁，并清洗毛巾。

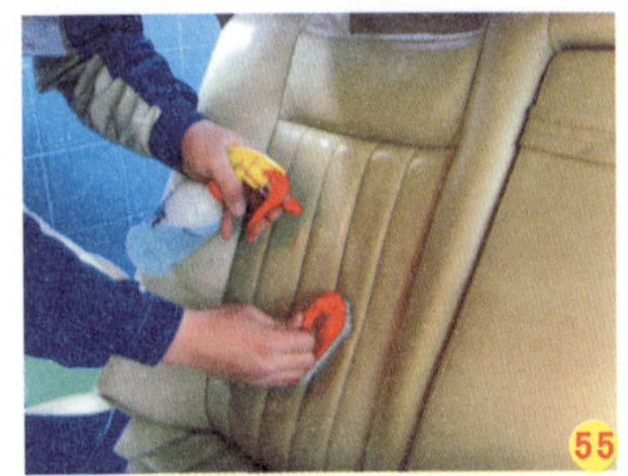

座椅清洁

按前后左右的顺序，将车内座椅清洁干净。刷洗后排座椅。

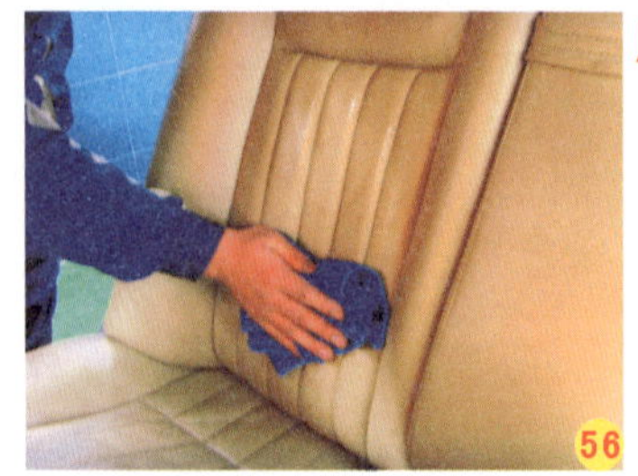

座椅清洁

擦干后排座椅。

座椅清洁

刷洗后排座椅。

座椅清洁

擦干后排座椅，并注意清洗毛巾。

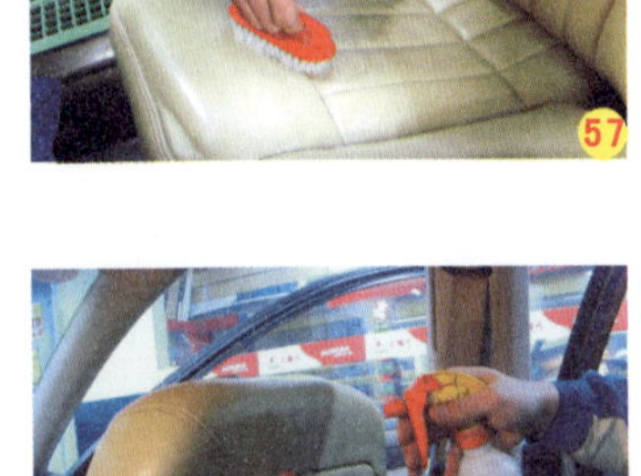

座椅清洁

刷洗前排座椅后部。

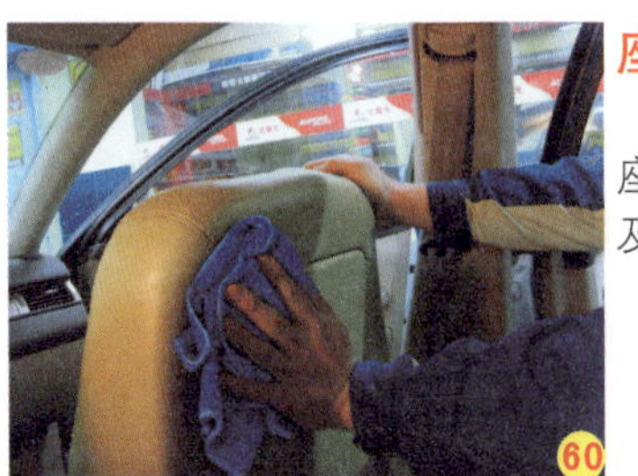

座椅清洁

擦干前排座椅后部，注意座椅边角缝隙要清洁干净，及时清洗毛巾。

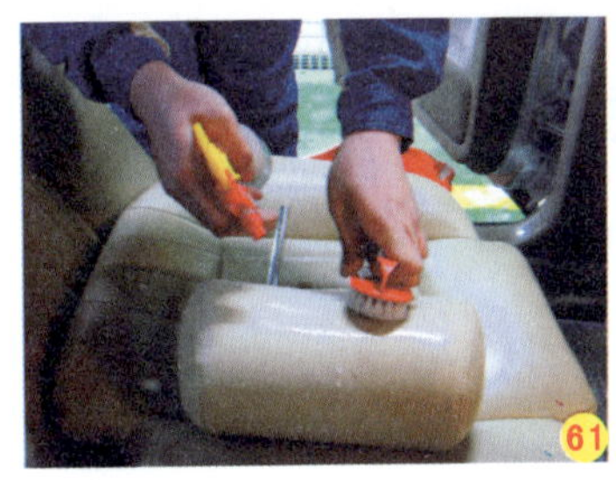

座椅头枕清洁

使用兰威宝及毛刷刷洗头枕。

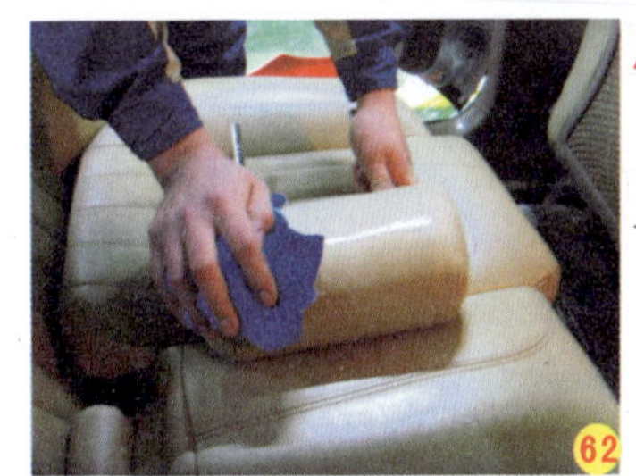

座椅头枕清洁

将头枕擦干净。

将车内所有座椅头枕清洁干净。

车门清洁

使用兰威宝及毛刷刷洗车窗玻璃边框。

车门清洁

将车窗玻璃边框擦拭干净。

车门清洁

边角处使用牙刷刷洗。

车门清洁

将刷洗过的边角处擦干净。

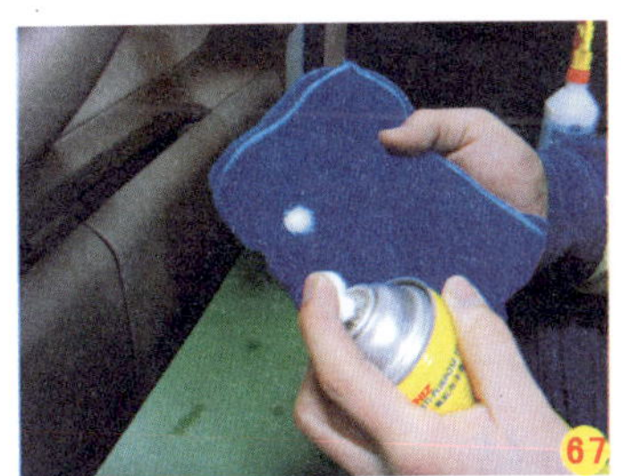

车门清洁

将少量万能泡沫喷在毛巾表面。

车门清洁

一手拉开开门拉手，一手伸进拉手凹处清洁。

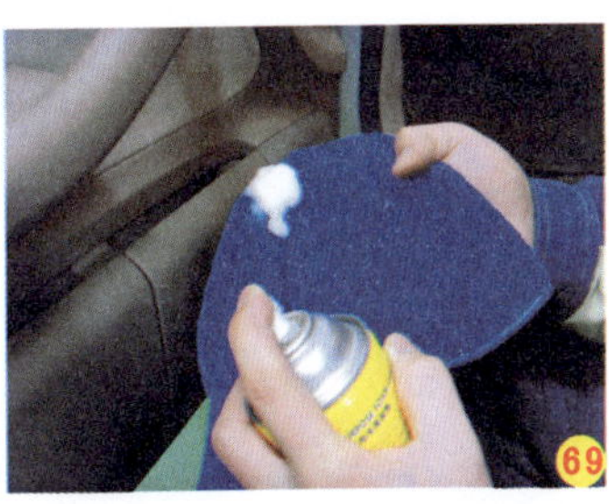

车门清洁

将少量万能泡沫喷在毛巾表面。

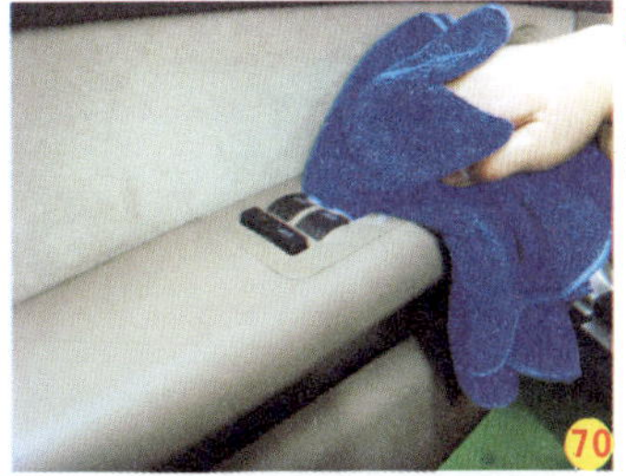

车门清洁

将玻璃升降开关凹槽处清洁干净。

注意电器开关的安全。

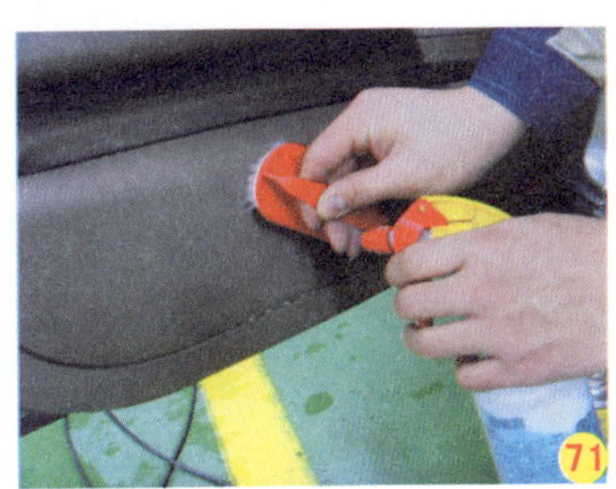

车门清洁

门板部位，使用兰威宝及毛刷刷洗。

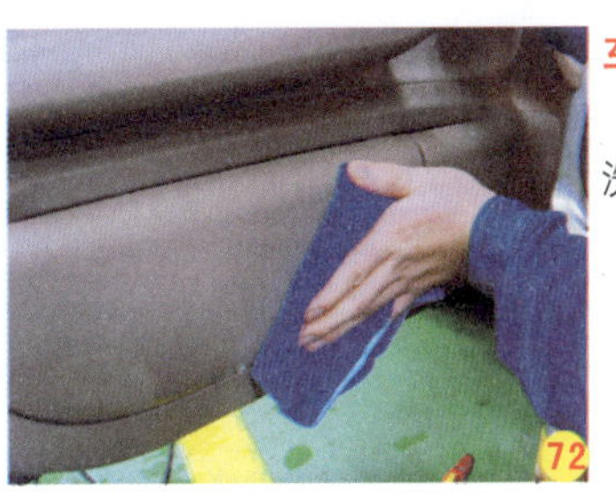

车门清洁

使用毛巾擦干净，注意清洗毛巾。

车门清洁

门板储物盒，使用万能泡沫及毛巾擦拭干净。

车门边清洁

车门柱边缘胶条使用兰威宝及牙刷刷洗。

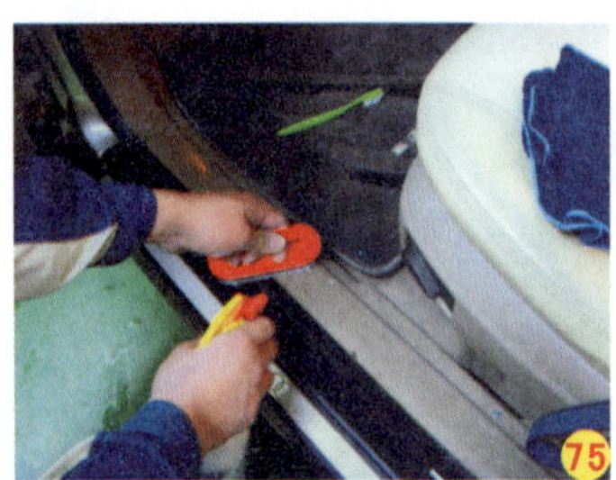

车门边清洁

车门足踏板使用兰威宝及毛刷刷洗。

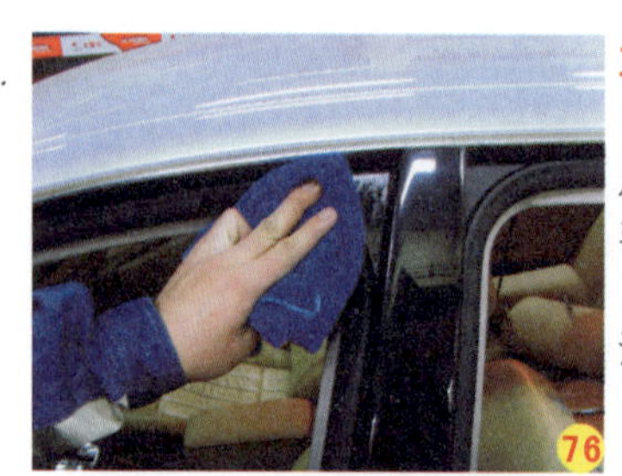

车门边清洁

使用毛巾将车门柱胶条及足踏板擦干净，注意清洗毛巾。

将四个车门及胶条、踏板清洁干净。

车门烟灰缸清洁

首先将烟灰缸小心地拆卸下来，倒掉烟灰。

车门烟灰缸清洁

将兰威宝稀释液喷在烟灰缸内。

车门烟灰缸清洁

使用牙刷刷洗烟灰缸。

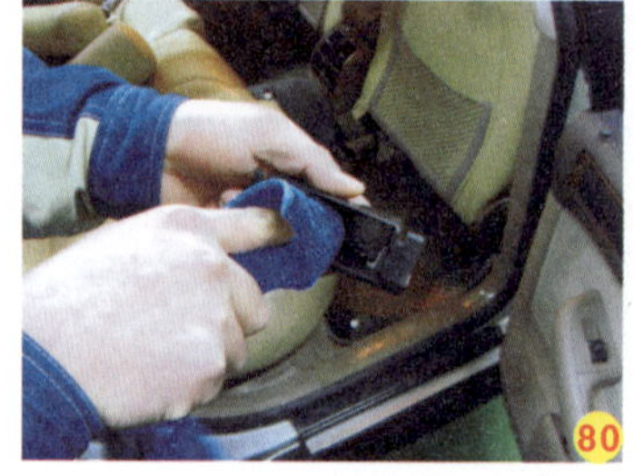

车门烟灰缸清洁

使用毛巾将烟灰缸擦干净。

烟灰缸归位

将烟灰缸小心地安装回去，注意清洗毛巾。

将两侧车门的烟灰缸清洁干净。

撤出脚垫

将车内所有脚垫撤出。

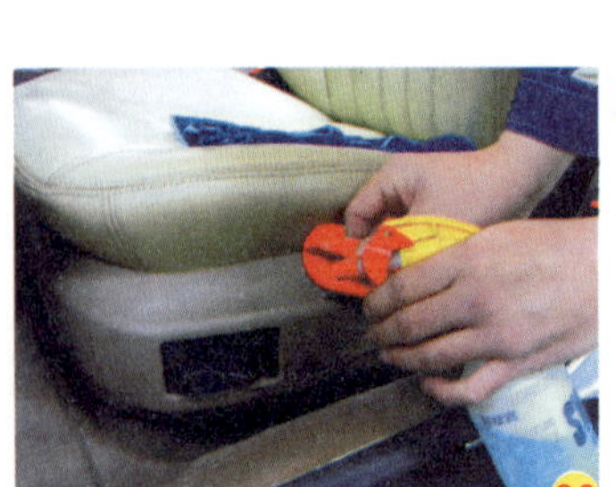

座椅底座清洁

将座椅底座及缝隙部分刷洗。

座椅底座清洁

将座椅底座擦干净。

车内地毯清洁

首先使用兰威宝及毛刷，刷洗档位边侧地毯。

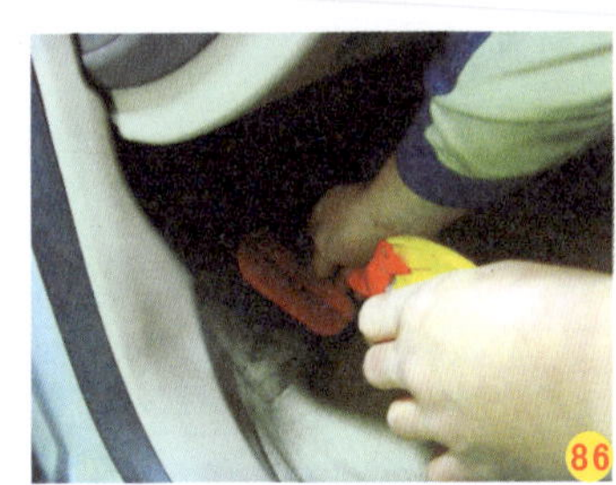

车内地毯清洁

再刷洗仪表板底部地毯，注意刷洗边角处。

车内地毯清洁

最后刷洗表面地毯。

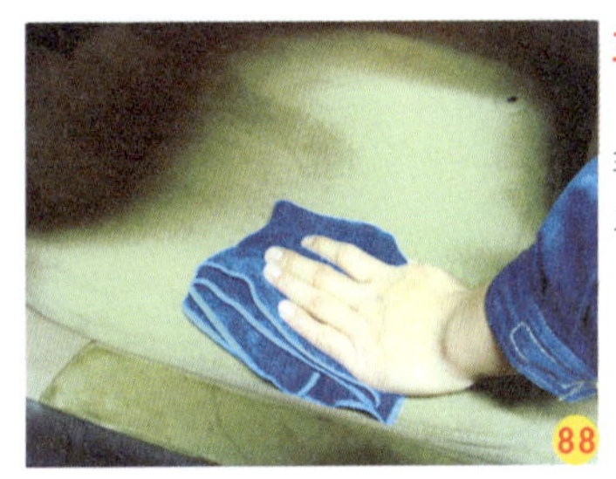
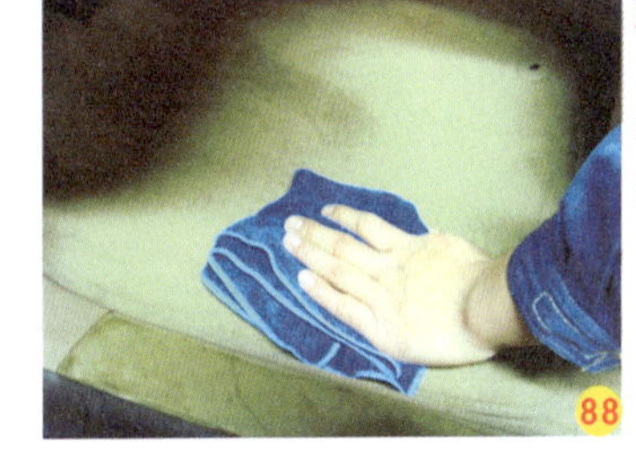

车内地毯清洁

使用毛巾将刷洗过后的地毯擦干净，注意经常清洗毛巾。

将车内所有地毯清洁干净。

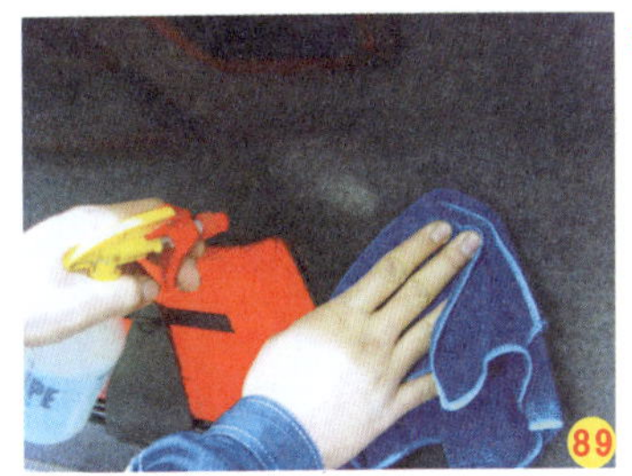

行李箱清洁

由于行李箱经常存放物品，行李箱盖及行李箱内侧毛毡较脏，所以使用兰威宝及毛巾擦洗，先擦洗行李箱盖毛毡。

行李箱清洁

行李箱密封胶条使用兰威宝及毛刷刷洗。

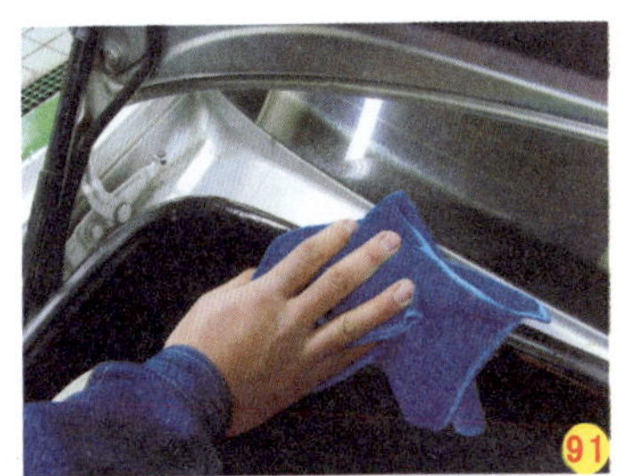

行李箱清洁

将刷洗过后的胶条擦干净。

行李箱清洁

行李箱内侧毛毡使用兰威宝及毛巾擦洗，注意清洗毛巾。

行李箱清洁

行李箱边塑料部分使用兰威宝及毛刷刷洗。

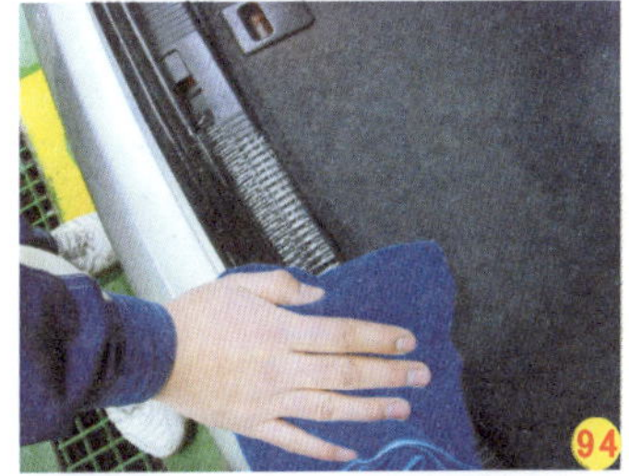

行李箱清洁

使用毛巾将刷洗过的塑料部分擦干净。

刷洗脚垫

将车内所有脚垫刷洗干净。

脚垫甩干

将脚垫放入甩干桶内脱水甩干。

97

铺脚垫

将甩干后的全部车内脚垫铺回车内。

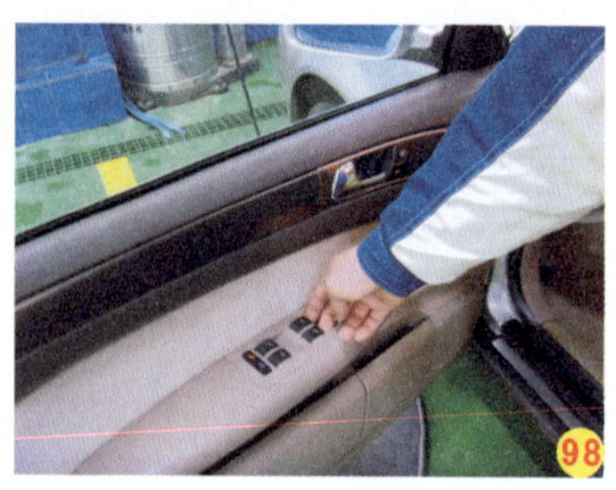
98

升起车窗

将四个车窗玻璃升起。

99

清洗车身

将车身清洗干净。

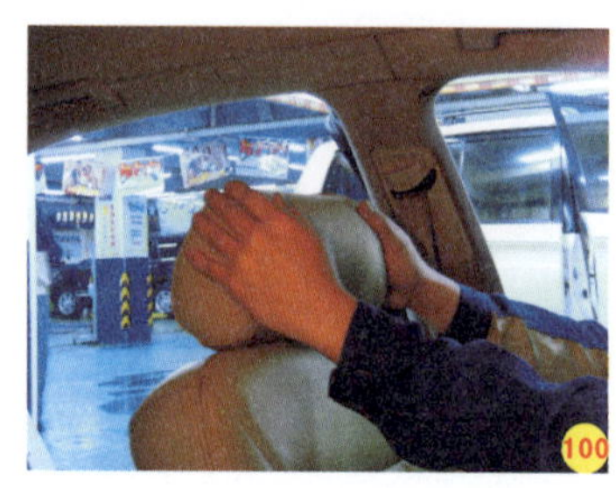
100

头枕归位

将拆下的车内座椅头枕全部归位。

101

调整座椅

将窜动的座椅调回原来位置。

102

仪表板上光养护

使用皮水等皮革制品护理剂及内室专用上光毛巾，给仪表板表面上光护理。

上光养护既可使清洁过后皮革、橡胶、塑料制品等美观漂亮，又可滋养防护。

103

转向盘上光养护

将转向盘及周边橡胶、塑料部分上光养护。

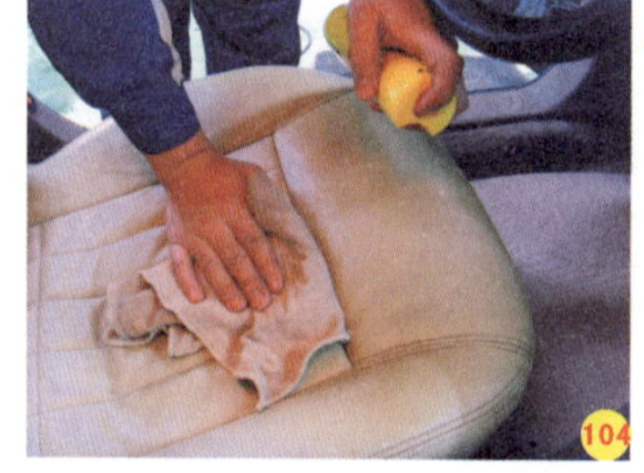
104

座椅上光养护

将皮座椅上光养护。

105

门板上光养护

将门板上光养护。

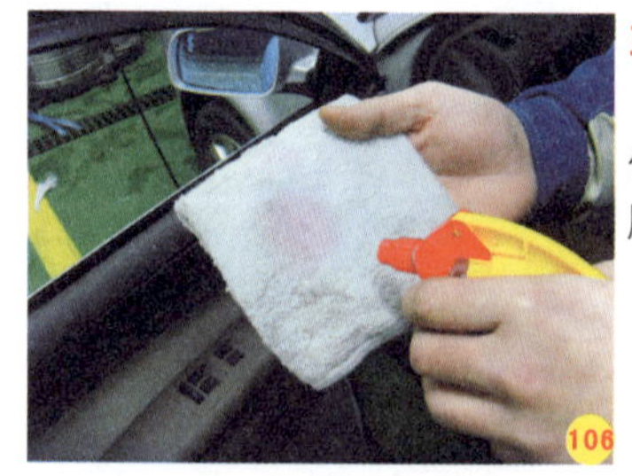
106

车门边上光养护

车门边多为塑料及橡胶条，使用轮胎蜡上光养护，将轮胎蜡喷在毛巾表面。

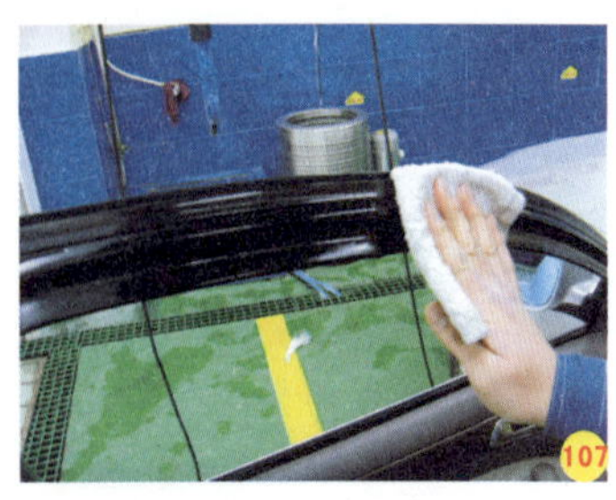
107

车门边上光养护

使用含有轮胎蜡的毛巾擦拭车门边。

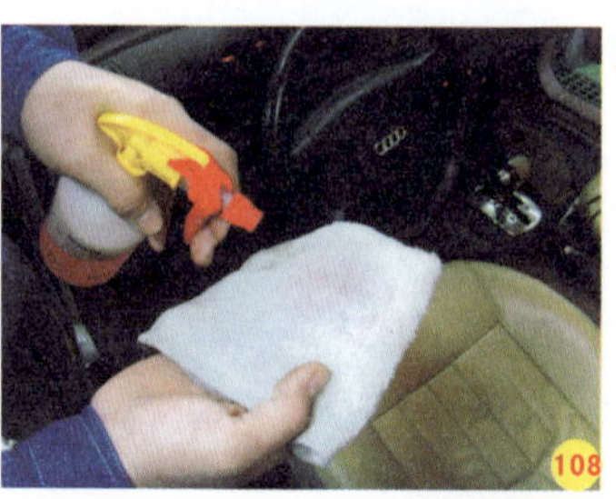
108

车门边上光养护

将轮胎蜡喷在毛巾表面。

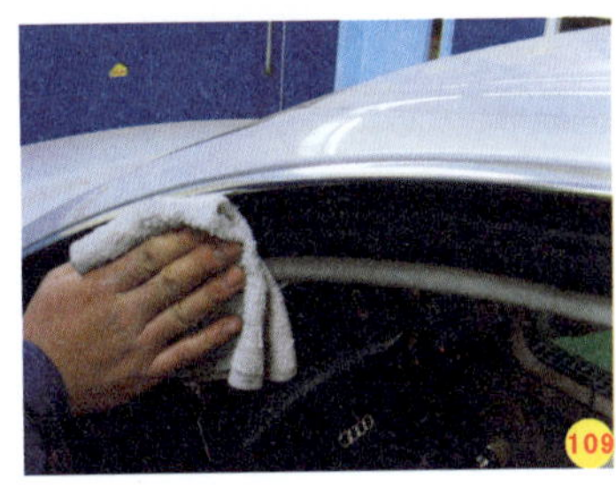

车门边上光养护

使用含有轮胎蜡的毛巾擦拭车门框边。

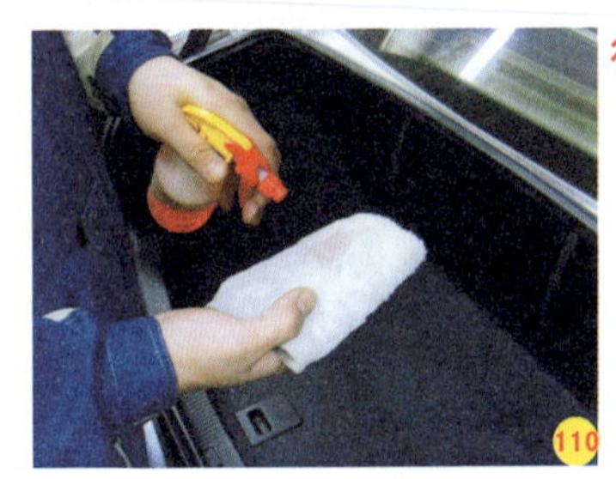

行李箱边上光养护

将轮胎蜡喷在毛巾表面。

车门边上光养护

使用含有轮胎蜡的毛巾擦拭行李箱胶条及塑料表面。

玻璃清洁

将全车玻璃里外清洁干净。

车内物品归位

将整理的车内物品全部放入行李箱内，并提示车主，车内小物品存放在纸箱内，并请车主清点确认。

仪表板部件检查

再次打开钥匙门，起动汽车，检查仪表板部分的音响、电器开关以及车灯、转向、仪表指示灯等是否正常工作。

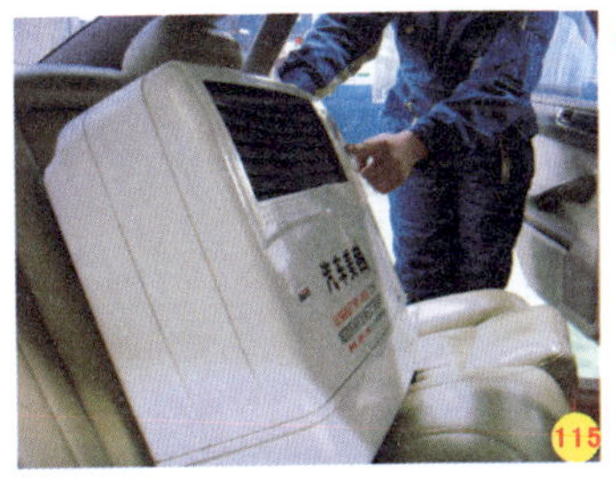

车内消毒

如客户需要室内消毒服务的，将消毒机放入车内，接好电源，调整好开关进行消毒。

车内消毒

将车门窗关严，按规定时间消毒。

座套清洗

将拆卸下来的座套清洗干净，并凉干，然后通知客户到店，并重新套上。

施工后检查

室内翻新工作结束后，检查各处是否清洁干净，注意避免遗漏。

（七）发动机翻新

施工前检查工作

首先按客户要求填写施工单，检查车身状况，及时提示车主，并将异常情况在施工单上标注，提示客户随身携带贵重物品，最后请客户在施工单上签字确认，以免事后发生纠纷。

打开车门

将车门打开。

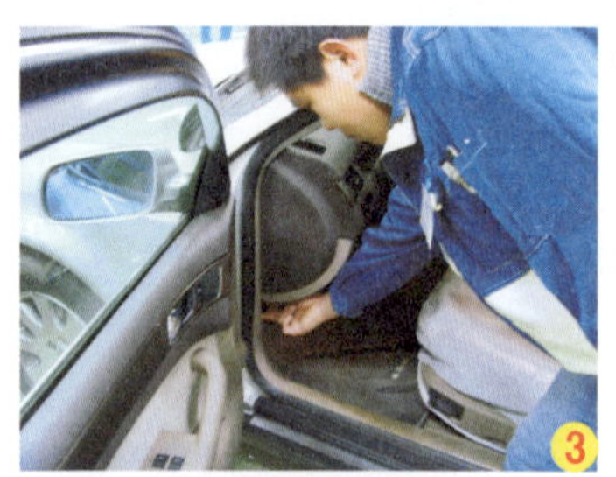

拉动发动机舱盖开关

一般在车内仪表板左下方有发动机舱盖开关，拉动后，发动机舱盖会开启第一道锁。

打开发动机舱盖

一般车辆的发动机舱盖第二道锁，一部分有开启开关，一部分需将手伸进发动机舱盖前边缘，使用手指扳动。

必须熟练掌握打开车辆发动机舱盖的方法。

检查发动机舱

检查发动机舱是否有部件脱落、损坏等现象，并及时通知车主。

电动机防护

将裸露的线圈、电动机等使用塑料袋进行防水保护。

冲洗发动机舱盖

首先将发动机舱盖里侧冲洗。

冲洗防火槽

将防火槽部分冲洗。

冲洗发动机舱

将发动机舱内冲洗。

擦洗发动机舱盖

使用擦洗轮辋底裙的海绵，沾上清洁剂擦洗发动机舱盖污渍。

擦洗防火槽

将防火槽部位擦洗干净。

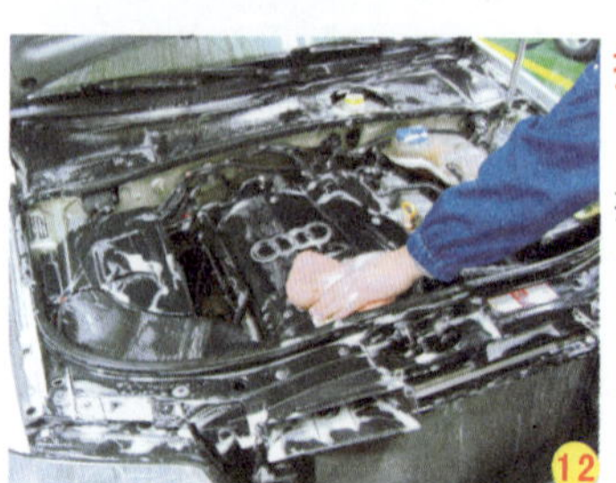

擦洗发动机舱

将发动机舱内各部件表面擦洗干净。

擦洗缝隙

注意边角缝隙的清洁。

擦洗翼子板边槽

将翼子板边槽内擦洗干净。

擦洗前边部件

将发动机舱前边部件擦洗干净。

发动机舱盖喷兰威宝

将发动机舱盖里侧表面喷兰威宝稀释液。

喷兰威宝的目的是加强清洁能力。

防火槽喷兰威宝

在防火槽部位喷兰威宝。

发动机舱喷兰威宝

在发动机舱部位喷兰威宝。

部件缝隙喷兰威宝

注意发动机舱部件缝隙部位应喷兰威宝。

前边部件喷兰威宝

将发动机舱前边部件喷兰威宝。

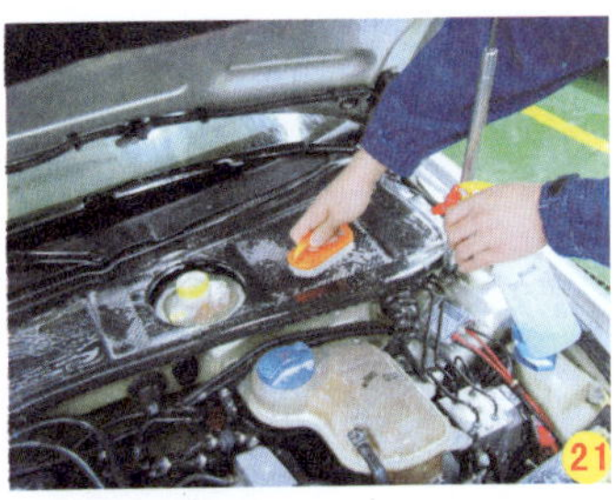

刷洗发动机舱

使用毛刷刷洗防火槽部位，污渍严重处可再喷兰威宝刷洗。

刷洗发动机舱

刷洗发动机舱部件。

刷洗发动机舱

刷洗胶边护条。

刷洗发动机舱

刷洗前边部件。

冲洗发动机舱盖

将发动机舱盖里侧泡沫冲洗干净。

冲洗发动机舱

将发动机舱内泡沫冲洗干净。

撤掉防护

将防水保护撤掉。

吹水

先将发动机舱盖边缘部件吹水。

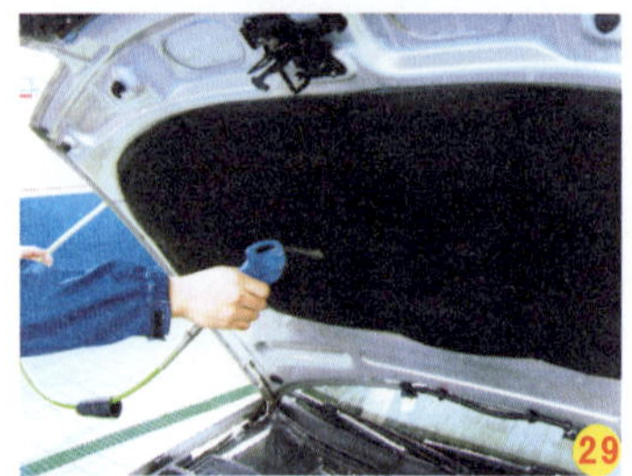

吹水

再将防火隔音棉水分吹干。

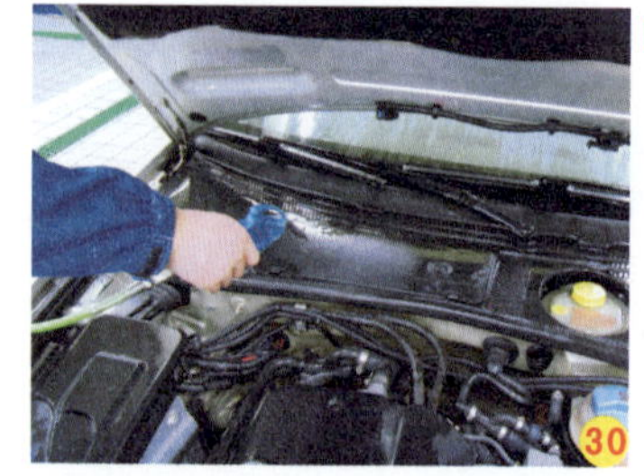

吹水

防火槽部位吹水。

吹水

部件表面吹水。

吹水

部件缝隙吹水。

吹水

特别是金属部件表面、接头等部位应仔细吹水。

吹水

前边部件吹水。

水分擦干

将发动机舱盖里侧水分擦干。

水分擦干

将防火槽部位擦干。

水分擦干

将发动机舱部件表面擦干。

水分擦干

将发动机舱部件缝隙擦干。

防锈保护

金属部件表面喷 WD-40 防锈保护。

防锈保护

金属部件表面喷 WD-40 防锈保护。

上光护理

塑料、橡胶制品表面喷仪表蜡进行上光护理，既美观清洁，又滋养防护。最后将防火槽部位上光。

上光护理

部件表面上光。

上光护理

胶管上光。

上光护理

胶边、护条上光。

局部清洁

将局部水分擦干。

局部清洁

将局部水分擦干。

发动汽车

将汽车发动，确保发动机运转正常。

盖上发动机舱盖

将发动机舱盖盖好，发动机翻新养护理完毕。

（八）轮辋翻新

施工前检查工作

首先按客户要求填写施工单，检查车身状况，及时提示车主，并将异常情况在施工单上标注，提示客户随身携带贵重物品，最后请客户在施工单上签字确认，以免事后发生纠纷。

取防盗螺栓钥匙

将行李箱内底部隔板打开。

对于中高档汽车，每个轮辋螺栓中会有一个防盗螺栓，并在轮胎拆卸工具中配备一个防盗螺栓的钥匙。

取防盗螺栓钥匙

打开工具防护板。

取防盗螺栓钥匙

取出防盗螺栓钥匙。

取螺栓罩拆卸工具

取出螺栓防护罩拆卸工具。

固定架机

确定车辆架机点后，将架机在架机点处固定。

拆卸螺栓防护罩

使用专用工具将螺栓防护罩拆下来。

安装防盗螺栓钥匙

将防盗螺栓钥匙插在防盗螺栓上。

松动螺栓

使用十字扳手分别将各个螺栓松动。

因为此时车辆还没有架起，轮胎还未离地，所以不要将螺栓拆卸下来。

架起车辆

支起架机，将车辆架高，确保轮胎离地。

拆卸螺栓

将各个螺栓拆卸下来。

拆卸轮辋

将轮辋从车上拆卸下来，注意安全。

架机保护

使用架机防护架，支在轮盘处，防止万一架机归位，制动盘着地碰撞损伤。

准备轮辋清洁剂

将桶装的轮辋清洁剂倒入喷壶内。

冲洗轮辋正面

将轮辋正面冲洗干净。

冲洗轮辋背面

将轮辋背面冲洗干净。

擦洗轮辋正面

首先将轮辋正面擦洗干净。

刷洗轮胎正面

同时将轮胎正面刷洗干净。

擦洗轮辋背面

将轮辋背面擦洗干净。

刷洗轮胎背面

将轮胎背面刷洗干净。

冲洗轮辋正面

将轮辋正面冲洗干净。

冲洗轮辋背面

将轮辋背面冲洗干净。

喷轮辋清洁剂

将轮辋清洁剂喷在轮辋正面。

浸泡

让轮辋清洁剂浸泡一段时间。

刷洗轮辋正面

使用牙刷刷洗轮辋缝隙，注意避免遗漏。

刷洗轮辋正面

使用毛刷刷洗轮辋表面，注意避免遗漏。

冲洗轮辋正面

将轮辋正面冲洗干净。

清除柏油

轮辋上很容易粘上柏油，轮辋清洁剂未清除的柏油，可以使用柏油清洁剂清除，将柏油清洁剂喷在柏油处。

清除柏油

使用牙刷刷洗柏油。

冲洗轮辋正面

将轮辋正面冲洗干净。

喷轮辋清洁剂

将轮辋清洁剂喷在轮辋背面。

浸泡

让轮辋清洁剂浸泡一段时间。

刷洗轮辋背面

使用牙刷刷洗轮辋缝隙，注意避免遗漏。

刷洗轮辋背面

使用毛刷刷洗轮辋表面，注意避免遗漏。

冲洗轮辋背面

将轮辋背面冲洗干净。

再次清洁

由于轮辋背面非常脏，冲洗过后，对未清洁干净部分需再次清洁。

喷轮辋清洁剂。

37

再次清洁

使用牙刷刷洗缝隙。

38

再次清洁

使用毛刷刷洗表面。

39

冲洗轮辋背面

将轮辋背面冲洗干净。

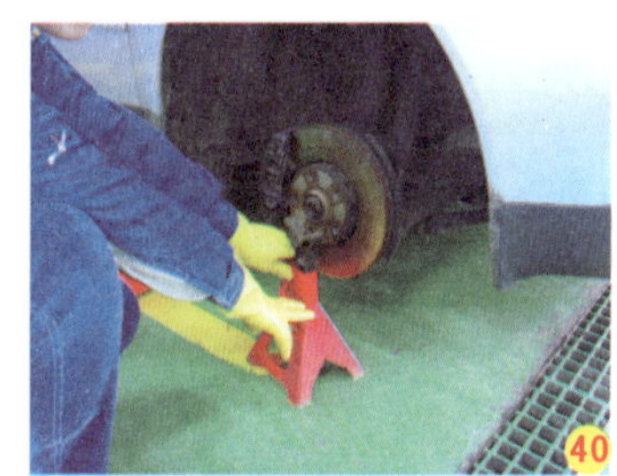

40

撤掉架机保护架

将架机保护架撤掉。

41

安装轮辋

将轮辋安装到车辆上。

42

安装螺栓

将防盗螺栓钥匙套在防盗螺栓上。

43

安装螺栓

将防盗螺栓钥匙及防盗螺栓插在螺栓孔中。

44

安装螺栓

使用十字扳手分别将螺栓安装，不要紧固，因为此时，架机仍架高车辆，轮胎离地，不易紧固螺栓。

45

撤掉架机

将架机降低，车辆轮胎着地后，撤掉架机。

46

紧固螺栓

使用扭力扳手，按力矩要求紧固每一个螺栓，螺栓紧固顺序是上下、左右对称紧固。

47

安装螺栓防护罩

将螺栓防护罩安装复位。

48

轮胎上光

将轮胎表面上光养护。

轮胎上光

使用毛巾将轮胎表面擦干。

擦干轮辋

将轮辋表面擦干。

分别将其他轮辋按上述步骤翻新清洁干净。

放回工具

将螺栓防护罩拆卸工具放回原位。

放回工具

将防盗螺栓钥匙放回原位。

行李箱归位

将行李箱内工具罩板归位加固。

行李箱归位

将行李箱内底板归位。

施工后检查

施工后检查施工质量。轮辋翻新工作完毕。

（九）胶条护理

施工前检查工作

首先按客户要求填写施工单，检查车身状况，及时提示车主，并将异常情况在施工单上标注，提示客户随身携带贵重物品，最后请客户在施工单上签字确认，以免事后发生纠纷。

清洗车身

将车身清洗干净。

中网胶条清洁

在清洁中网胶条时，要仔细认真，顽固污垢及白色蜡渍等需使用牙刷及兰威宝刷洗。

前保险杠胶条清洁

在清洁前保险杠胶条时，要仔细认真，尤其网条等缝隙、顽固污垢及白色蜡渍等需使用牙刷、毛刷及兰威宝刷洗。

挡泥板及底裙胶条清洁

在清洁四个挡泥板及两侧底裙胶条时，要仔细认真，顽固污垢及白色蜡渍等需使用毛刷及兰威宝刷洗。

有些车门防撞条也是橡胶制品，也需使用牙刷及兰威宝刷洗。

后保险杠胶条清洁

在清洁后保险杠胶条时，要仔细认真，顽固污垢及白色蜡渍等需使用毛刷及兰威宝刷洗。

以上车身橡胶部位若粘有柏油，还需使用柏油清洁剂处理。

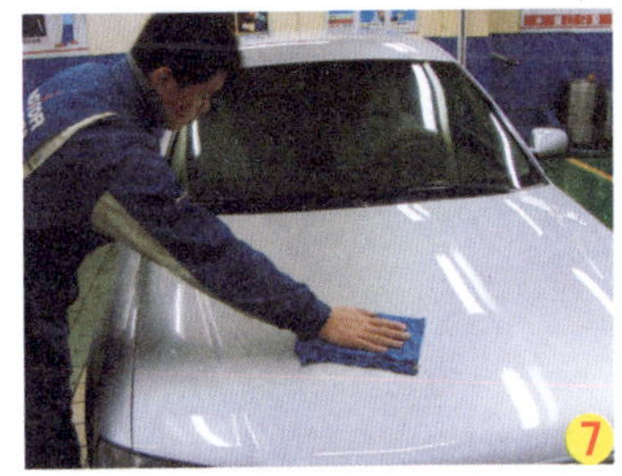

擦干车身

按洗车程序将车身缝隙吹水，之后将车身擦干净。

车窗胶条清洁

首先使用牙刷及兰威宝，将全车车窗胶条刷洗干净。

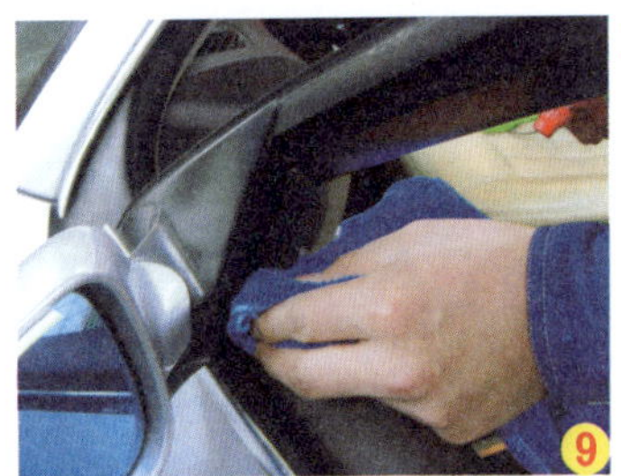

车窗胶条清洁

然后将刷洗过后的胶条使用毛巾擦干净。

门边胶条清洁

首先使用牙刷及兰威宝，将四个车门的门边胶条刷洗干净。

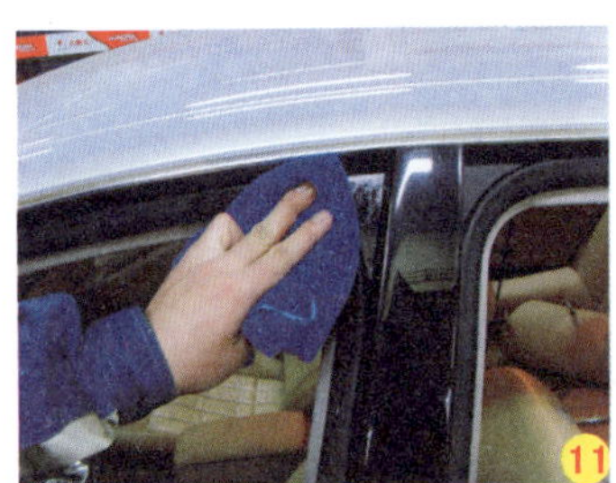

门边胶条清洁

然后将刷洗过后的胶条，使用毛巾擦干净。

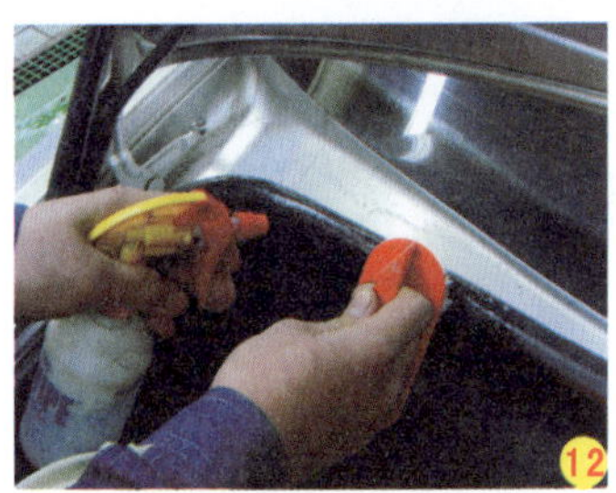

行李箱胶条清洁

首先使用毛刷及兰威宝，将行李箱的胶条刷洗干净。

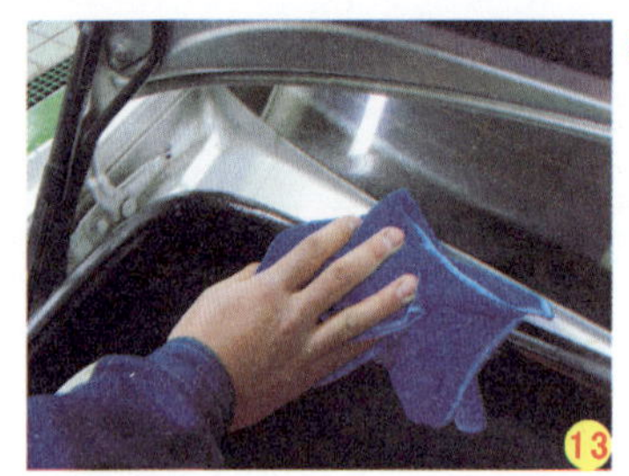

行李箱胶条清洁

然后将刷洗过后的胶条使用毛巾擦干净。

中网胶条上光护理

使用轮胎蜡及毛巾对清洁后的中网胶条上光护理。

前保险杠胶条上光护理

使用轮胎蜡及毛巾对清洁后的前保险杠胶条上光护理。

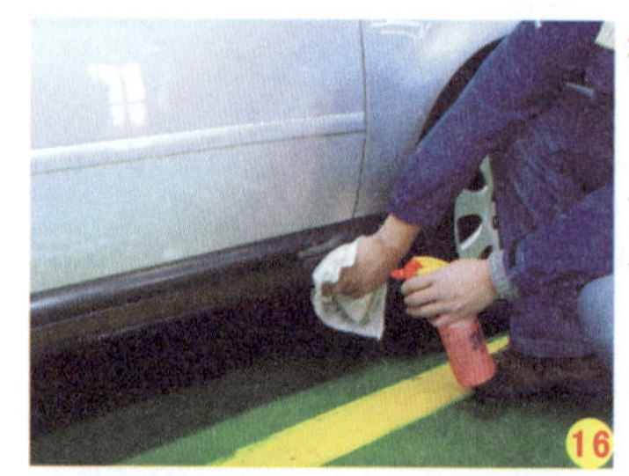

挡泥板及底裙上光护理

使用轮胎蜡及毛巾对清洁后的所有挡泥板及底裙胶条上光护理。

若车门防撞条也是橡胶制品，也需上光护理。

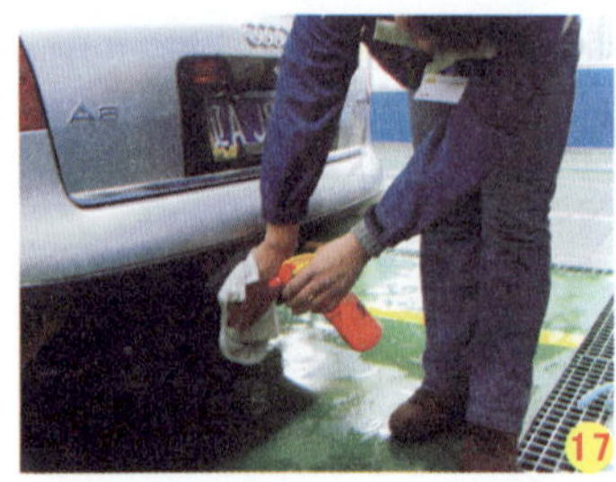

后保险杠上光护理

使用轮胎蜡及毛巾对清洁后的后保险杠胶条上光护理。

车窗胶条上光护理

首先将轮胎蜡喷在毛巾上。

车窗胶条上光护理

再使用含有轮胎蜡的毛巾擦拭所有车窗胶条。

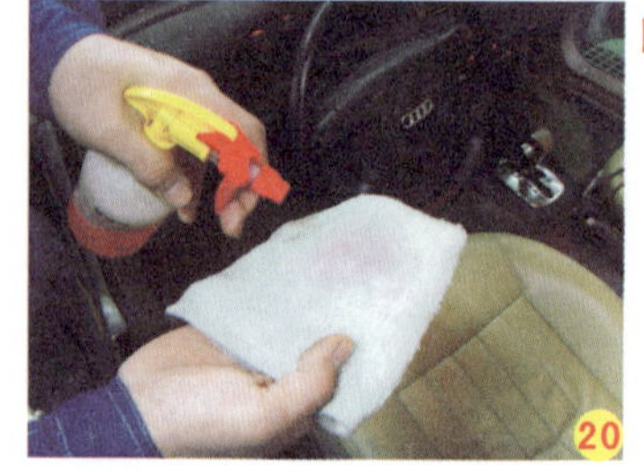

门边胶条上光护理

首先将轮胎蜡喷在毛巾上。

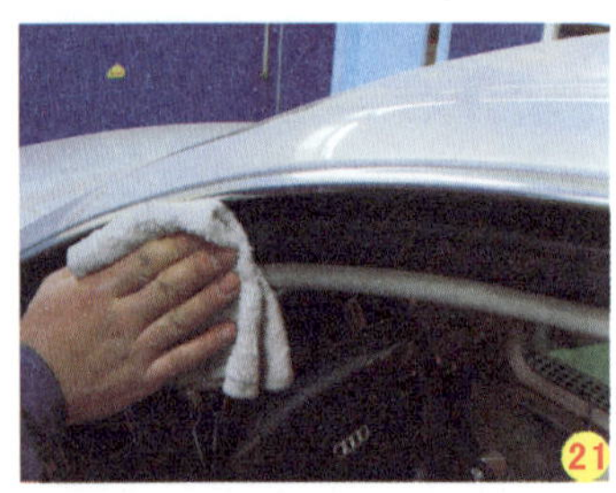

门边胶条上光护理

再使用含有轮胎蜡的毛巾擦拭所有门边胶条。

行李箱胶条上光护理

首先将轮胎蜡喷在毛巾上。

行李箱胶条上光护理

再使用含有轮胎蜡的毛巾擦拭行李箱胶条。

施工后检查

车身胶条护理施工完毕，仔细检查所有施工项目，避免遗漏。

（十）车窗贴膜

施工前检查工作

首先填写施工单，检查车身及车内仪表板各项开关工作状况，及时提示车主，并将异常情况在施工单上标注，提示客户随身携带贵重物品，请客户在施工单上签字确认，以免纠纷。

贴膜区

为保证贴膜质量，必须要有专业的贴膜环境：区域密闭、地面整洁、光线充足。

喷淋装置

贴膜区内配备贴膜专用的喷淋装置。

降低空气浮尘，减少贴膜气泡的产生。

清洗车辆

贴膜前将车身清洗干净，减少灰尘，提高贴膜质量。

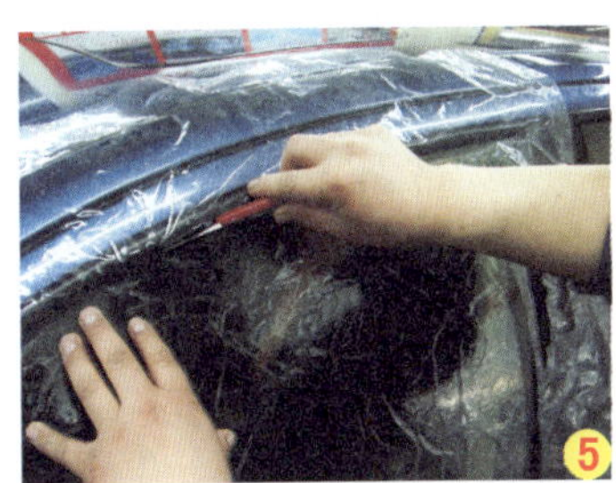

裁膜样

按车窗大小裁膜样。

积累膜样，妥善保存，再来车辆贴膜时，可按膜样直接裁膜，节省时间，准确性高。

测量风窗

测量前后风窗玻璃高度，按照中心点最高处测量。

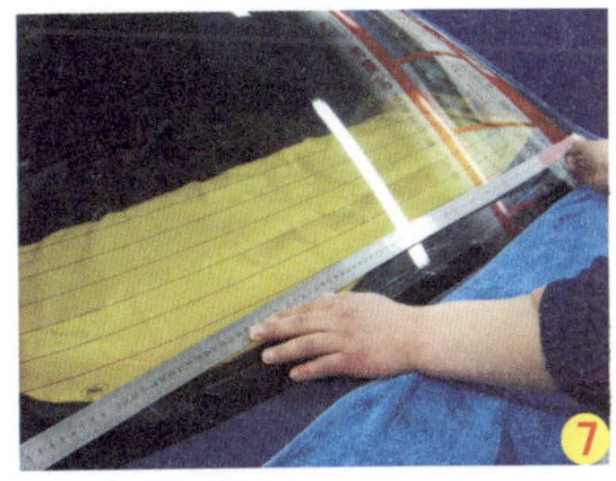

测量风窗

测量前后风窗玻璃宽度，按照风窗玻璃最宽处测量。

窗膜存放

制作膜架存放窗膜，以避免损坏，并且便于裁剪。

膜架可与裁膜案连在一起。

裁车窗膜

按照膜样大小裁膜，注意上下距离要比车窗实际长出3cm，用于修边及玻璃密封条以下部分贴膜。

裁风窗膜

首先测量风窗玻璃的长度及高度，由于前后风窗玻璃弧度较大，贴膜前必须烤膜，并且一般防爆膜都是顺向收缩，所以裁风窗膜要按风窗玻璃长度顺向裁膜。

调配贴膜液

贴膜液的作用是清洁及润滑，强酸或强碱性溶液对防爆膜的胶层有侵蚀，会影响防爆膜的清晰度，所以贴膜液最好选择中性溶液，例如将婴儿沐浴露与纯净水按比例混合。

车身防护

在发动机舱盖及行李箱盖上面铺上毛巾，防止施工过程中划伤车漆。

座椅防护

全车座椅，使用防尘罩套上，保持座椅清洁。

仪表板防护

仪表板防护罩必须使用防水布料，以防止贴膜过程中贴膜液渗透仪表板损坏电器、电路。

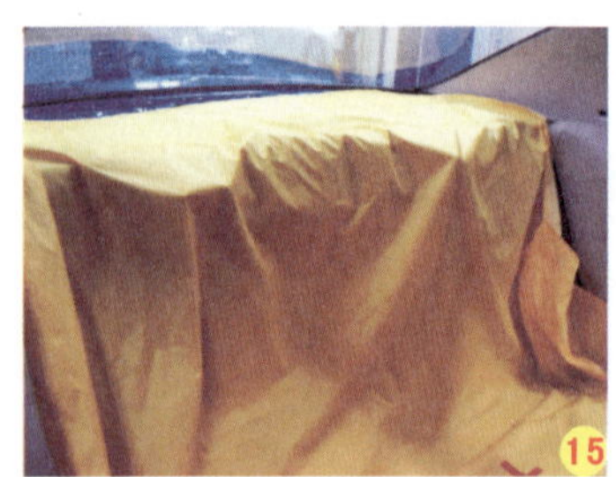

后平台防护

车内后平台同样进行防水保护。

车门板防护

车门板内侧进行防水保护。

喷淋降尘

贴膜前，将车门打开，起动喷淋装置约5min，以降低车内外空气中的灰尘。

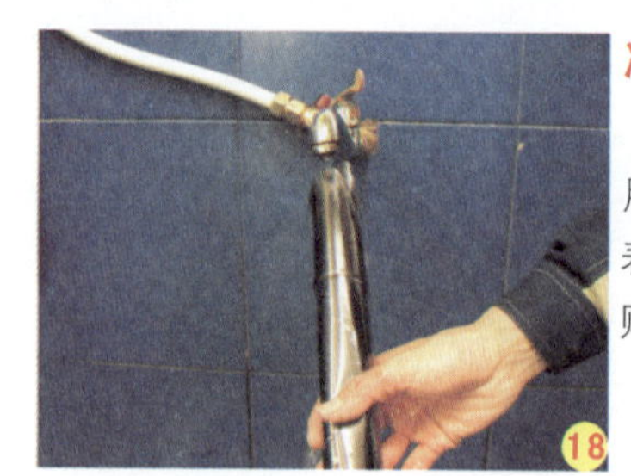

冲洗窗膜

在贴膜前将裁好的窗膜使用清水冲洗，目的是将窗膜表面的灰尘冲洗干净，减少贴膜时灰点发生。

贴车窗玻璃

将调试好的贴膜液均匀喷洒在车窗玻璃内侧。车窗贴膜时可使用压力喷壶，胶边、缝隙处灰尘较多，需反复冲洗。

清洁玻璃

使用胶皮刮板，自上而下地反复将玻璃刮干净，此步骤至关重要，直接影响贴膜的质量，所以必须仔细操作。

胶边清洁

使用钢刮板配合贴膜液清洁车窗胶边、缝隙中的灰尘。注意钢刮板要经常打磨，并且力量要适中，避免划伤玻璃。

车窗清洁干净后，在表面再喷一遍贴膜液，并将车窗略降低。

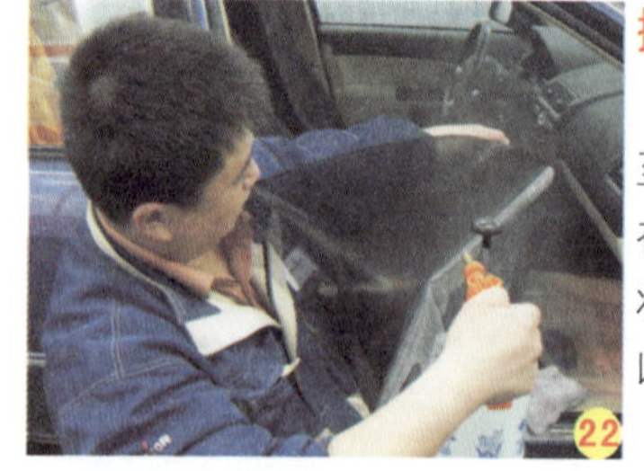

撕开保护层

将窗膜外表的保护层撕开至2/3处，并且喷洒贴膜液在窗膜含胶层。注意撕膜前将双手手指用贴膜液浸湿，以防止在窗膜上留指印。

固定窗膜

将窗膜贴在玻璃上，上部边缘略高于窗玻璃，并且使用刮板将上部窗膜水分刮掉，以固定窗膜。

刮膜前一定在窗膜表面喷贴膜液。

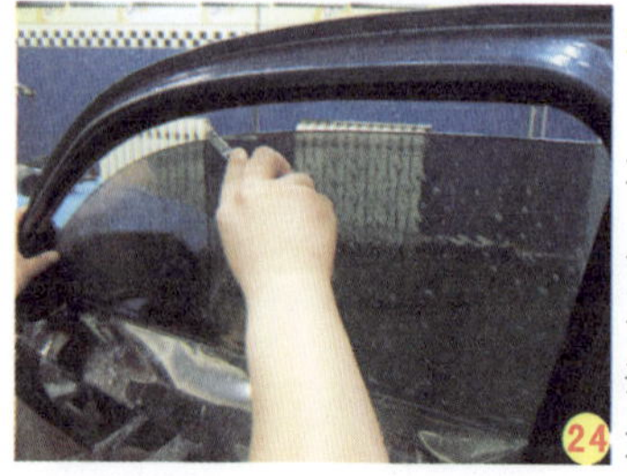

边缘取齐

使用刀片将略高的窗膜沿车窗上部边缘裁掉。注意刀片一定使用锋利的钢制刀片，刀片不锋利反而易划伤玻璃，并且注意力量的控制，以免划伤玻璃。

对齐边缘

窗膜边缘与车窗玻璃弧形一致后，将膜向下窜动约3mm，以防止车窗玻璃经常上下移动而使窗膜卷边。

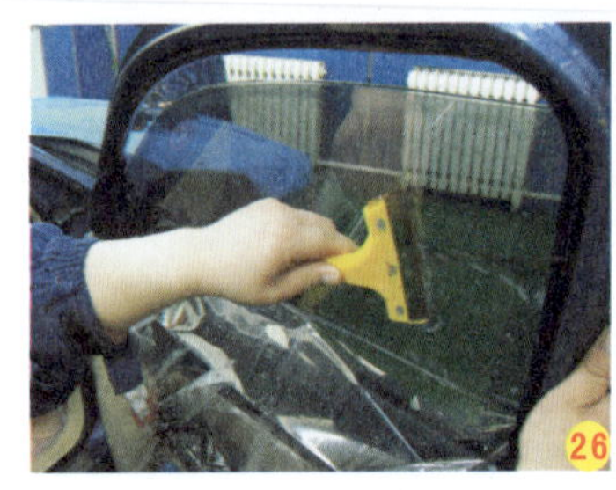

刮除水分

使用胶皮刮板刮除窗膜上部水分。

处理边缘

使用吸水布包裹钢刮板，用力排除窗膜与玻璃间的水分。

升玻璃

一手控制升降开关，一手扶着玻璃将车窗升回原位。

清洁玻璃

将车窗下部没有处理的窗膜掀起，在玻璃上喷洒贴膜液，同时将膜的保护层撕掉。

顺膜

将膜顺玻璃贴上，并使用钢刮板将膜轻轻顺进玻璃胶条下，然后使用胶皮刮板刮膜。

注意避免碰坏窗膜。

刮膜

将刚刚撕掉的保护膜重新铺在窗膜上，然后使用钢刮板用力刮膜，以彻底排除膜与玻璃间的水分，之后撕掉保护膜即可。

重复以上施工步骤，给其他车窗贴膜。

谢绝客户

贴膜过程中，谢绝客户进入贴膜车间，一方面保证车间干净，以保证贴膜质量，另一方面避免影响工人施工。

贴前风窗玻璃

首先将前风窗玻璃外侧清洁干净，以避免烤膜时玻璃上的灰尘损伤窗膜。

裁剪边角

将前风窗膜保护层向外铺在前风窗玻璃外侧，上下左右对好距离后，将玻璃边框浮点以外多余的窗膜剪掉。

喷贴膜液

在前风窗膜上喷洒贴膜液，以便于刮膜。

刮膜

使用胶皮刮板将前风窗膜按玻璃弧度刮平。

窗膜分褶

按照玻璃的弧度，使用刮板将前风窗膜分成几块褶皱。

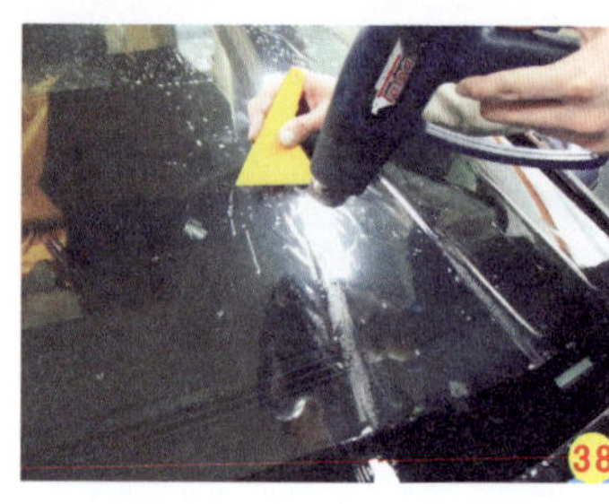

烤膜

使用贴膜专用烤枪，配合塑料刮板将膜上的褶皱烤平。

注意烤枪温度的高低，及距离车窗的远近，以免烤炸玻璃。

以上为湿烤方法，也可采用干烤方式。

施工注意

烤膜时，将烤枪的电线通过肩膀绕到身后，以免施工过程中，电线磨损车漆。

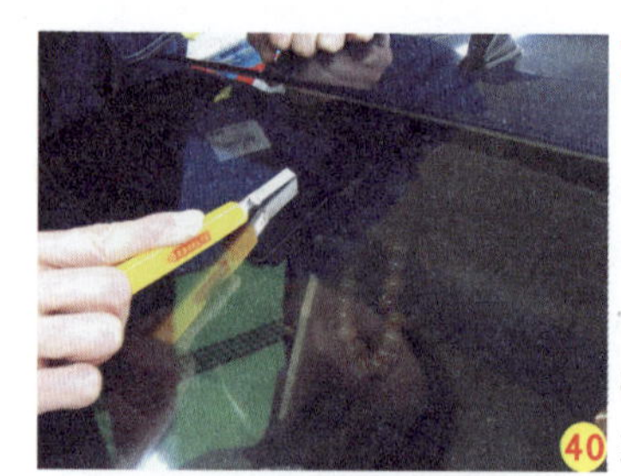

取印

使用刀片或白画笔，按照窗边浮点走向，在窗膜上划出印迹。

注意力量的使用，不要划破窗膜，以免划伤前风窗玻璃。

裁剪

在前风窗上取印后，将窗膜铺在裁膜案上，使用刀片按照取好的印迹将多余的窗膜裁剪。

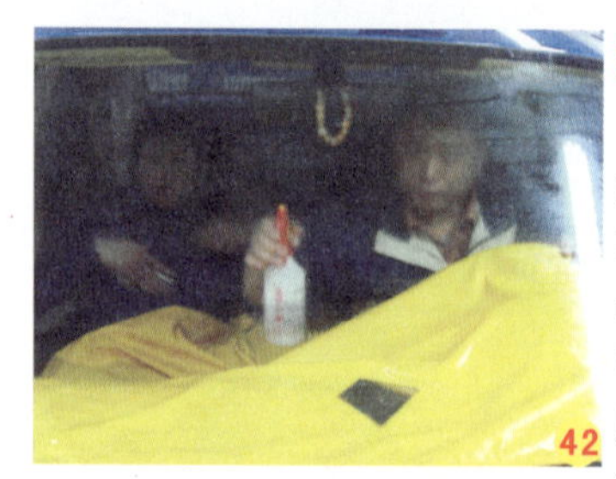

清洁玻璃

贴前风窗膜最好两人配合施工，并且施工过程中紧关车门，减少灰尘。贴膜喷壶最好使用高质量的手动喷头，喷出的贴膜液细密，喷在前风窗上不流动，避免渗透到仪表板内部损伤电器。

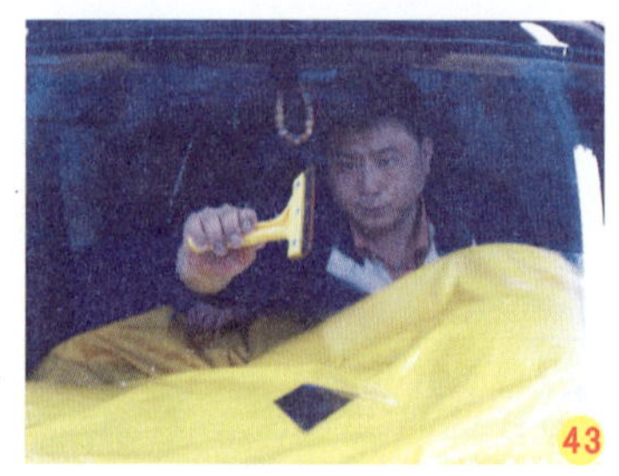

清洁玻璃

使用胶皮刮板，自上而下清洁玻璃，并反复喷贴膜液及刮玻璃，确保玻璃干净。

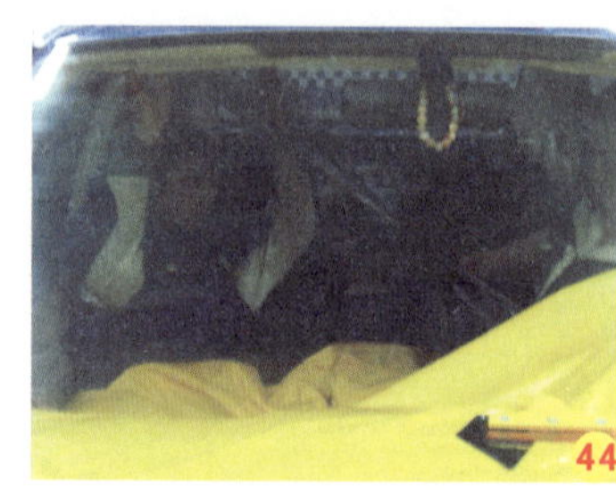

撕掉保护层

两人配合将窗膜保护层撕掉。

注意撕膜前手指用贴膜液喷湿，以免在膜上留下手印，并且在撕膜过程中，窗膜含胶层切忌碰到任何物体。

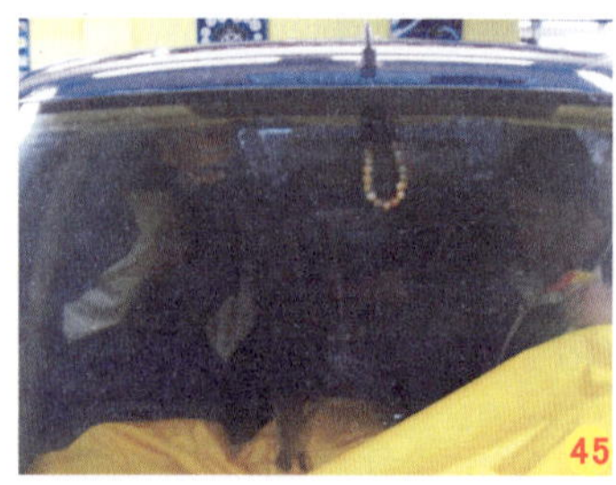

窗膜喷贴膜液

撕掉保护层后，在窗膜含胶层一面均匀喷上贴膜液。

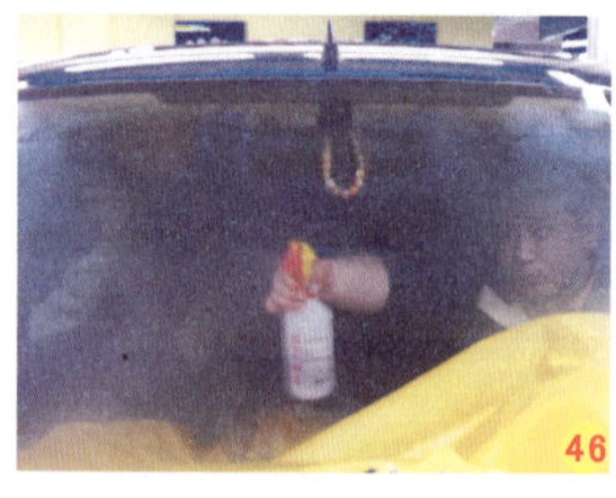

玻璃喷贴膜液

在刮干净的玻璃上均匀喷上贴膜液。

铺膜

两人配合，将膜铺在玻璃上，并且上下左右调整好距离。

刮膜

在铺好的窗膜上再喷洒贴膜液，并使用胶皮刮板，由中心向外刮膜，清除水分，并将膜固定在玻璃上。

49

刮膜

在刮好的膜外面再将刚刚撕掉的保护层铺上，使用钢刮板在保护层上用力刮膜，以彻底排除水分，最后撕掉保护层即可。

50

处理边角

使用吸水布包裹钢刮板，在窗膜边缘用力刮除水分。

前风窗玻璃贴膜完毕。

51

贴后风窗玻璃

首先将后风窗玻璃外侧清洁干净，以避免烤膜时，玻璃上的灰尘损伤窗膜。

52

裁剪边角

将后风窗膜保护层向外铺在后风窗玻璃外侧，上下左右对好距离后，将玻璃边框浮点以外多余窗膜剪掉。

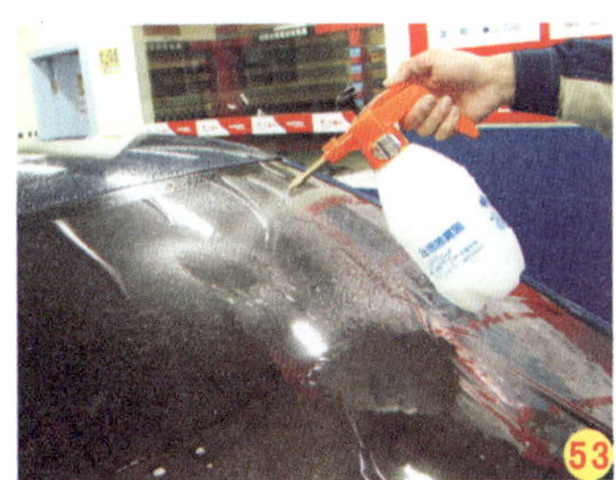
53

喷贴膜液

在后风窗膜上喷洒贴膜液，以便于刮膜。

54

刮膜及烤膜

使用胶皮刮板将后风窗膜按玻璃弧度刮平。

按照玻璃的弧度，使用刮板将后风窗膜分成几块褶皱。

使用贴膜专用烤枪，配合塑料刮板将膜上的褶皱烤平。

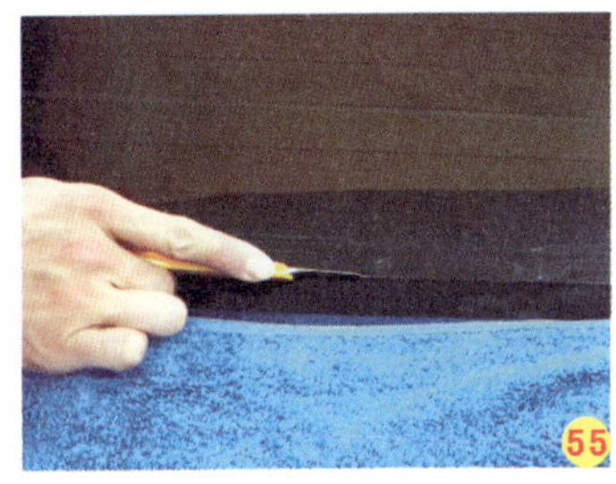
55

取印

使用刀片或白画笔，按照窗边浮点走向，在窗膜上划出印迹。

注意力量的使用，不要划破窗膜，以免划伤前风窗玻璃。

56

裁剪

在后风窗上取印后，将窗膜铺在裁膜案上，使用刀片按照取好的印迹将膜裁剪。

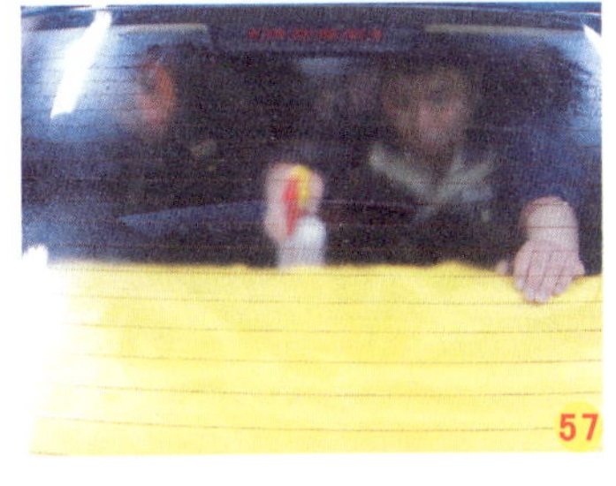
57

清洁玻璃

两人配合，紧关车门，使用胶皮刮板，自上而下清洁玻璃，并反复喷贴膜液及刮玻璃，确保玻璃干净。

58

清洁玻璃

由于后风窗玻璃上有天线及除霜线等，所以清洁过程需更加仔细。

59

撕掉保护层

两人配合将窗膜保护层撕掉，在窗膜含胶层一面均匀喷上贴膜液。

在刮干净的玻璃上均匀喷上贴膜液。

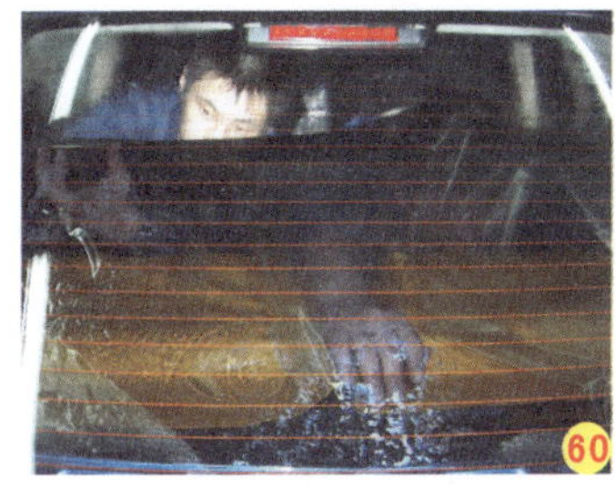
60

铺膜

两人配合，将膜铺在玻璃上，并且上下左右调整好距离。

61

刮膜

在铺好的窗膜上再喷洒贴膜液，并使用胶皮刮板，由中心向外刮膜，清除水分，并将膜固定在玻璃上。

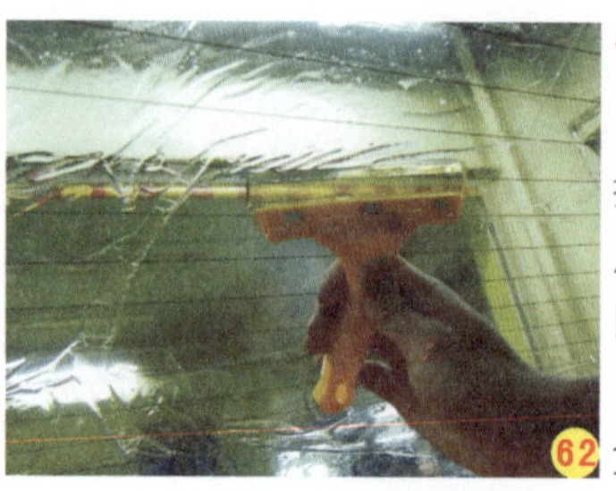

62

刮膜

在刮好的膜外面再将刚刚撕掉的保护层铺上，使用胶皮刮板在保护层上用力刮膜，以彻底排除水分。

注意切忌使用钢刮板，以免损伤天线等。

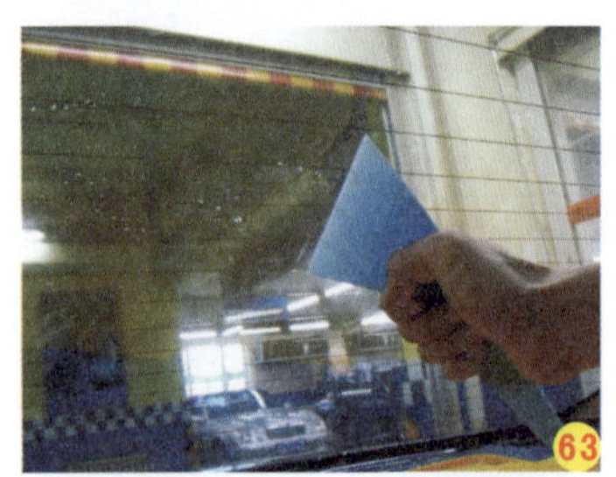

63

刮膜

由于天线等突出玻璃表面，水分不易清除，所以使用塑料刮板再次刮水，最后撕掉保护层。

64

处理边角

使用吸水布包裹钢刮板，在窗膜边缘用力刮除水分。

后风窗玻璃贴膜完毕。

65

收尾检查

全车贴膜施工结束后，围绕车辆检查施工质量，遇到有问题之处及时处理。

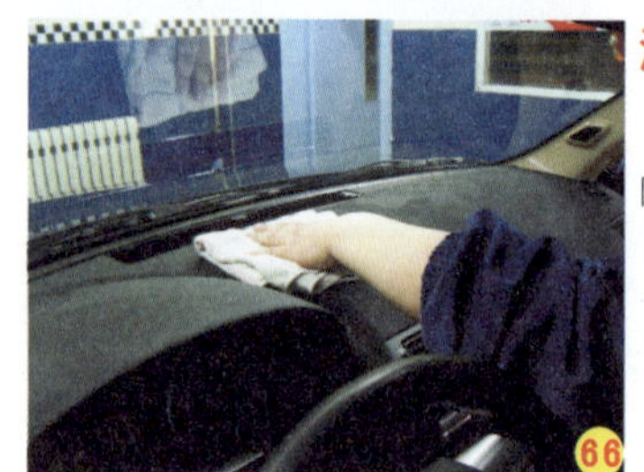

66

清洁整理

撤掉全车防护罩，并将车内擦拭干净。

67

禁止玻璃升降

由于贴膜过后，窗膜及玻璃间含有少量水分，升降玻璃易使膜发生窜动，所以贴膜过后依据气候条件及窗膜质量，需要几天的干燥时间，才可以升降玻璃，所以贴上提示贴纸。

68

车身清洁

将贴膜过程中车身沾的水分擦拭干净。

69

整车效果

专业的施工环境，技术优良的贴膜技师，科学规范的施工步骤，才能贴出效果最佳的窗膜。

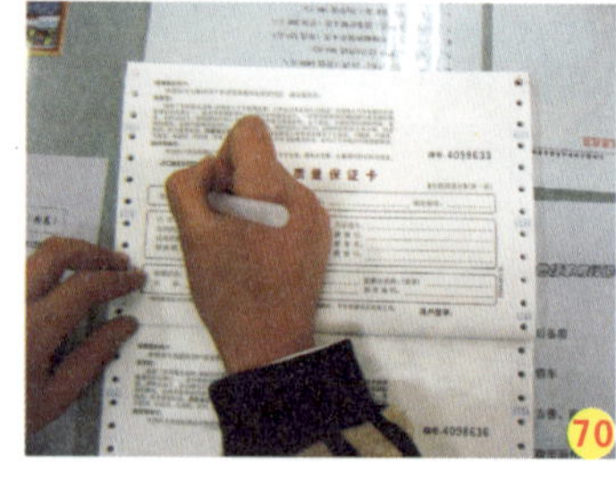

70

填写质保卡

交车给顾客前，一定认真填写质量保证卡，一方面提高诚信度，另一方面对于日后质量纠纷的处理可提供有效的凭证。

注意事项：

1. 施工前一定检查车身情况，尤其是车窗玻璃，发现异常及时提示车主，以防事后发生纠纷。
2. 施工前提示车主携带贵重物品。
3. 贴膜刮板要经常打磨，以防止划伤玻璃。
4. 贴膜过程中严密防护，并注意贴膜液的使用，杜绝损伤电器元件。
5. 贴膜过后切忌立即洗车，由于高压水枪压力较大，并且前后风窗玻璃烤膜受热，经过水枪冷水冲洗，玻璃冷热不均，易爆裂。
6. 提示车主，窗膜干燥期间，切忌升降玻璃或清洗玻璃内侧，以防止窗膜窜动及卷边。

（十一）贴犀牛皮

施工前检查工作

首先按客户要求填写施工单，检查车身状况，及时提示车主，并将异常情况在施工单上标注，提示客户随身携带贵重物品，最后请客户在施工单上签字确认，以免事后发生纠纷。

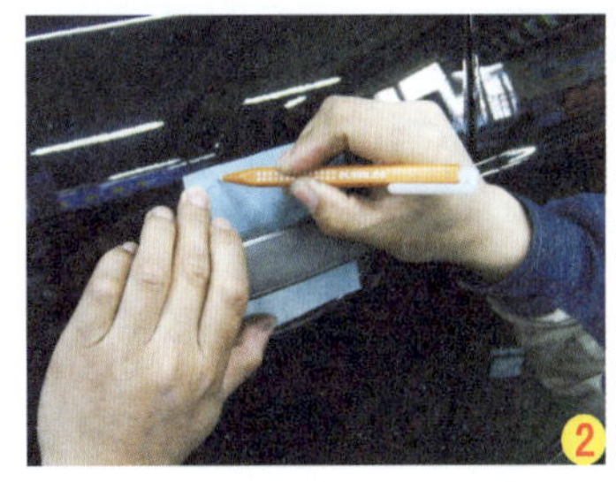

取样

车门拉手处粘贴的犀牛皮有两种材料，一种是厂家按车型提供的裁剪好的犀牛皮成品，一种是现取样，自己裁剪。使用纸笔按拉手凹陷边缘画样。

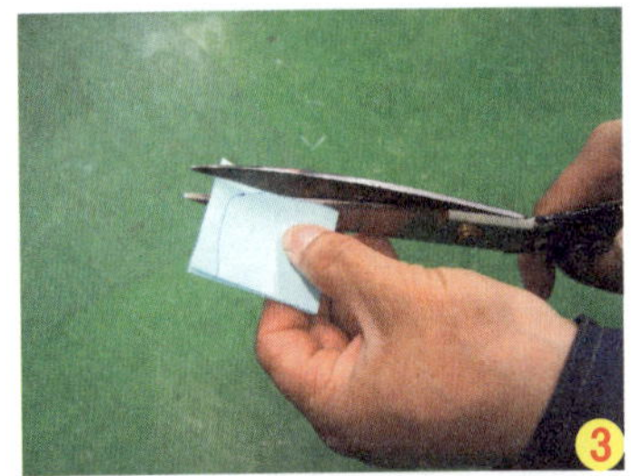

取样

使用剪刀按画样裁剪。

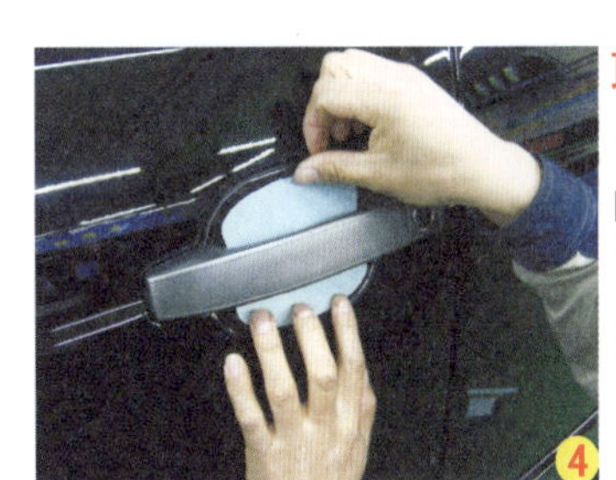

取样

将裁剪好的纸样再与拉手凹陷处比较，并做适当修剪。

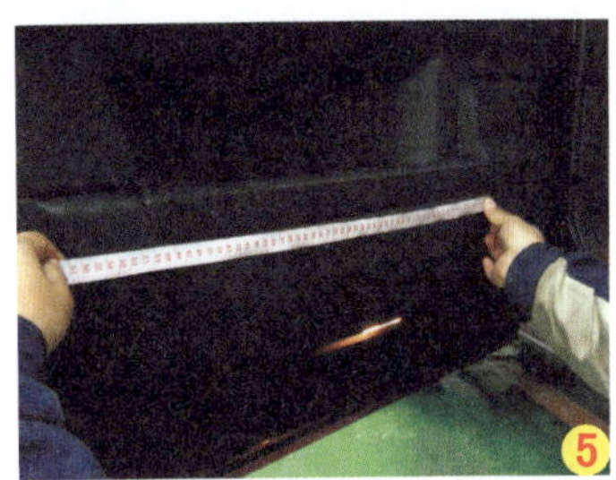

量尺

门板里侧粘贴犀牛皮，需要测量长度。

量尺

门板里侧粘贴犀牛皮，需要测量高度。

量尺

足踏板粘贴犀牛皮，需要测量长度。

量尺

足踏板粘贴犀牛皮，需要测量宽度。

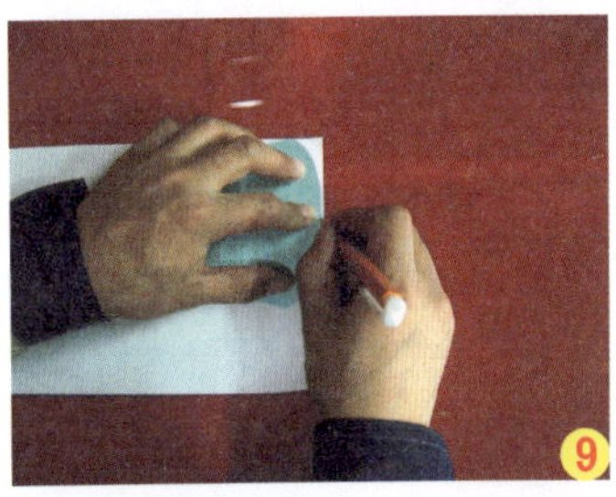

裁剪犀牛皮

裁剪车门拉手处的犀牛皮，先将纸样画在犀牛皮背面。

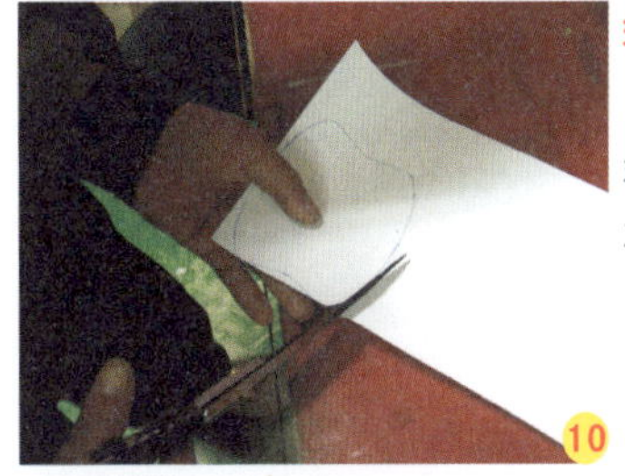

裁剪犀牛皮

再使用剪刀按画好的样子裁剪下来，并重复以上步骤将其他车门的犀牛皮裁剪好。

裁剪犀牛皮

裁剪门板里侧的犀牛皮，按实际测量尺寸下料，并将其他车门的犀牛皮裁剪好。

贴车门拉手

首先清洁车门拉手漆面，将混合溶液喷在拉手漆面处。

混合溶液为：婴儿沐浴露、水和酒精，配置比例为3∶57∶40。

混合溶液作用是清洁漆面并易挥发。

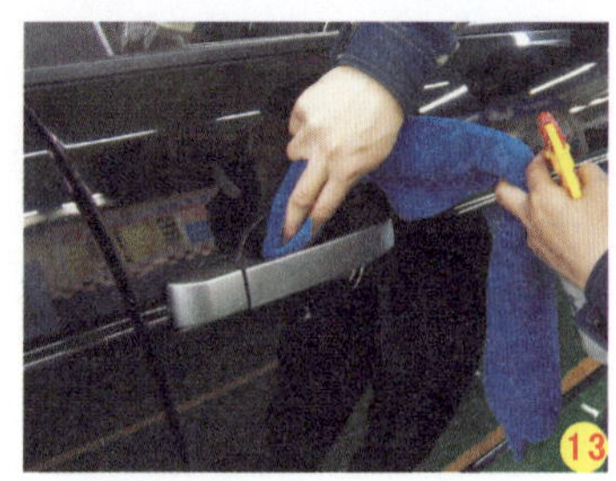

贴车门拉手

使用干净毛巾擦拭车门拉手漆面，直至干净为止。

贴车门拉手

在车漆表面贴犀牛皮有两种方法，一种是干贴，即直接粘贴，但易出现纹印影响美观。另一种是湿贴，与贴防爆膜方法相同，好处是易修正，粘贴效果美观。首先将车门拉手漆面喷湿。

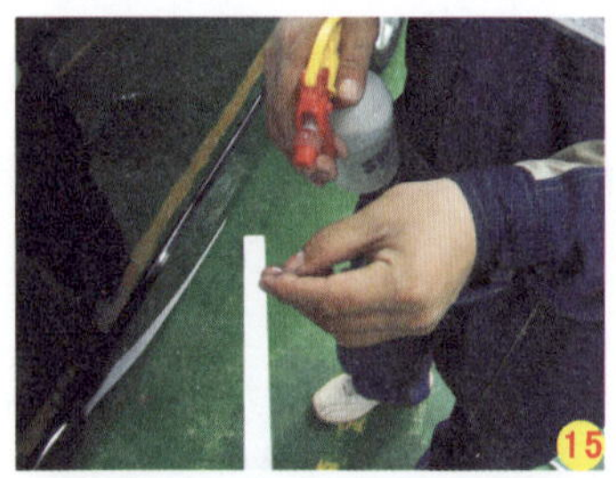

贴车门拉手

再将手指喷湿，以防止撕分犀牛皮时，在犀牛皮上留下指印。

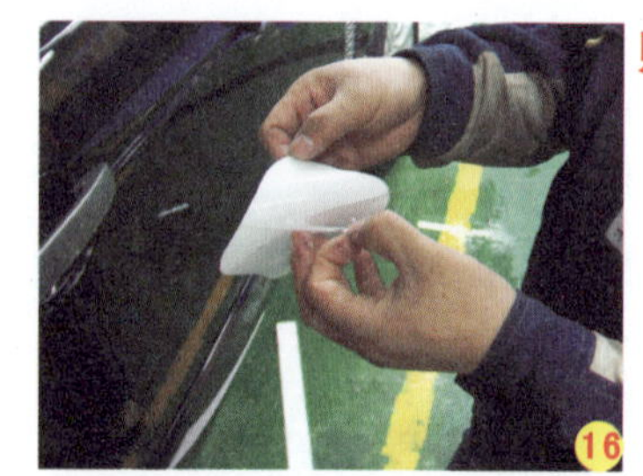

贴车门拉手

将犀牛皮纸膜撕掉。

贴车门拉手

将混合溶液喷在犀牛皮带胶面。

贴车门拉手

将犀牛皮带胶面粘在漆面，并调整好位置。

贴车门拉手

用手指按顺序将犀牛皮贴在漆面，并将水分尽量挤干。

贴车门拉手

最后使用贴膜烤枪加热犀牛皮表面，加快水分干燥，增加粘度。

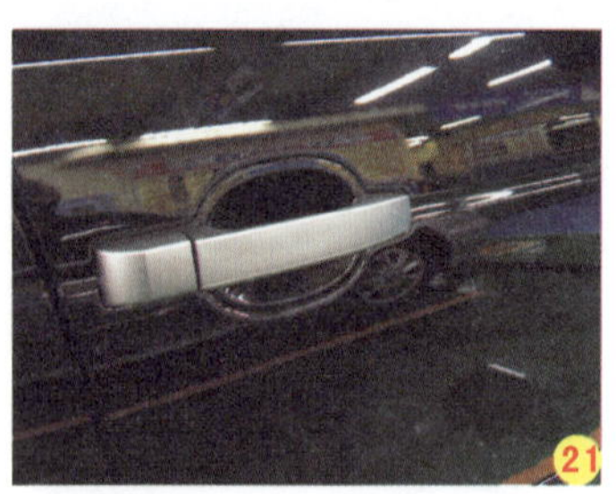

车门拉手粘贴效果

不留任何纹印。

依次将其他车门拉手粘贴犀牛皮。

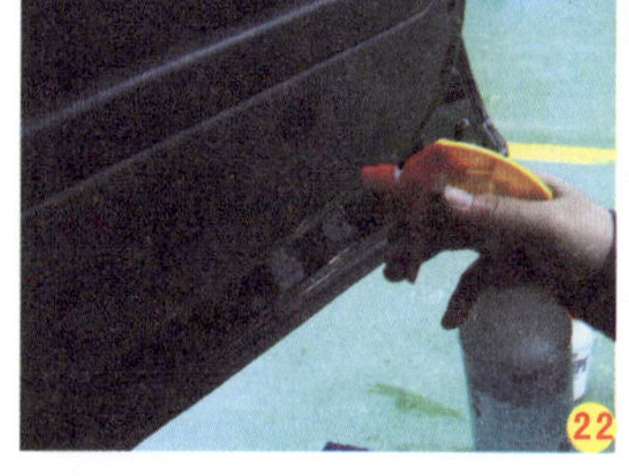

贴车门板里侧

车门板里侧塑料部分可粘贴犀牛皮，并使用干贴方法。

首先使用兰威宝稀释液喷在门板上。

贴车门板里侧

再使用干净毛巾反复擦拭，将门板表面清洁。

贴车门板里侧

将裁剪好的犀牛皮在粘贴位置比较尺寸。

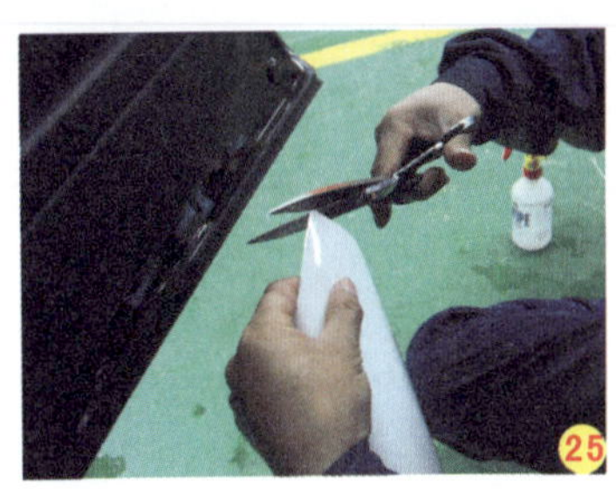

贴车门板里侧

修剪边角。

贴车门板里侧

将手指喷湿。

贴车门板里侧

将犀牛皮纸膜撕掉。

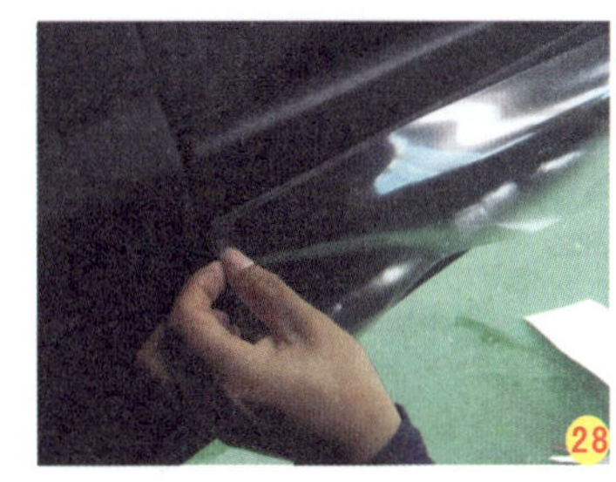

贴车门板里侧

将犀牛皮边缘对准需粘贴的部位。

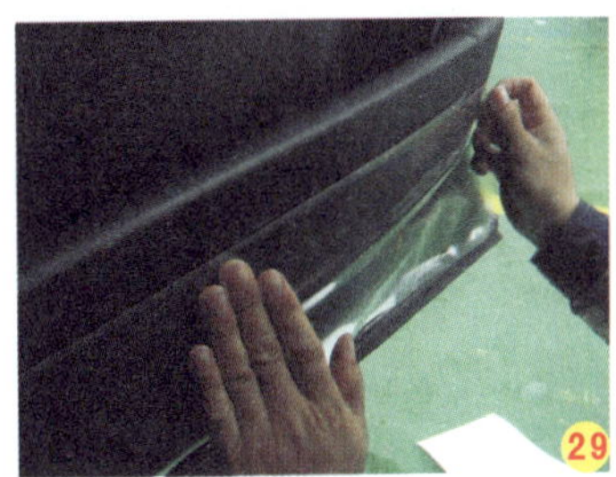

贴车门板里侧

按顺序将犀牛皮粘贴在门板上。先粘贴门角。

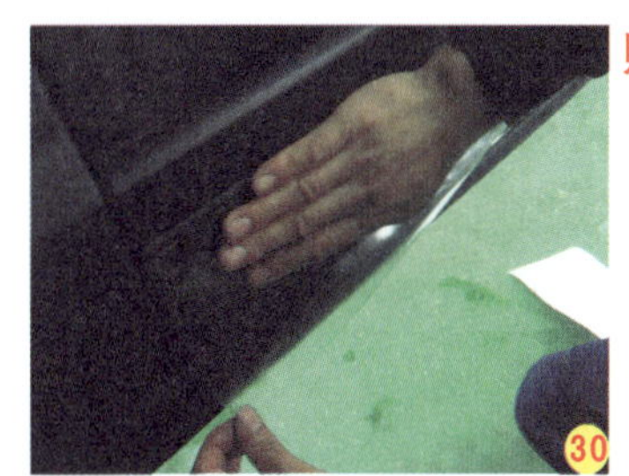

贴车门板里侧

再粘贴中心处。

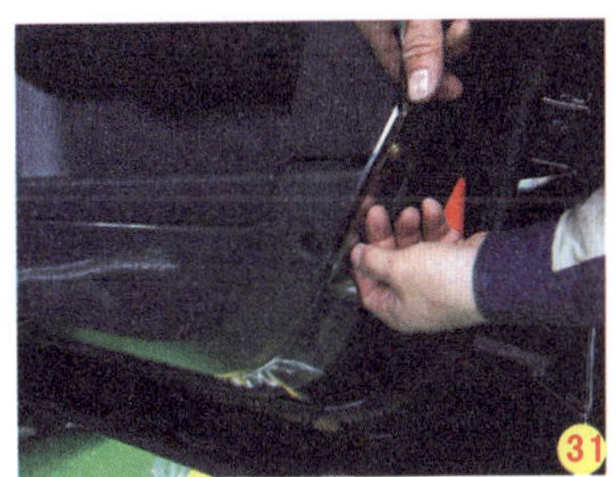

贴车门板里侧

再次修剪边角。

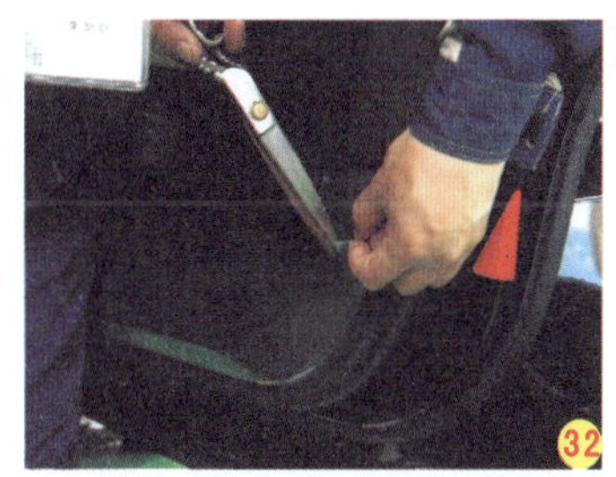

贴车门板里侧

修剪门板螺钉孔。

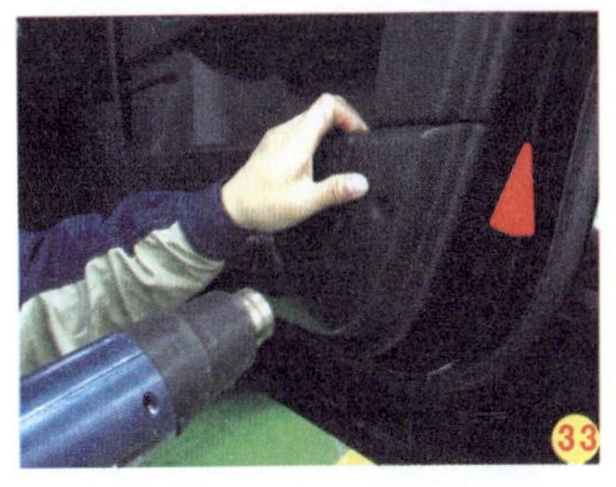

贴车门板里侧

使用贴膜烤枪加热犀牛皮，并处理边角。

门板粘贴效果

贴足踏板

足踏板部位为车漆，所以采用湿贴方法。

首先使用混合溶液及胶皮刮板清洁表面。

贴足踏板

然后将漆面喷湿。

贴足踏板

将手指喷湿。

贴足踏板

将犀牛皮纸膜撕掉。

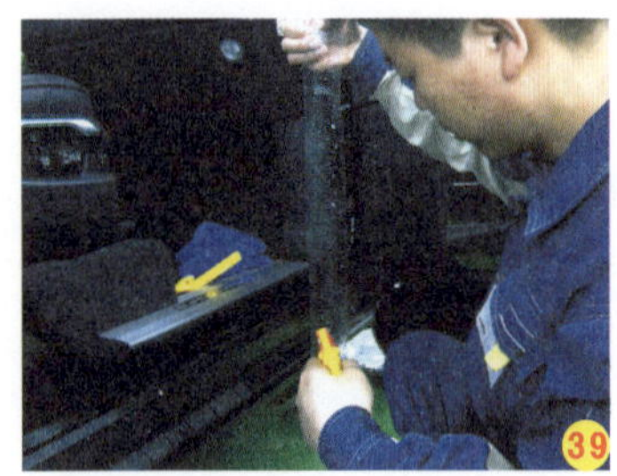

贴足踏板

将混合溶液喷在犀牛皮带胶面。

贴足踏板

将犀牛皮贴在漆面上，并固定好位置。

贴足踏板

将犀牛皮表面喷湿。

贴足踏板

使用胶皮刮板将犀牛皮挤压刮平整。

贴足踏板

使用贴膜烤枪加热犀牛皮，并处理边角。

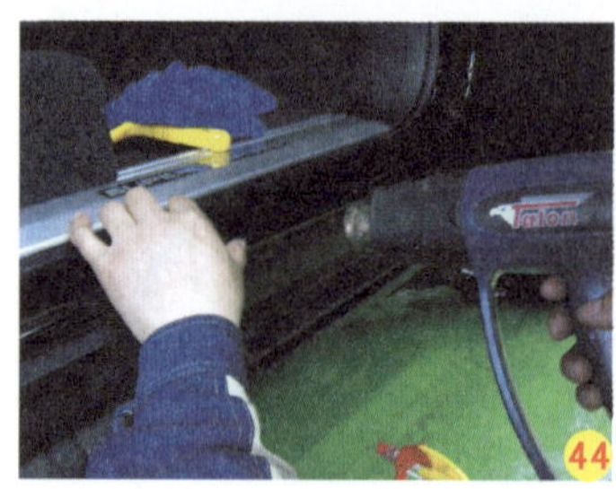

足踏板粘贴效果

重复以上步骤，将其他车门粘贴。

（十二）铺地板革

施工前检查工作

首先按客户要求填写施工单，检查车身状况，及时提示车主，并将异常情况在施工单上标注，提示客户随身携带贵重物品，最后请客户在施工单上签字确认，以免事后发生纠纷。

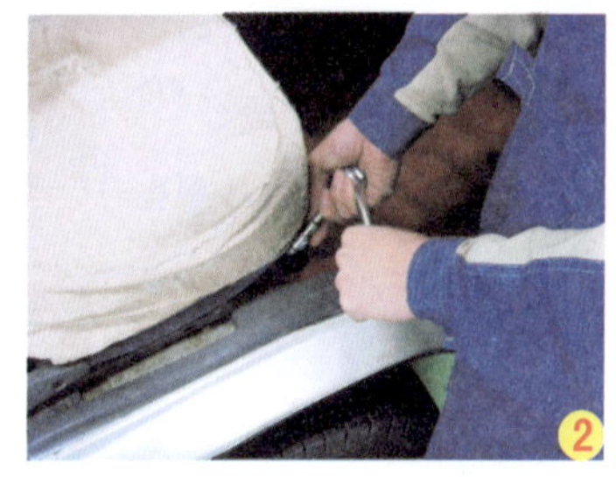

拆卸前排座椅

金杯等面包车铺地板革，前排座椅只需拆卸乘客侧的，大多数车辆铺地板革时座椅全部要拆卸。

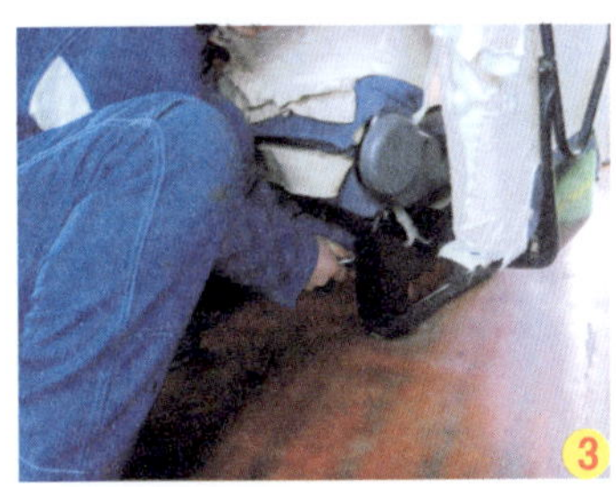

拆卸后排座椅

将后排座椅全部拆卸。

统一存放

拆卸下来的座椅要统一存放，避免丢失及损坏部件。

拆卸压条

首先拆卸两前门门边压条。

拆卸压条

再拆卸中门边压条。

拆卸压条

最后拆卸后门边压条。

拆卸扶手箱

将驾驶人座椅边发动机盖打开，将扶手箱螺钉卸掉。

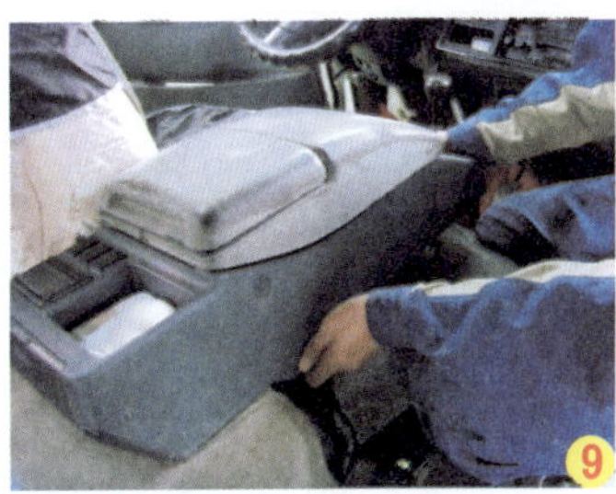

拆卸扶手箱

将扶手箱卸掉。

拆卸档位护罩

将档位护罩螺钉卸掉。

部件统一存放

将拆卸下来的螺钉、部件等统一存放，以免丢失。

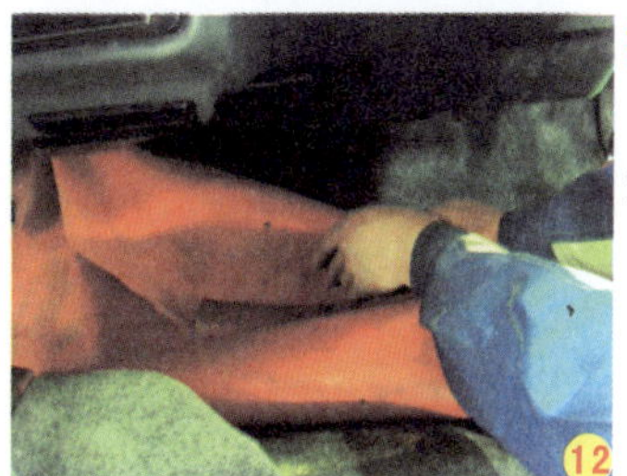

拆卸旧地板革

将车内原有的前排地板革卸掉。

拆卸旧地板革

将车内原有的中门地板革卸掉。

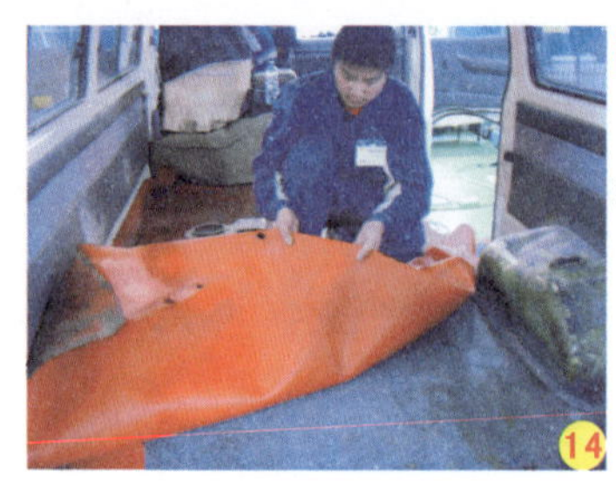

拆卸旧地板革

将车内原有的后排地板革卸掉。

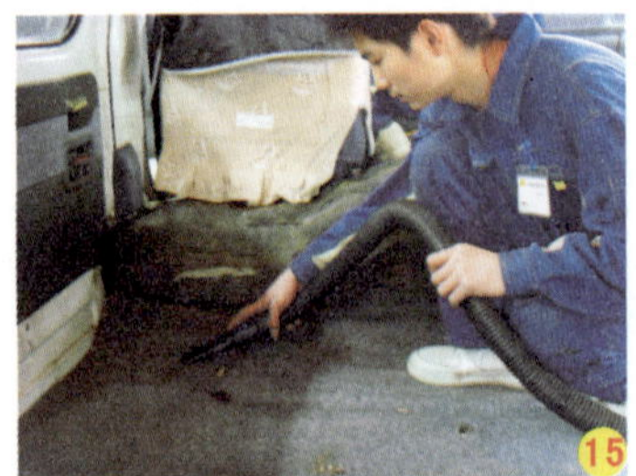

地面吸尘

使用吸尘器将车内地面全部吸干净。

前排原车地毡

后排原车地毡

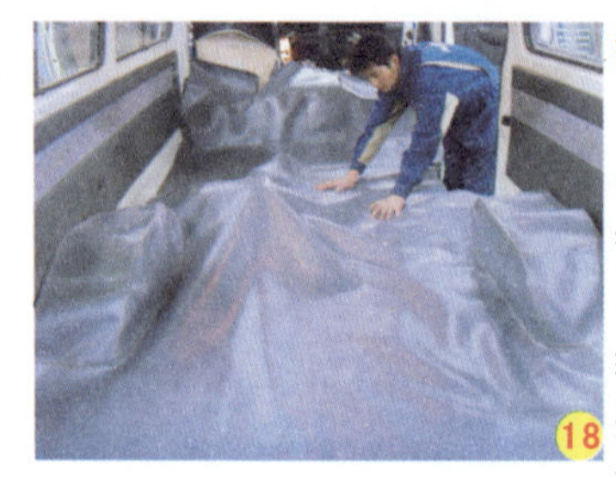

铺后排地板革

将后排地板革展开铺在车内，并将边缘及后轮槽部位铺到位，将地板革中间展平。

地板革按工艺分焊制的和缝制的，一般缝制的比较平整及耐用，所以多数铺缝制地板革。

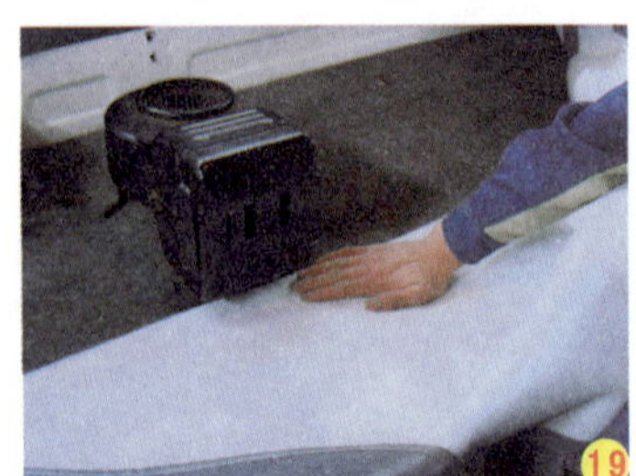

暖风机处铺革

首先按位置确定好需要裁剪的部位。

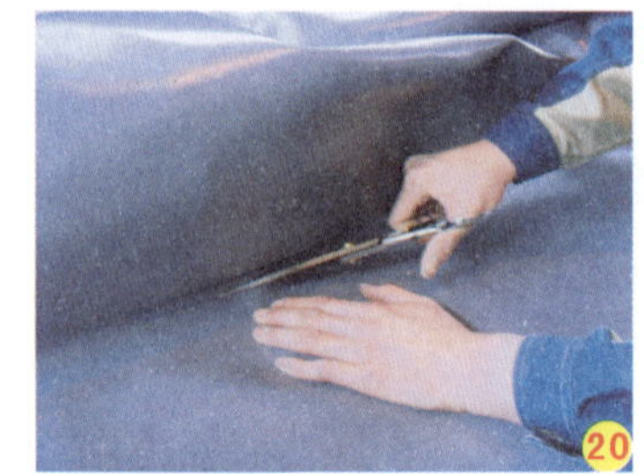

暖风机处铺革

然后按暖风机的宽度横向剪开地板革。

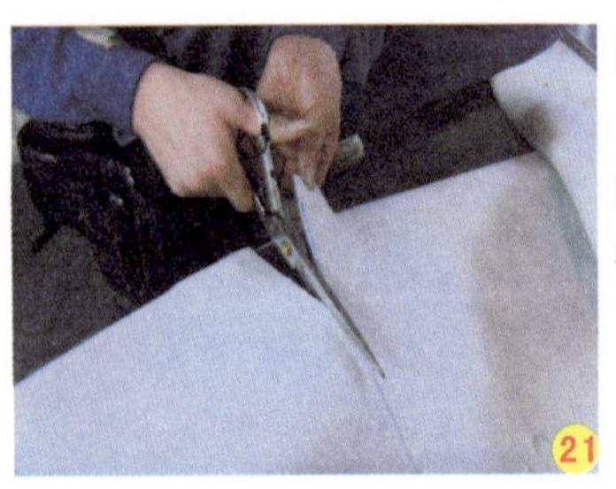

暖风机处铺革

再在横向开口中心处，按暖风机的长度纵向剪开地板革。

暖风机处铺革

将地板革从开口处套进暖风机。

暖风机处铺革

按暖风机底座形状裁剪多余地板革。

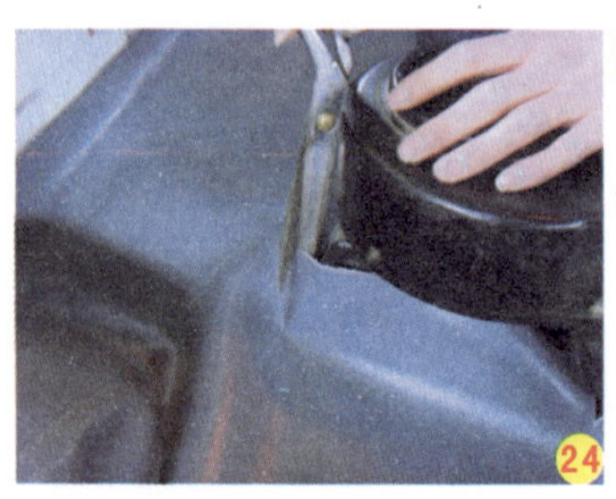

暖风机处铺革

按暖风机底座形状裁剪多余地板革。

暖风机铺装效果

将修剪好的地板革铺在暖风机下面。

后轮槽铺革

首先使用大力胶水在原车地毡表面刷胶。

后轮槽铺革

再在地板革背面刷胶。

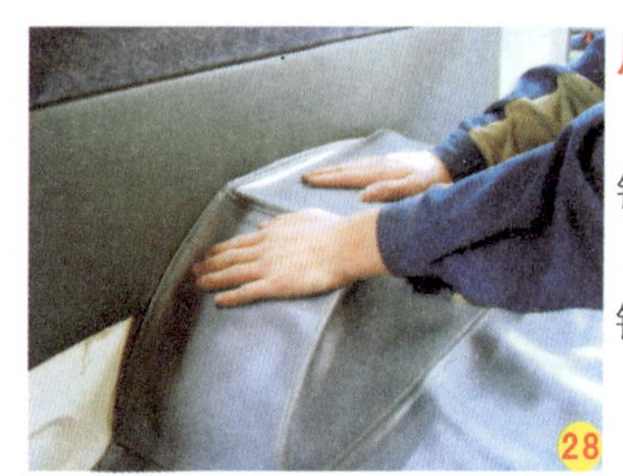

后轮槽铺革

略干后，将地板革平整地铺在轮槽上，注意要平整。

按以上步骤将左侧轮槽铺好。

开螺钉孔

使用十字螺钉旋具在地板革需开孔处先扎孔。

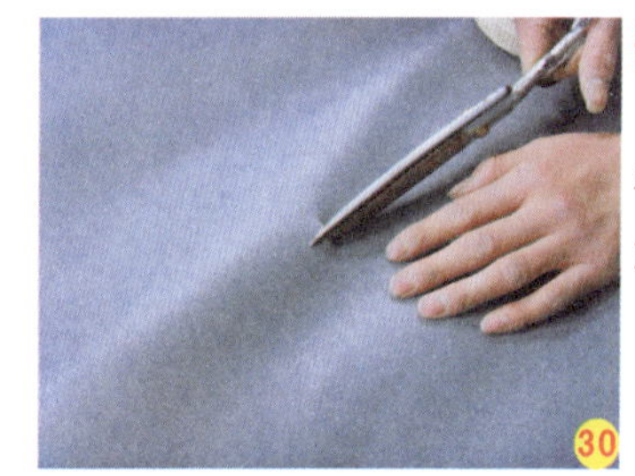

开螺钉孔

再使用剪刀在开孔中心十字剪开，剪开尺寸按螺钉孔大小确定。

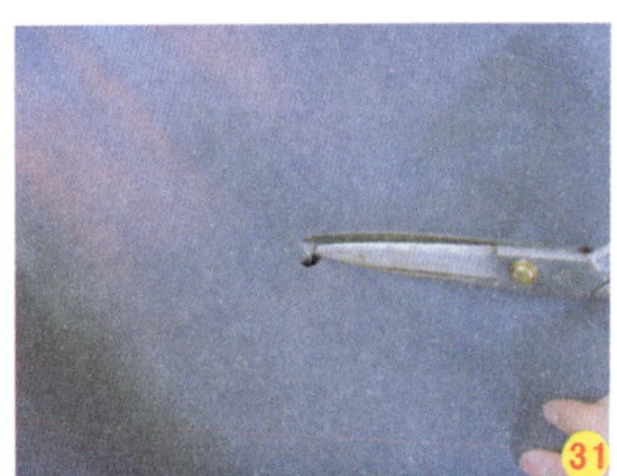

开螺钉孔

沿十字开口边缘，按逆时针呈圆形剪开。

开螺钉孔

地板革上的螺钉开孔与螺钉实际孔距相近。

按以上步骤将后排地板革所有需开螺钉孔之处开孔。

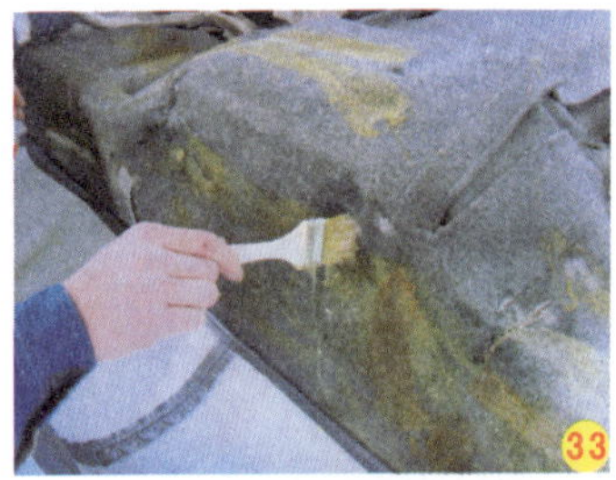

发动机后舱盖铺革

使用大力胶水在原车地毡表面及地板革背面刷胶。

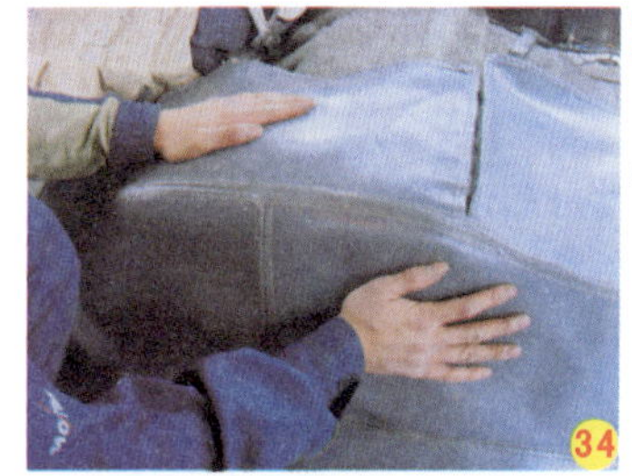

发动机后舱盖铺革

略干后，将地板革平整地铺上。

中门踏板铺革

将中门踏板边缘多余的地板革剪掉。

中门踏板铺革

再将中门踏板压条压在地板革边缘，并将螺钉拧紧。

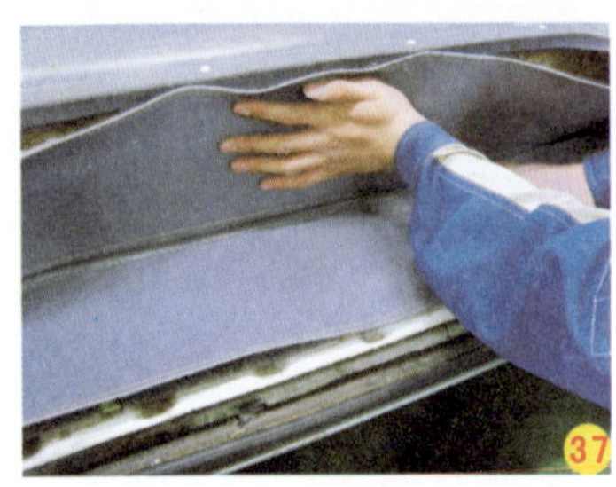

中门踏板铺革

先将中门踏板的小块地板革铺在踏板上确定尺寸。

中门踏板铺革

再使用大力胶水在原车地毡表面刷胶。

中门踏板铺革

再在地板革背面刷胶。

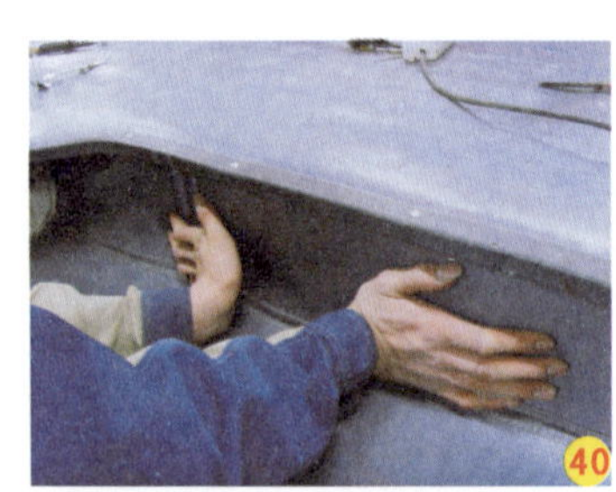

中门踏板铺革

将地板革铺在踏板上，注意平整。

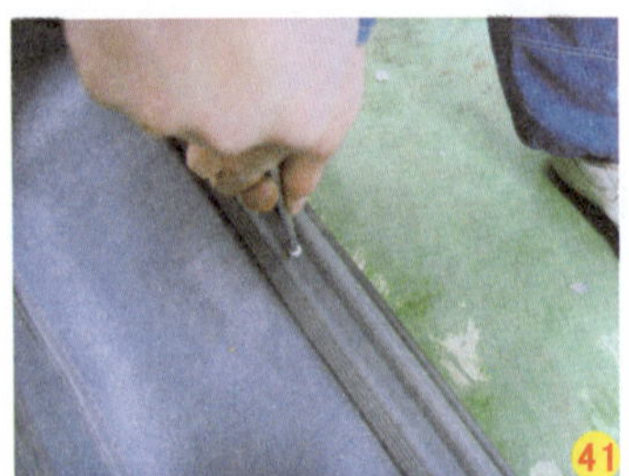

中门踏板铺革

再将中门踏板压条压在地板革边缘，并将螺钉拧紧。

后门地板革压边

将后门地板革边缘多余部分剪掉。

后门地板革压边

再将后门踏板压条压在地板革边缘，并将螺钉拧紧。

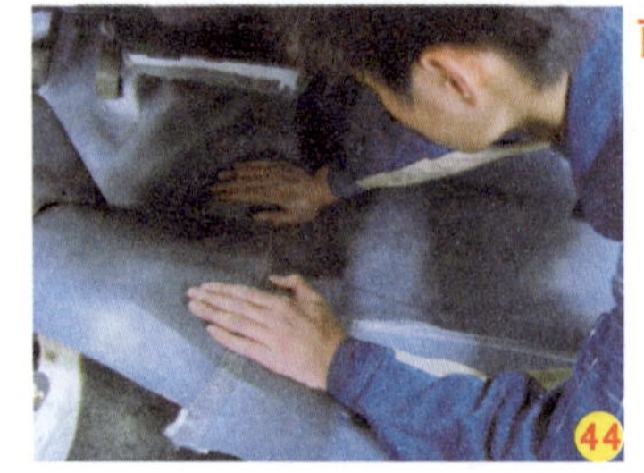

前排铺革

先将地板革铺在车内前排。

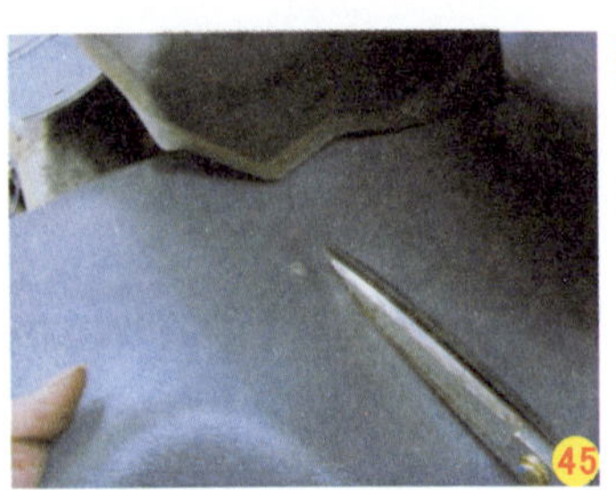

开螺钉孔

将前排乘客座椅卡扣处螺钉开孔。

安装座椅卡扣

将座椅卡扣按原来位置安装在地板革上方。

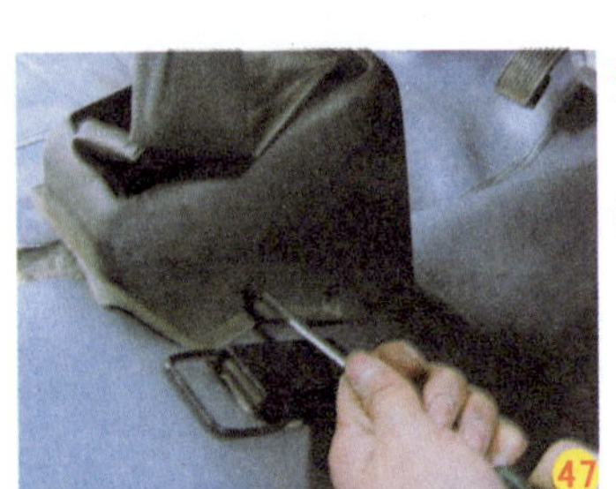

安装档位护罩

将地板革铺在档位护罩下，并将螺钉拧紧。

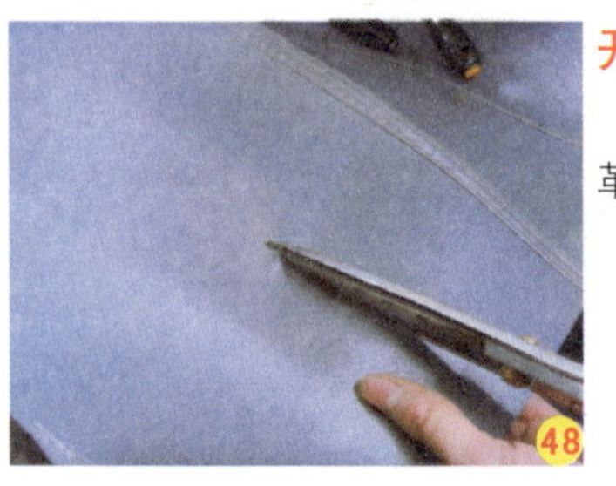

开螺钉孔

将前排乘客座椅后边地板革开螺钉孔。

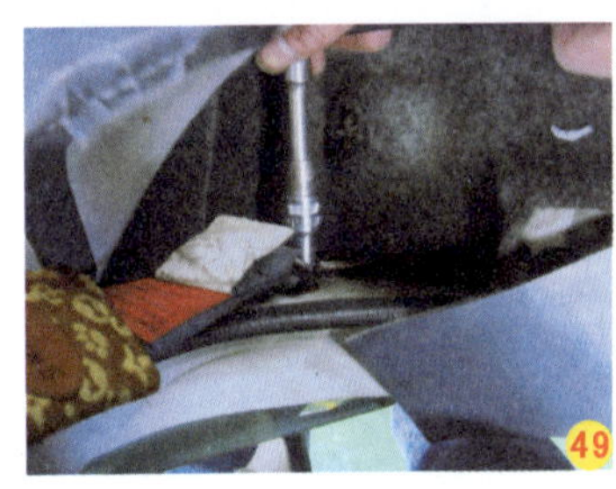

拆卸安全带螺钉

将前排乘客安全带螺钉卸掉。

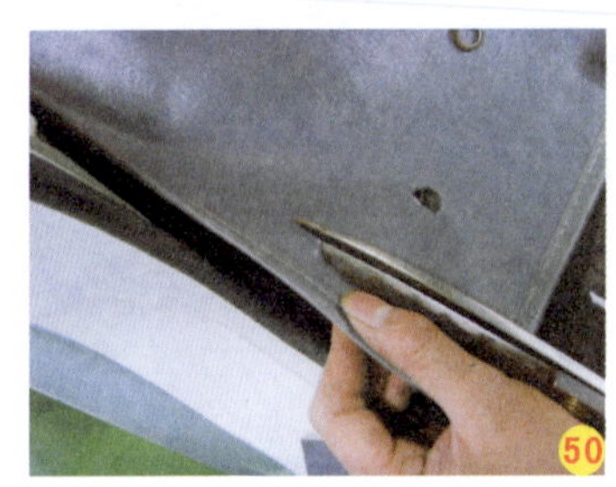

开螺钉孔

将安全带螺钉孔剪开。

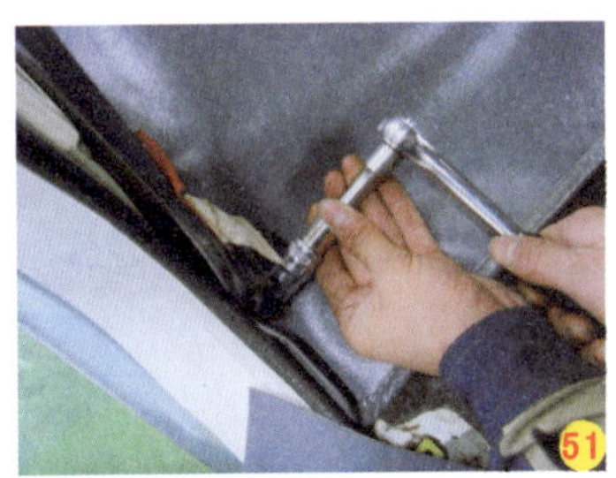

安装安全带

再将安全带螺钉在地板革上方拧紧。

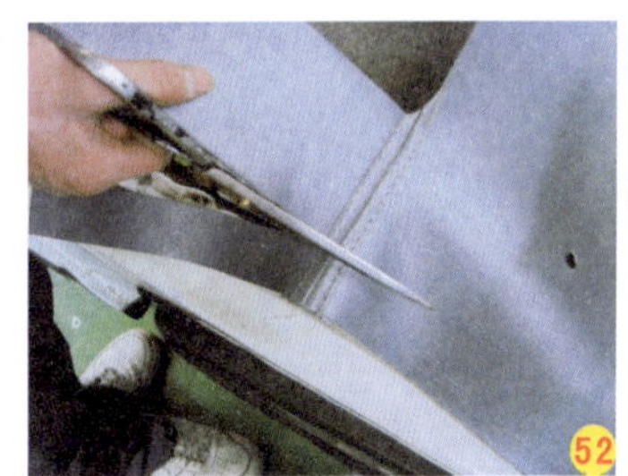

门边压条铺革

将地板革边缘多余部分剪掉。

门边压条铺革

再将前门踏板压条压在地板革边缘，并将螺钉拧紧。

将驾驶人门边同样铺上地板革，并拧紧压条。

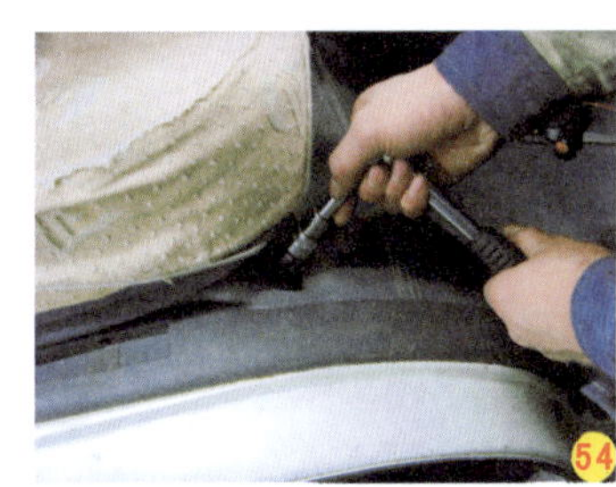

安装座椅

将前排乘客座椅安上并拧紧螺钉。

驾驶人处的地板革压在座椅底下即可。

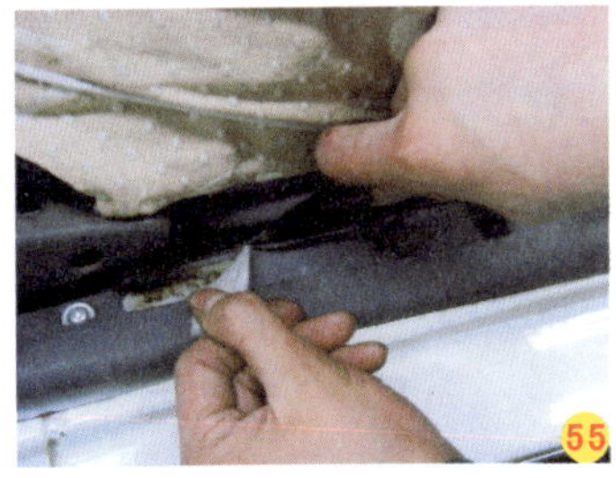

裁剪地板革

将汽车架号上方的地板革裁掉。

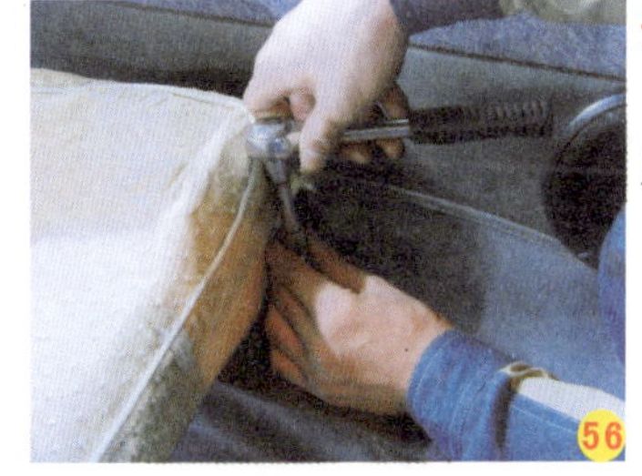

安装全车座椅

将后排座椅全部安装回原位。

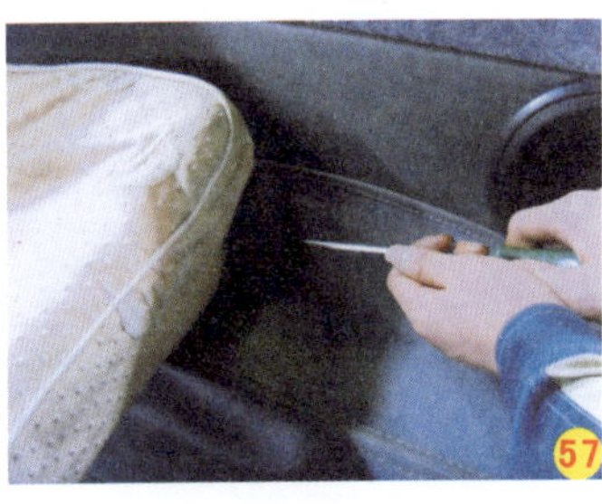

安装全车座椅

座椅带护罩等部件一并安装回原位。

安装扶手箱

将拆下来的扶手箱在地板革上方归位，并拧紧扶手箱。

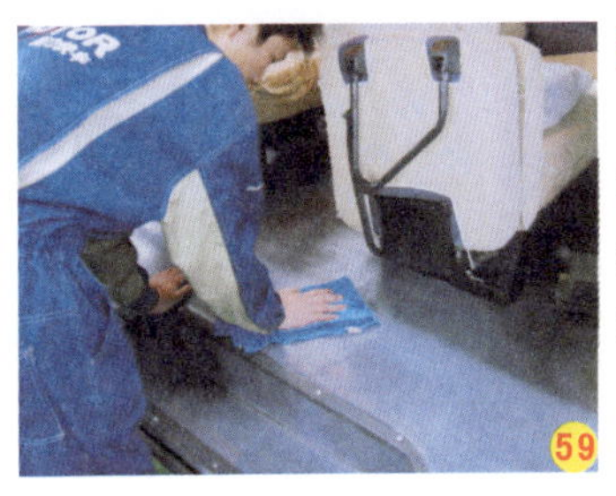

清洁地板革

铺装结束后，将全车地板革表面擦干净，并顺便检查施工情况，如有问题及时处理。

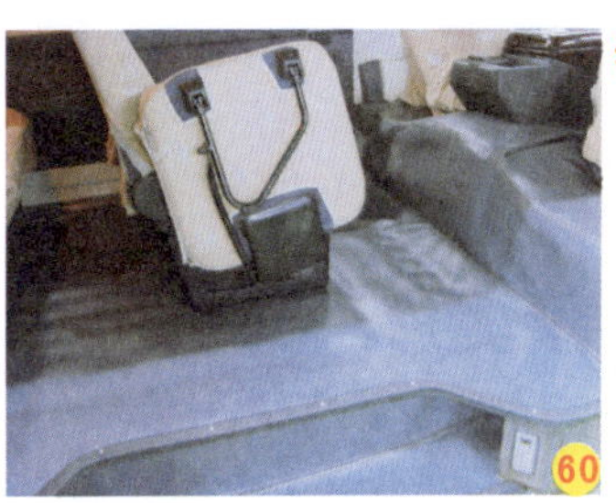

铺地板革效果

全车铺革施工完毕。

（十三）安牌照架

拆卸螺钉

将原车螺钉拆掉。

清洁车漆

将牌照板后车漆表面清洁干净。

比较牌照架位置

将汽车牌照正面冲外，下边放进牌照架卡槽内，并左右调整位置，保持与牌照架居中对齐。

背面贴胶

在牌照板背面沿底边贴厚两面胶，撕掉保护膜以备安装时与车漆粘连，稳固牌照，防止车辆行驶时发出异响。

螺钉配合垫片

将牌照专用螺钉配合金属垫片，并穿过塑料卡扣中。

比较位置

将牌照板及支架与车辆螺钉孔位比较位置，保持水平居中，并将底边粘在车漆上。

安装螺钉

将准备好的螺钉穿过螺钉孔并拧紧。

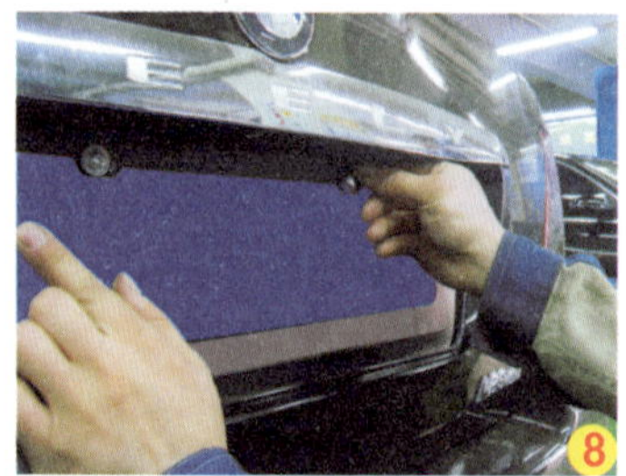

安装卡扣

将牌照架装饰卡扣安装在卡槽上，并确定牢固。

安装效果

重复以上步骤，将前边牌照架安上。

（十四）汽车隔音

发动机舱盖隔音

汽车整车隔音部位较多，但施工方法与步骤大致相同，所以以发动机舱盖隔音为例，介绍汽车隔音施工步骤。

车辆防护

使用防护罩将发动机舱周边进行防护。

拆卸原车毛毡

使用专用工具拆卸原车毛毡卡扣，注意谨慎施工，并统一保存卡扣，以免损坏丢失。

拆卸原车毛毡

全部卡扣拆掉后，将原车毛毡卸掉。

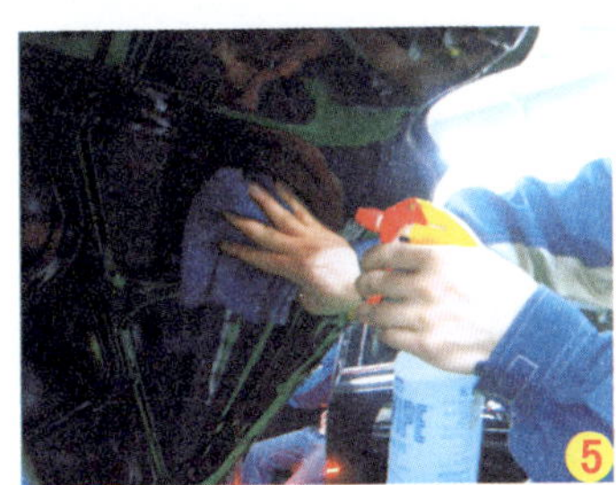

清洁发动机舱盖

使用兰威宝稀释液及毛巾，将发动机舱盖内侧清洁干净。

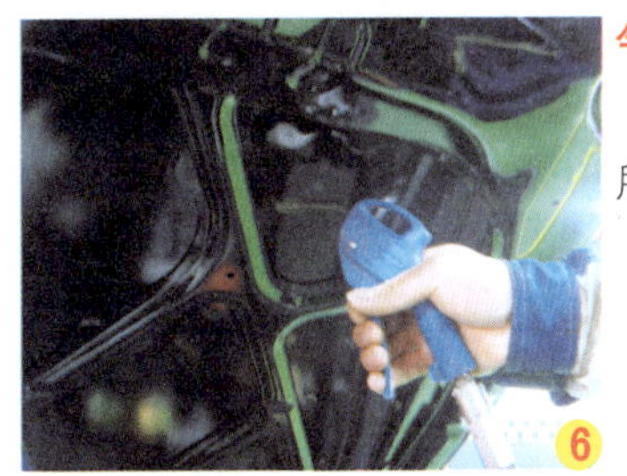

气枪吹干

因为施工表面必须干燥，所以使用气枪吹干。

取样

可使用纸片或塑料等材料取样，一手扶住样料，一手使用白板笔沿发动机舱盖内侧局部凹陷边缘画印。

剪样

使用剪刀沿画印裁剪。

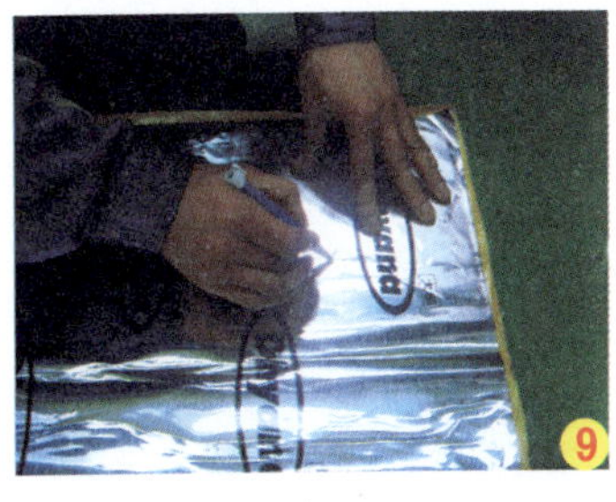

画印

再将样料平铺在隔音胶背面，用笔沿样料边缘画印，注意位置选择，尽量做到节省材料。

隔音胶的主要作用是：减振、隔音。

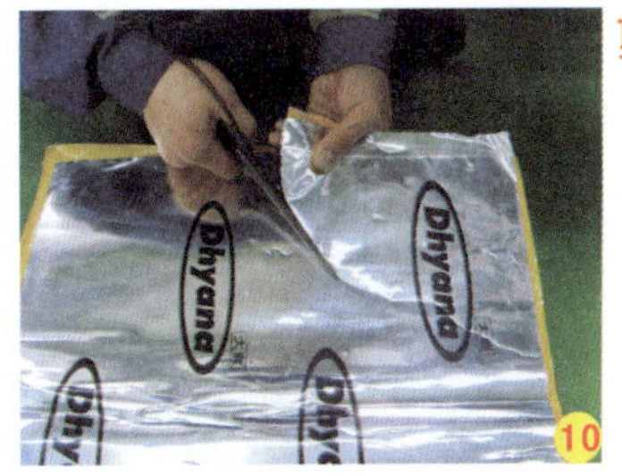

剪料

按画好的印迹裁剪隔音胶。

撕掉保护膜

将隔音胶保护膜撕掉。

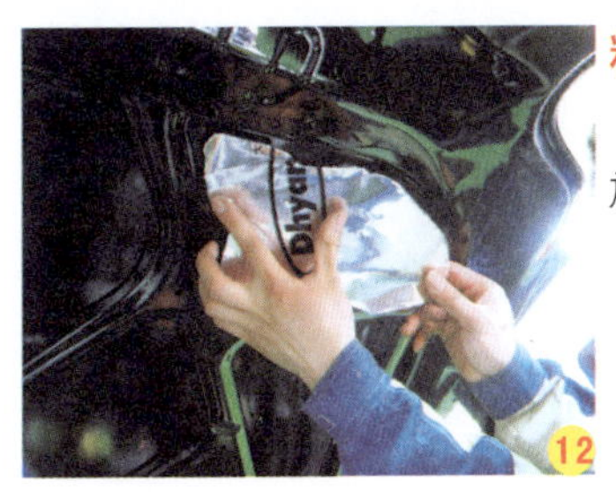

粘贴隔音胶

将剪好的隔音胶粘贴在需施工位置。

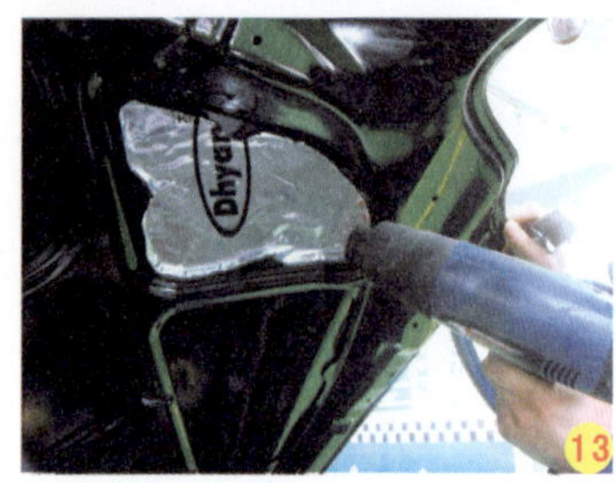

加热隔音胶

使用贴膜烤枪加热隔音胶，以增加粘度。

挤压隔音胶

使用专用滚轮，在隔音胶背面反复挤压，以达到最佳效果。

粘贴其他部位隔音胶

重复以上步骤，将其他位置的隔音胶粘上。

裁剪隔音棉

按原车毛毡尺寸略放大些裁剪隔音棉。

隔音棉的作用是：隔音、吸音。

标记卡扣孔

将原车毛毡铺在裁剪好的隔音棉上，按原车卡扣孔位置标记。

卡扣开孔

使用刀片裁剪标记好的卡扣孔。

撕开保护膜

将隔音棉保护膜从底边撕开一部分。

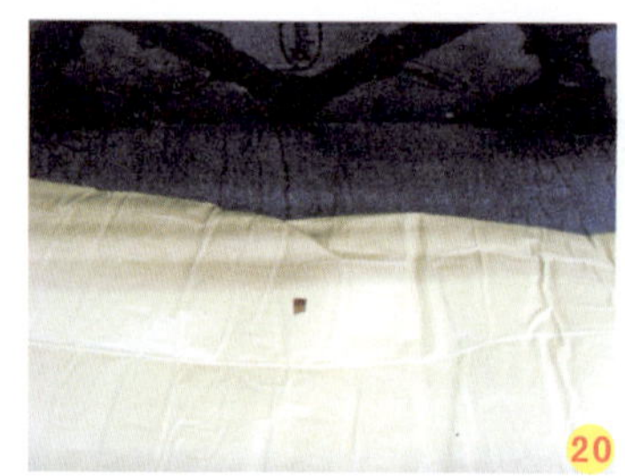

粘贴隔音棉

将隔音棉底边与发动机舱盖底边对齐，一块一块向上粘贴，并逐步将保护膜撕掉。

粘贴隔音棉

将隔音棉整体粘贴。

加热隔音棉

使用贴膜烤枪加热隔音棉，以增加粘度。

挤压隔音棉

使用专用滚轮，在隔音棉背面反复挤压，以达到最佳效果。

粘贴隔音棉效果

若不再安装原车毛毡，将卡扣直接按在隔音棉上即可，发动机舱盖隔音施工完毕。

安装原车毛毡

若隔音厚度允许安装原车毛毡，也可将毛毡安装在隔音棉外并安装卡扣。

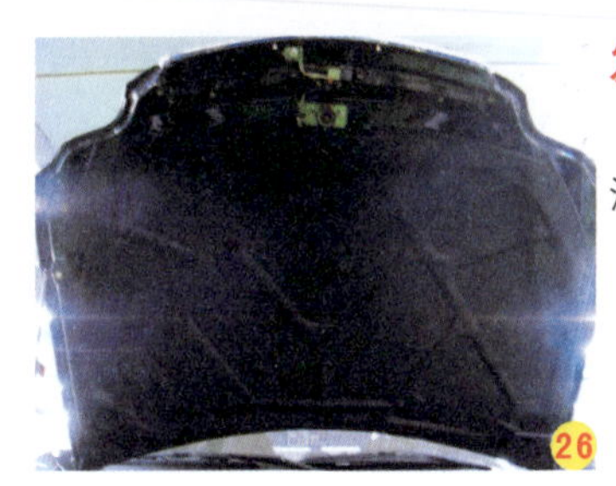

发动机舱盖隔音效果

施工完毕，除去防护罩并清理工具。

整车隔音

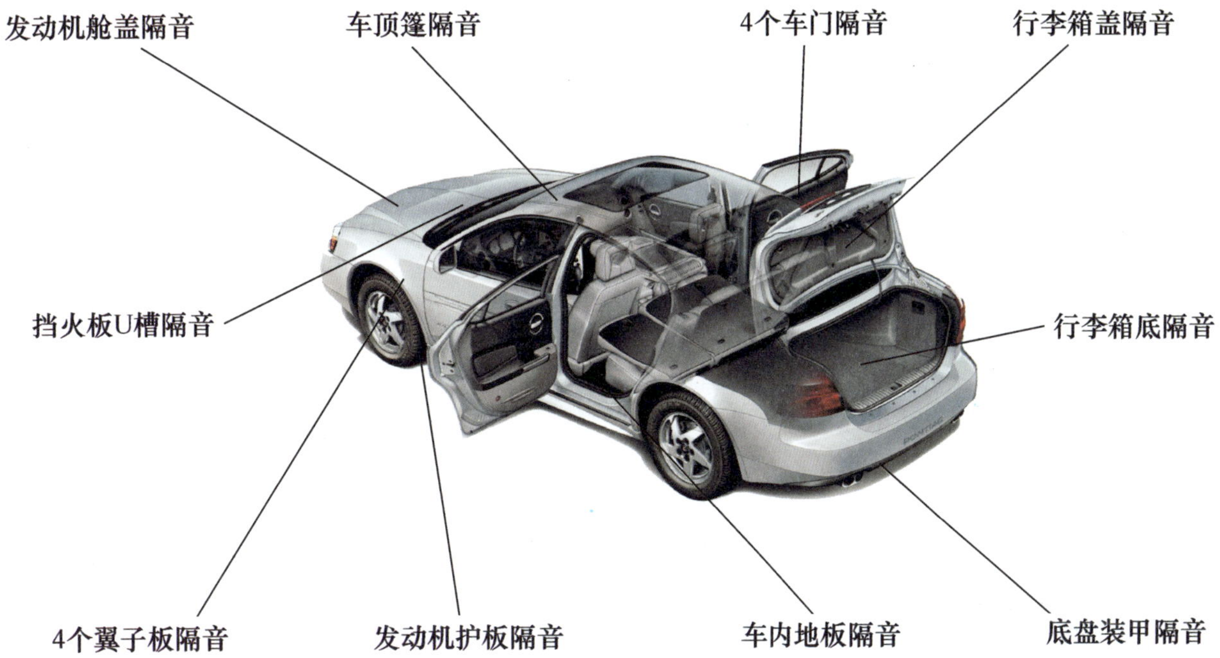

（十五）底盘装甲

1

施工前检查工作

首先按客户要求填写施工单，检查车身状况，及时提示车主，并将异常情况在施工单上标注，提示客户随身携带贵重物品，最后请客户在施工单上签字确认，以免事后发生纠纷。

2

冲洗底盘

使用架机将车辆一侧架起。

3

冲洗底盘

使用洗车机水枪冲洗底盘。

4

冲洗底盘

使用洗车机水枪冲洗底盘。

5

冲洗底盘

使用架机将车辆另一侧架起。

6

冲洗底盘

使用洗车机水枪冲洗底盘。

7

冲洗底盘

使用洗车机水枪冲洗轮槽。

8

举升机防护

由于施工时会滴落装甲防锈胶，时间长不易清理，所以使用保护罩防护举升机。

9

松开轮辋螺栓

使用十字扳手将四个轮辋螺栓松动。

10

确定架车点

将举升机支臂伸到车下方，并确认架车点。

11

升起车辆

将车辆升离地面，并加保险。

12

卸掉轮辋及轮胎

使用十字扳手将四个车轮卸掉，螺栓统一放置，以免丢失。

卸掉车轮的目的是：一方面有些车辆轮槽里边也需喷底盘胶，另一方面也防止施工时喷在轮胎及轮辋上。

升起车辆

再次升高车辆至最佳高度，并注意避免顶篷刮碰。

举升机保险防护

由于需在车底施工，所以举升机必须加保险，以确保安全。

地面防护

由于施工时会滴落装甲防锈胶，时间长不易清理，所以使用保护罩防护地面。

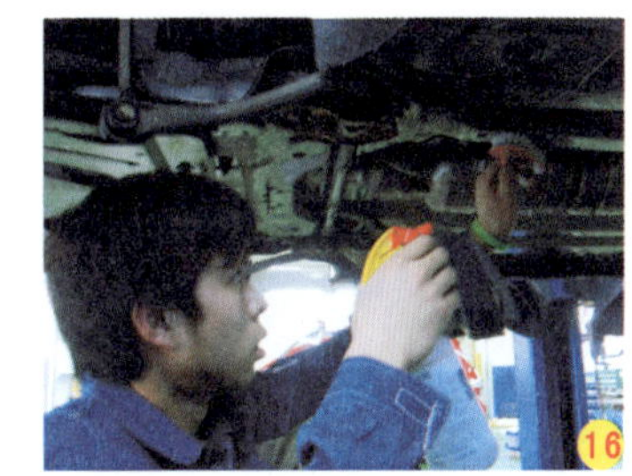

清除底盘油污

使用兰威宝稀释液及毛刷，对底盘表面油污部分进行清洁。

除锈处理

使用 WD－40 防锈剂将底盘生锈处清理干净。

吹干水分

使用气枪将底盘及缝隙水分吹干。

表面擦干

由于底盘胶不溶于水，所以一定要确保底盘表面干燥，使用干毛巾再次擦干。

局部防护

由于底盘散热系统如发动机底部、排气管等部位不能喷底盘胶，否则影响散热，所以使用报纸等将上述部位包裹防护。

摇晃底盘胶

底盘胶长期存放会出现沉淀，所以使用前一定充分摇晃，一般底盘胶包装里带有一个搅拌球，充分摇晃底盘胶直至搅拌球响动为止。

人身防护

由于施工时极易滴落底盘胶，所以施工人员要戴帽子及手套，甚至可以戴上口罩及防护眼镜。

连接喷枪

底盘胶一般有两种包装：一种是容积较小，并带有压力的包装，可直接喷射施工；一种是容积较大，不带压力的包装，需配合喷枪及压力气管来施工操作。

喷射施工

一手扶住底盘胶，一手控制喷枪，距离底盘大约 40cm 距离扫射，均匀喷胶，并注意不要单次喷得过厚，影响附着力，应分 2～3 次整体喷射，并使喷射厚度达到至少 4mm 以上。

清除底盘防护

底盘喷胶结束，将散热系统防护撤掉。

施工效果

底盘胶分为快干及慢干两种，快干一般 2h 表面固化，4～6h 完全固化；慢干一般需 24h 固化。完整的底盘装甲除喷胶外还需安装发动机护板。

清洁喷枪

使用 WD－40 或化油器清洗剂等，对准喷枪入口一边喷清洗剂，一边扳动喷枪，直至喷枪出口喷出干净液体为止。

清洁喷枪

使用 WD－40 或化油器清洗剂等配合毛巾擦拭喷枪表面。

清除地面防护

将地面防护罩撤掉。

清理车漆

施工时若不小心将底盘胶喷在车漆边缘，使用 WD－40 或柏油清洗剂及毛巾擦拭即可。

降低车辆

将车辆降低。

安装轮胎

安装四个轮胎，并使用十字扳手拧紧螺栓。

紧固螺栓

将车辆降到地面，撤掉举升机支臂及防护罩，使用力矩扳手分别将四个轮胎螺栓紧固。

底盘装甲施工结束。

二、电子产品安装

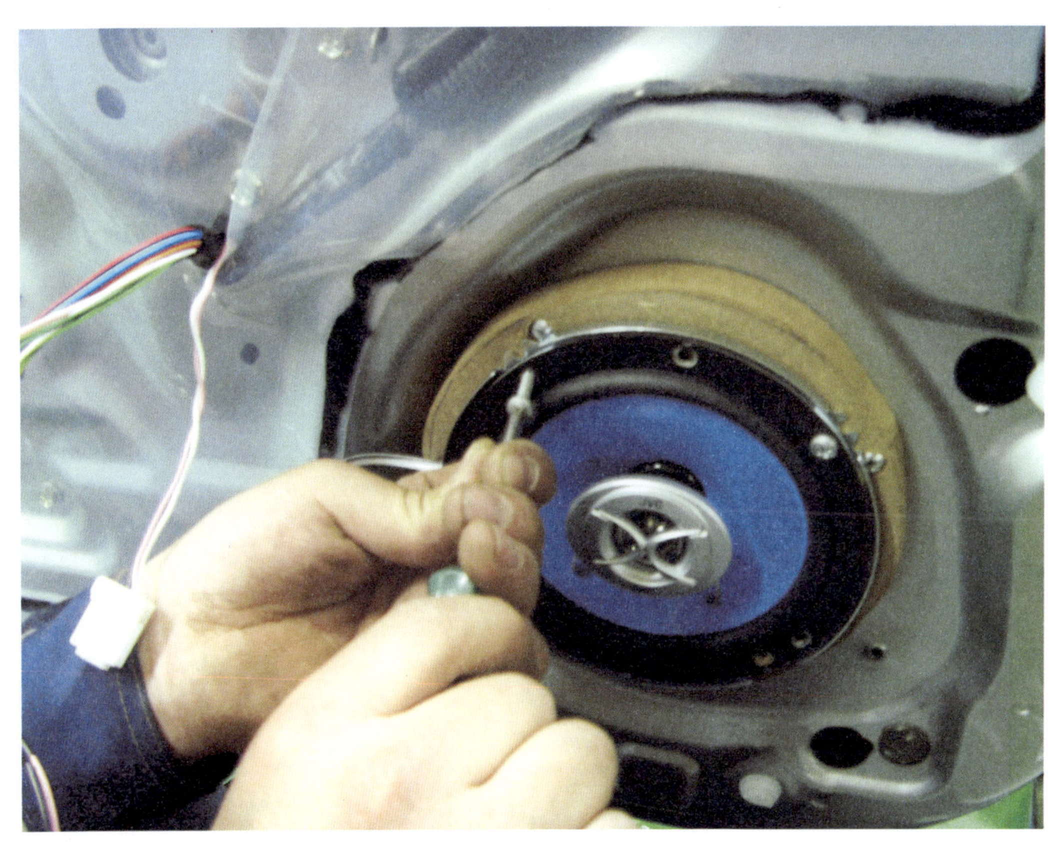

（一）接线方法

串联

剥线

使用剥线钳将黄线及橙线距线头 3cm 距离剥掉线皮。

分线

将黄线及橙线线头分别一分为二拧开。

十字交叉

将分好的黄线及橙线线头分开，并十字交叉。

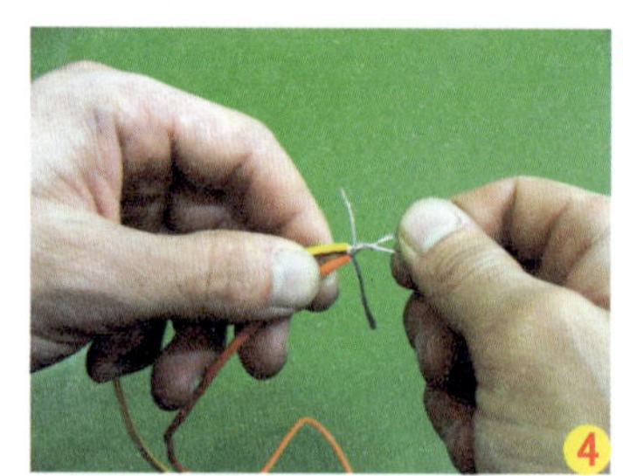

拧合

将一股黄线与一股橙线交叉拧合。

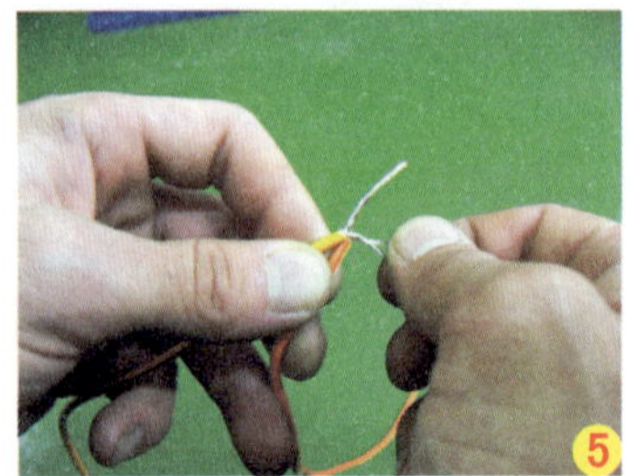

拧合

将另一股黄线与另一股橙线交叉拧合。

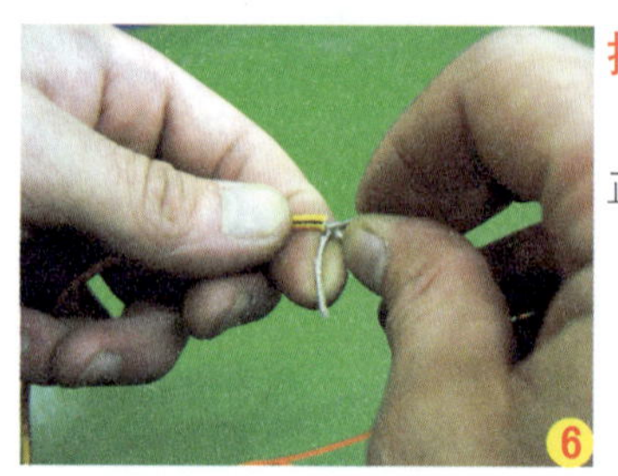

拧合

将拧合好的两股线头分别正反缠绕主线一圈。

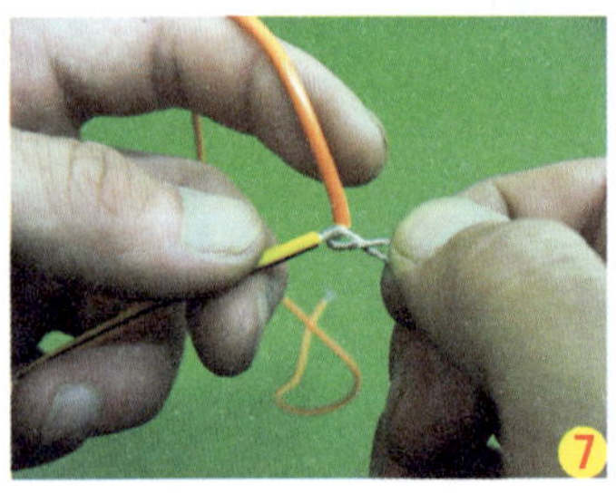

拧合

再将两股线头拧合在一起。

包裹

将最后拧合成一股的线头与电线水平放置，并使用绝缘胶布包裹。

并联

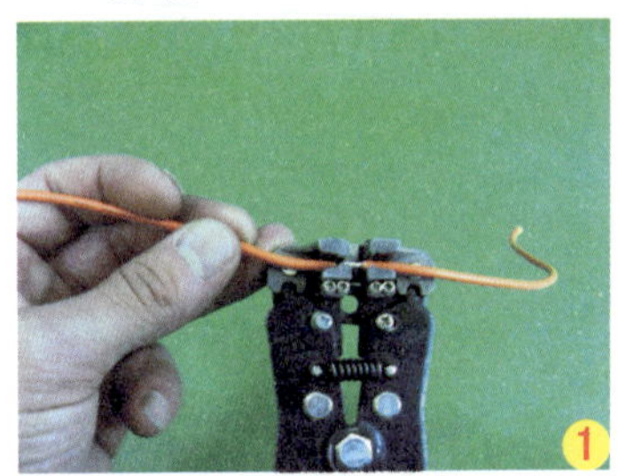

剥线

使用剥线钳将橙线在需连接处剥开线皮0.5cm。

剥线

使用剥线钳将黄线距线头3cm距离剥掉线皮。

分线

将黄线线头一分为二拧开。

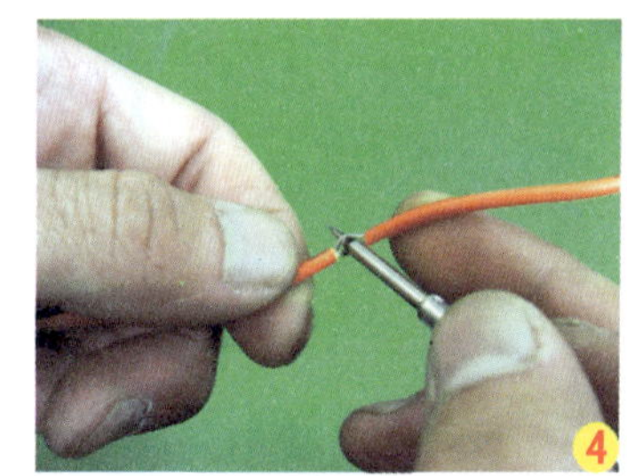

穿孔

使用电笔在橙线剥开处穿个孔。

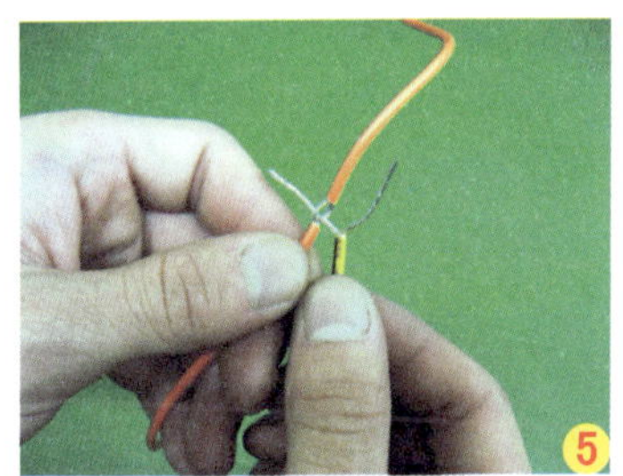

穿线

将分好的一股黄线穿过橙线孔。

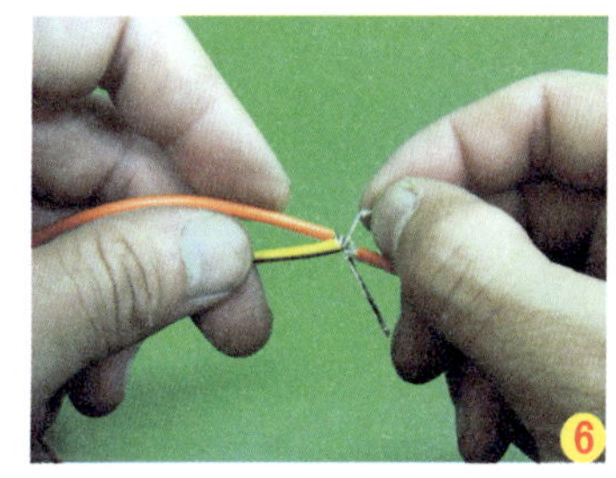

缠绕

将穿过橙线孔的一股黄线正向缠绕主线一圈。

缠绕

将另一股黄线反向缠绕主线一圈。

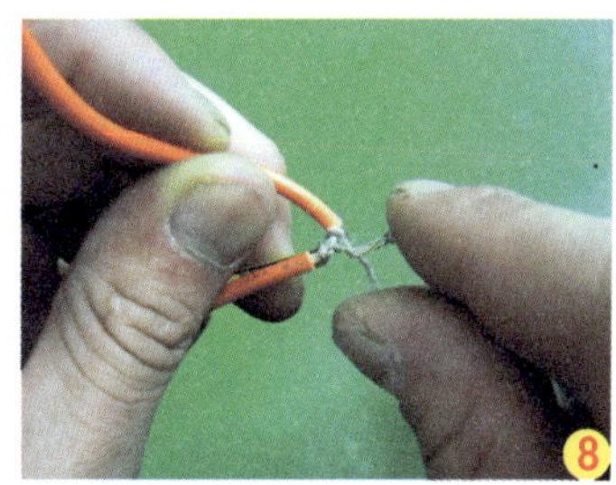

拧合

将两股黄线再交叉拧合在一起。

拧合

最后将拧合好的线头与黄线端拧合在一起。

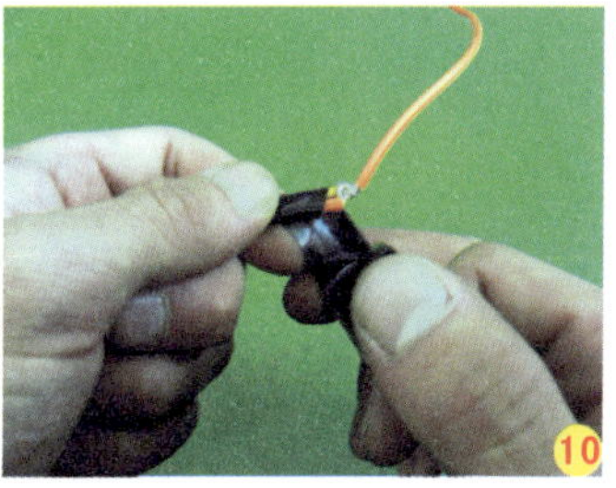

包裹

使用绝缘胶布包裹。

其他方法

剥线

使用剥线钳将黄线及橙线距线头3cm距离剥掉线皮。

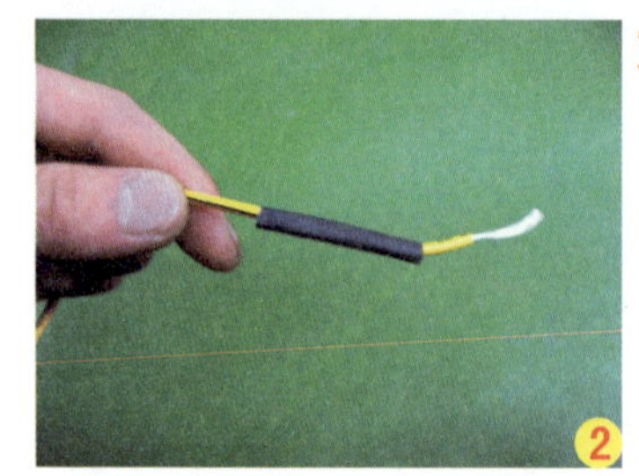

穿热缩管

将5cm长热缩管穿过黄线。

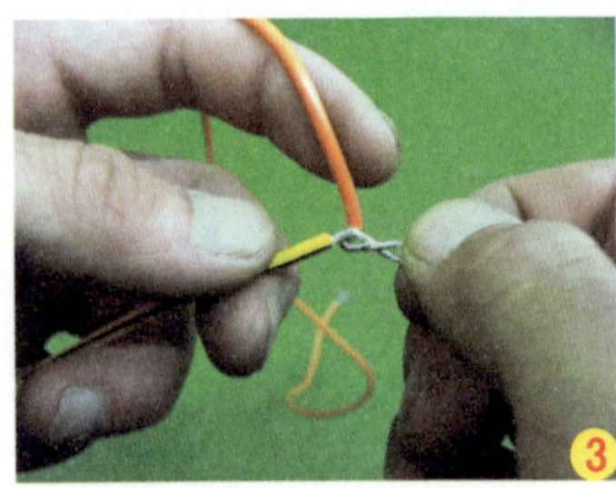

接线

按串联方法将线接好。

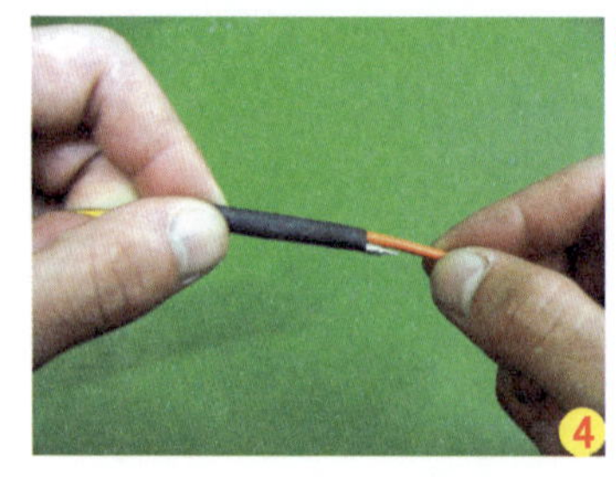

热缩管包裹

将接线头用热缩管包裹。

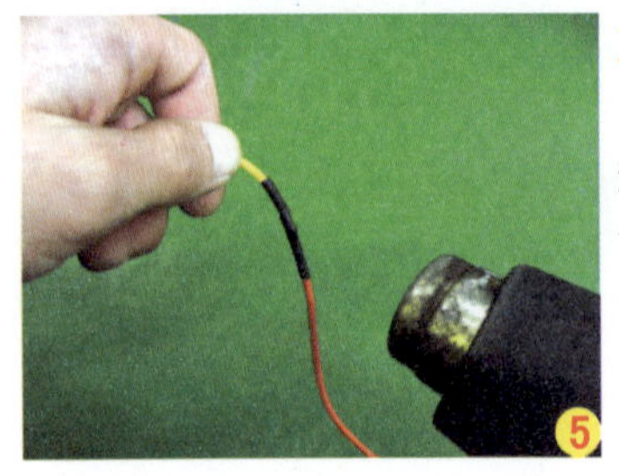

加热

使用贴膜烤枪加热热缩管，热缩管遇热收缩，将线头包裹。

浪管包裹

有些施工步骤，或布置组线时，外边需要用浪管包裹。先将浪管中心破开。

浪管包裹

将组线用破开的浪管包裹。

浪管包裹

再使用绝缘胶布将浪管全部包裹。

（二）安装防盗器

施工前检查工作

首先按客户要求填写施工单，检查车身状况，及时提示车主，并将异常情况在施工单上标注，提示客户随身携带贵重物品，最后请客户在施工单上签字确认，以免事后发生纠纷。

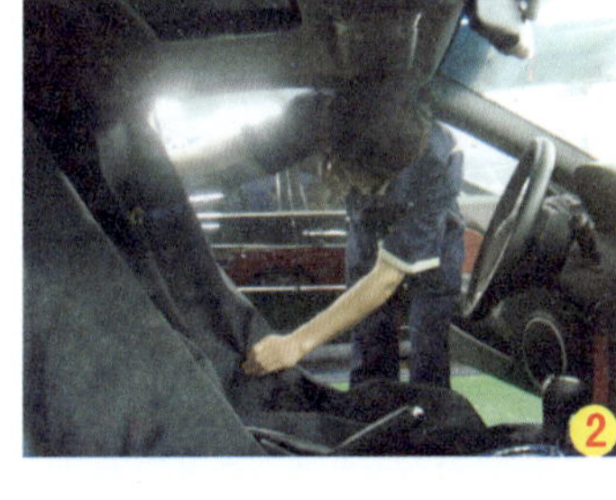

座椅防护

使用座椅防护罩将车内前排座椅进行防尘保护。

由于防盗器的品牌、款式及车型各不相同，无法一一列举，以现代酷派车安装铁将军双向防盗器为例，以供参考。

车辆检查

打开钥匙门，检查车辆各项指示灯工作是否正常，若发现故障立即与车主确认，以免纠纷。

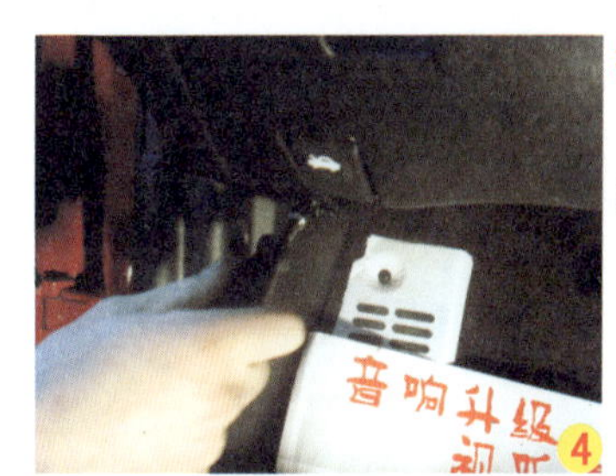

拆卸护罩

将转向盘下方仪表板护罩的螺钉拆卸下来。

拆卸护罩

试探性地拆卸护罩，以免损坏卡扣，并将护罩上的电源插头拔掉。

主机插线

将中控锁线束插在主机上。

各品牌防盗器的各项功能对应的线束颜色不尽相同，连接线束时可参考安装指南，或实际测量。

主机插线

将正负极、转向灯、喇叭等线束插在主机上。

主机插线

将发动机断电回路、门边触发、脚制动、ACC 输入等线束插在主机上。

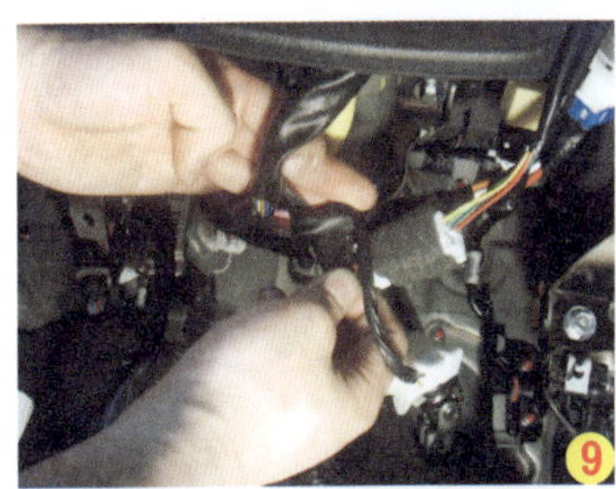

打开原车线束

将原车主线束保护胶布拆开。

连接继电器

将车钥匙打到 ON 档。

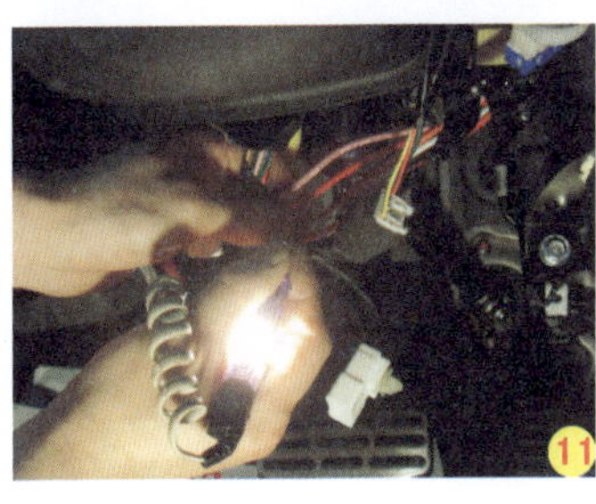

连接继电器

使用试电笔在原车线束中查找发动机电路线。

防盗器的安装指南中会标明一些常见车型原车控制线的颜色，可参考连接，若没有标明的车型，就要使用试电笔查找。

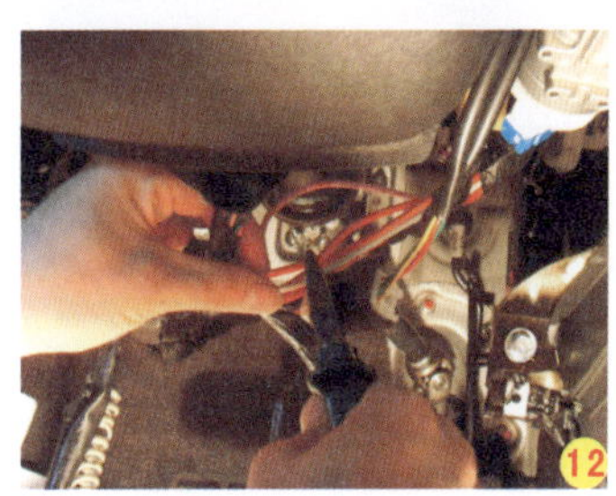

连接继电器

将找到的发动机电路线剪开，并剥开线头。

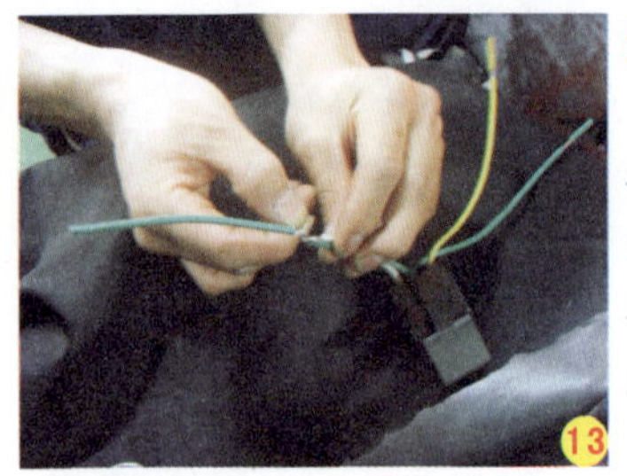

连接继电器

将继电器上的白线（正极控制线）与绿线（电路连接线）并联，起到继电器的正极控制作用，并缠绕绝缘胶布。

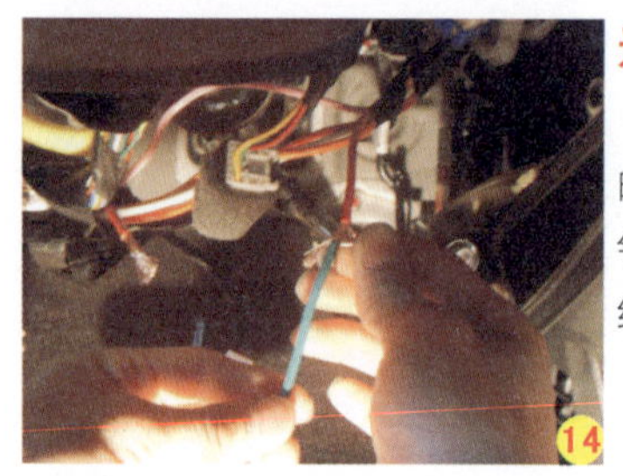

连接继电器

将继电器并联线路与断开的原车发动机电路线（靠近钥匙门的一端）连接，并缠绕绝缘胶布。

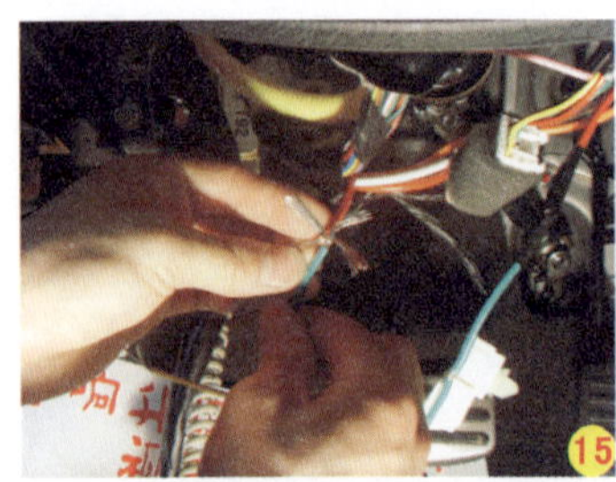

连接继电器

将继电器另一条绿线与断开的原车发动机电路线（远离钥匙门的一端）连接，并缠绕绝缘胶布。

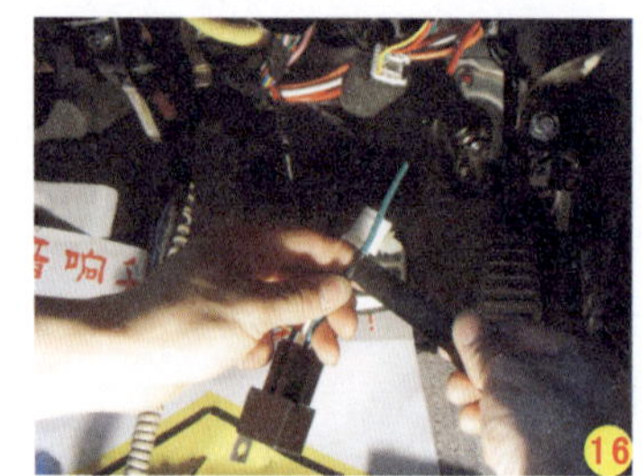

连接继电器

将继电器上的并联线路缠绕绝缘胶布。

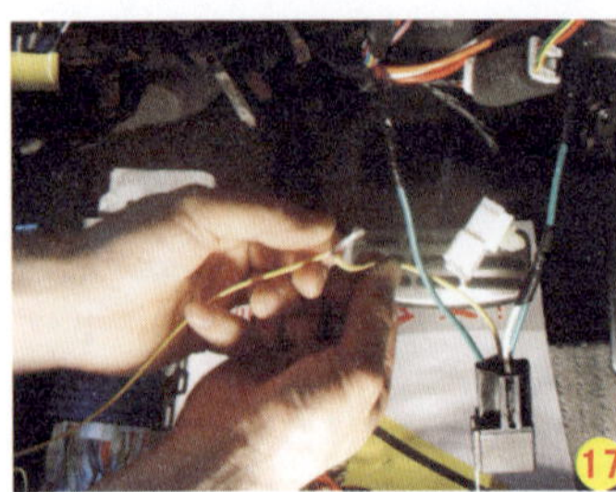

连接继电器

将继电器上的黄线（负极控制线）与插在主机上的黄线（发动机断电回路）连接，并缠绕绝缘胶布。

完成主机与继电器及原车发动机电路线的串联，起切换原车电路的功能。

连接 ACC 控制线

将车钥匙开到 ACC 档。

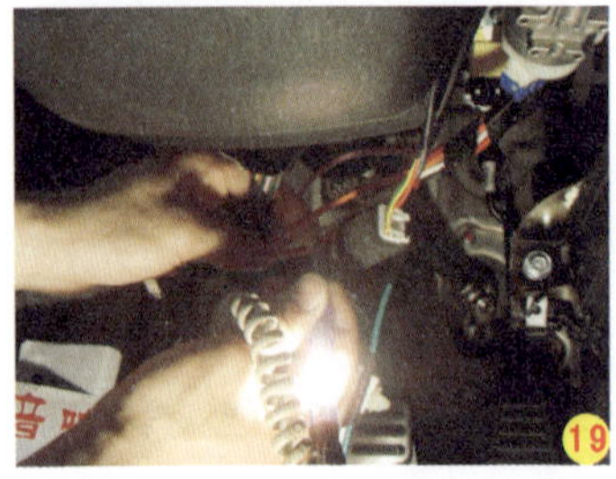

连接 ACC 控制线

使用试电笔在原车线束中查找 ACC 控制线。

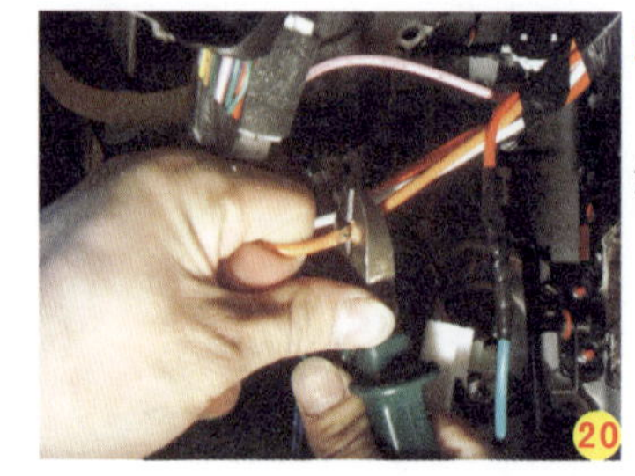

连接 ACC 控制线

将原车 ACC 控制线剥开线皮。

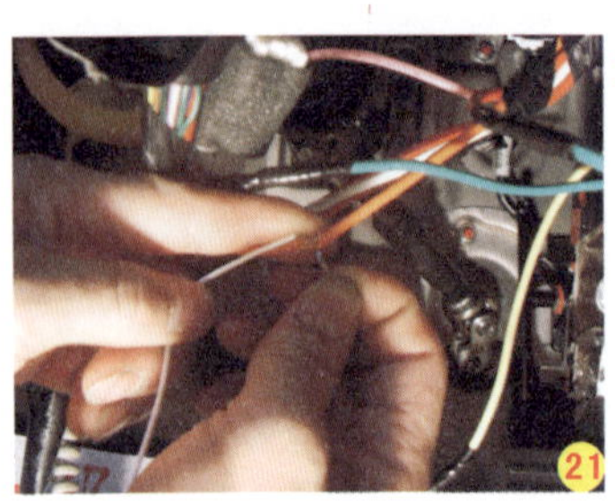

连接 ACC 控制线

将插在主机上的白线（ACC 输入）与原车 ACC 控制线并联，并缠绕绝缘胶布。

连接 ACC 线的目的是为了通过开关钥匙门，控制防盗开关门锁功能。

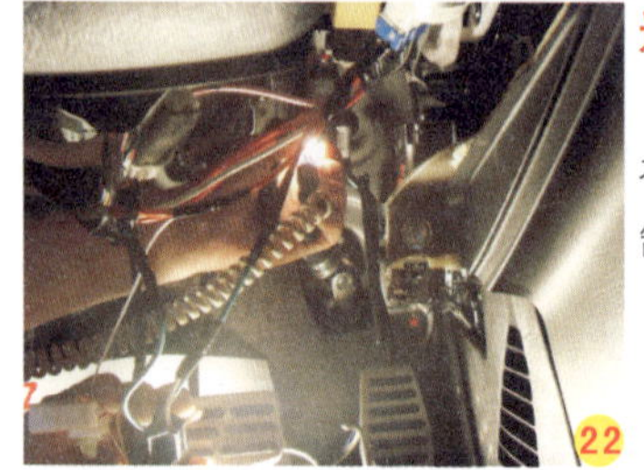

连接脚制动

使用试电笔并按下脚制动，在原车线束中查找脚制动控制线。

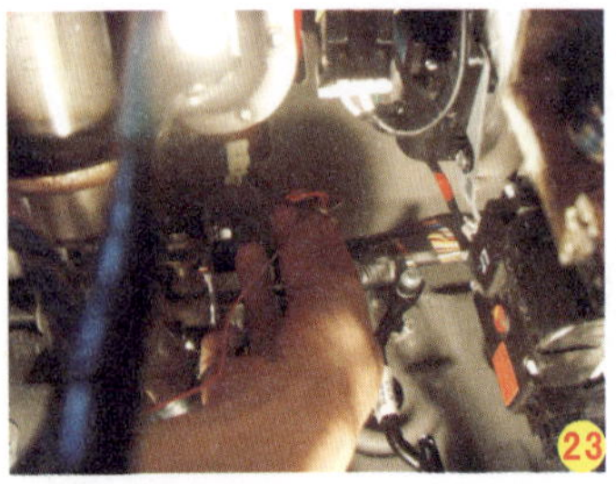

连接脚制动

将插在主机上的橙色线（脚制动输入）与原车脚制动控制线并联，并缠绕绝缘胶布。

完成行车时，踩下脚制动，全车门锁关闭。

连接门边灯

将车门边控制开关拆卸下来。

在转向盘下端，原车线束较多，查找门边开关控制线比较费时间及精力，所以先在门边开关上找线，再按线束颜色在前端查找，节省时间。

连接门边灯

拆卸车门脚踏板。

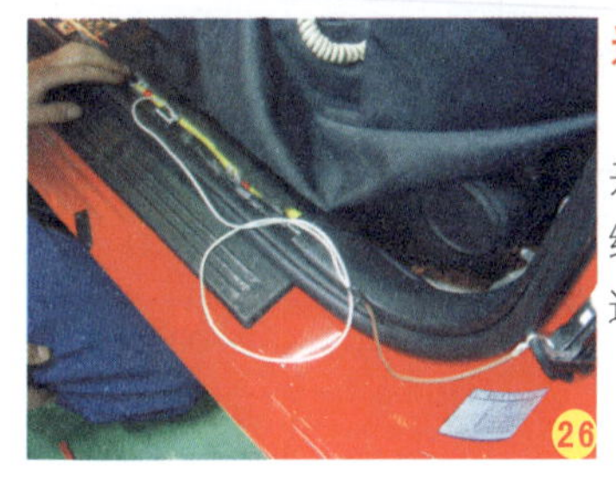

连接门边灯

由于门边灯开关螺钉拆下，开关没有负极，所以使用电线将开关螺钉孔与原车搭铁连接负极。

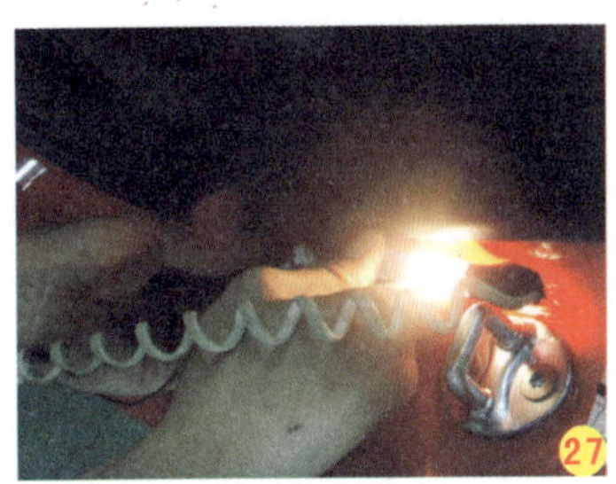

连接门边灯

使用试电笔查找原车门边开关控制线。

现代酷派主门边开关控制线有 3 条，其中黄色的为两前门门边开关主控线，要连接此线。

连接门边灯

确定线路后，将门边开关恢复。

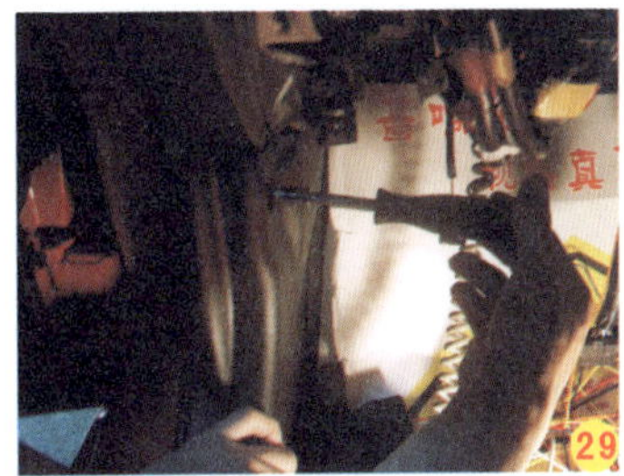

连接门边灯

将转向盘下端门边护罩拆卸下来。

连接门边灯

使用试电笔在车门线束中查找黄色的门边开关控制线。

连接门边开关是为了开启车门时，边灯闪烁，提示后边车辆，同时也是为了防止车门关闭后，车门自动落锁。

连接门边灯

现代酷派车的门边开关连接是负触发，将插在主机上的蓝色线与原车门边开关控制线连接。

每辆车门边开关触发正负连接是不同的，可参照说明书或在原车线束中查找。

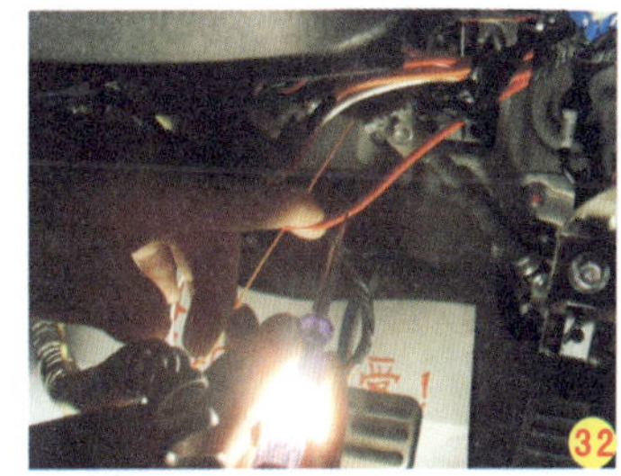

连接原车蓄电池正极

使用试电笔查找原车线束的蓄电池正极控制线。

连接原车蓄电池正极

将插在主机上的红线（蓄电池正极连接线）与原车蓄电池正极控制线连接，并缠绕绝缘胶布。

完成防盗器主机正极电源输入。

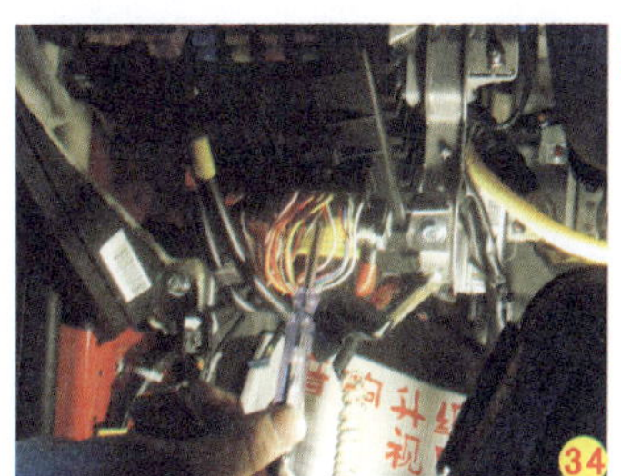

连接转向灯

打开原车左转向，使用试电笔查找原车线束左转向控制线。

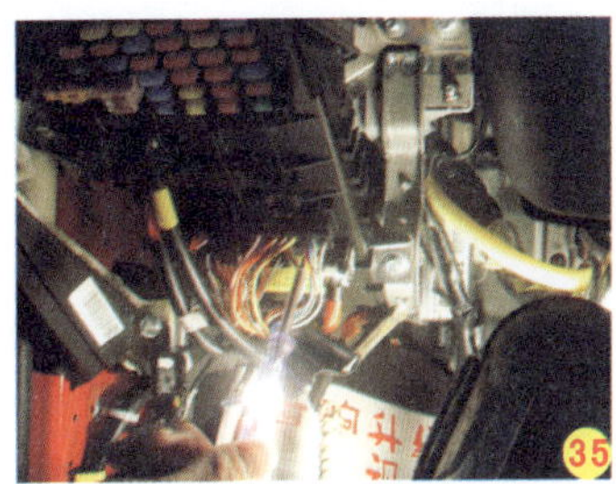

连接转向灯

打开原车右转向，使用试电笔查找原车线束右转向控制线。

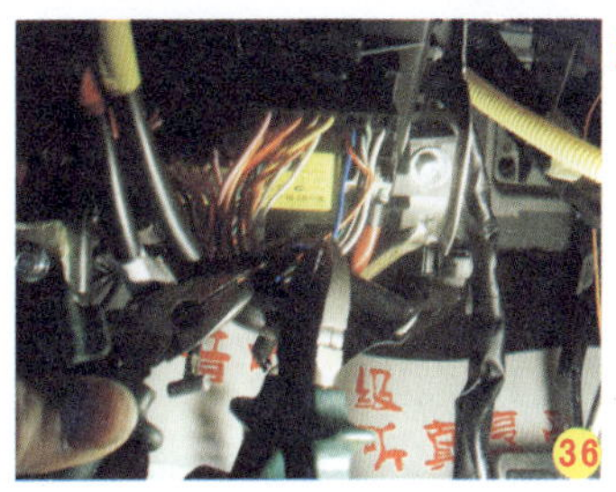

连接转向灯

由于线路较细，所以可使用尖嘴钳与夹线钳配合剥线。

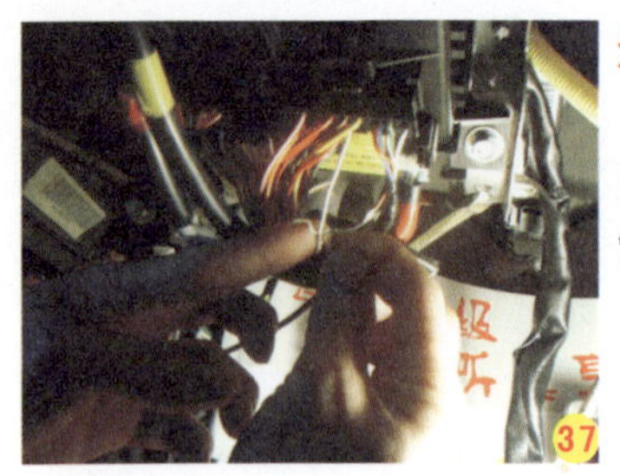

连接转向灯

将插在主机上的橙色线（转向灯线）与原车左转向控制线连接，并缠绕绝缘胶布。

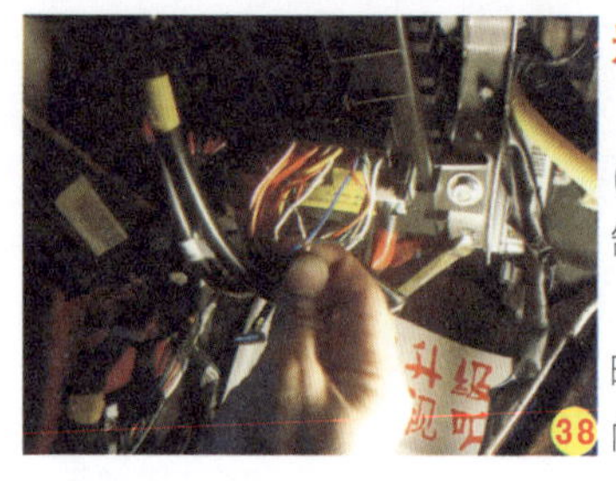

连接转向灯

将插在主机上的橙色线（转向灯线）与原车右转向控制线连接，并缠绕绝缘胶布。

连接转向灯是为了开启车门时，或遥控防盗器时，原车转向灯闪烁，提示后边车辆。

连接中控锁

使用试电笔查找原车线束的中控锁控制线。

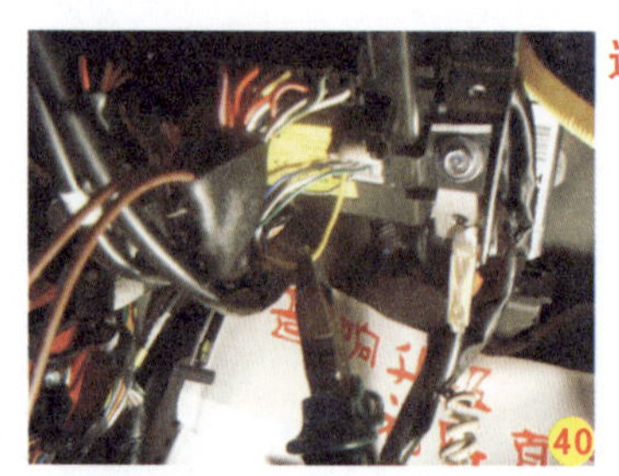

连接中控锁

将原车中控锁控制线断开。

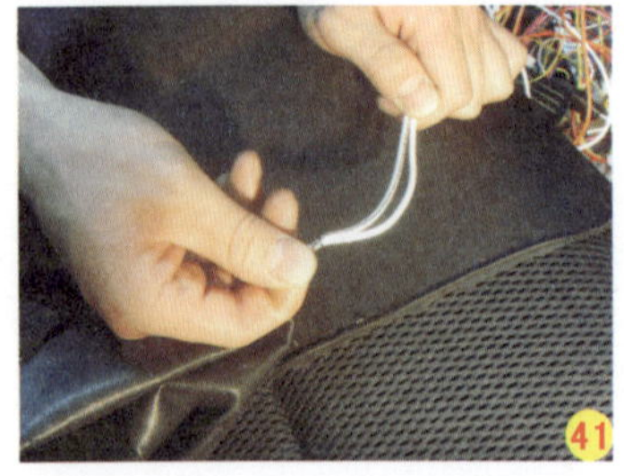

连接中控锁

现代酷派中控锁配线属于单线串联负触发，所以将插在主机上的中控锁线中的白线与白黑线并联。

中控锁配线可参考安装指南，若没有标明则根据实际测量配线。

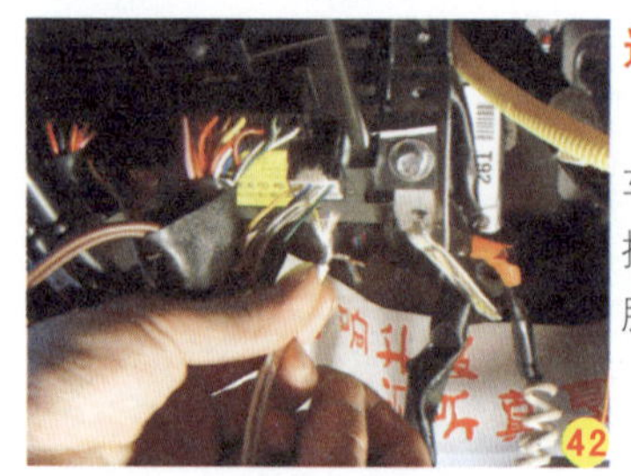

连接中控锁

将并联的线路与剪断的原车中控锁线连接（连接原车控制盒端），并缠绕绝缘胶布。

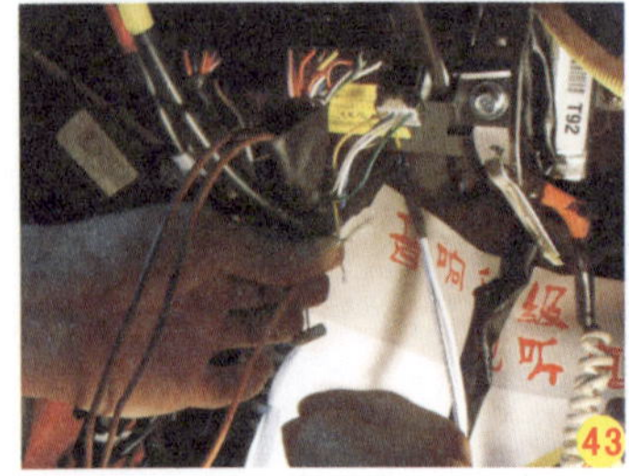

连接中控锁

将插在主机上的中控锁线中的黄线与剪断的原车中控锁线连接（连接原车左前门电动机端），并缠绕绝缘胶布。

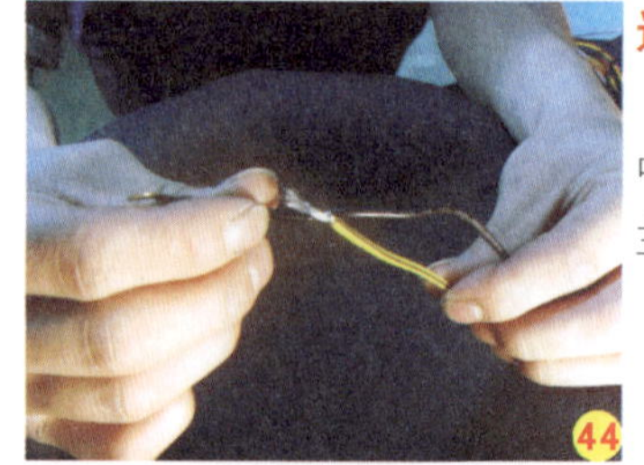

连接中控锁

将插在主机上的中控锁线中的黄黑线（负极）与插在主机上的负极并联。

连接中控锁

将并联的负极线路与车辆搭铁接地连接。

通过中控锁配线连接，实现通过防盗器的开关来控制原车中控锁的开关，从而开关车门。

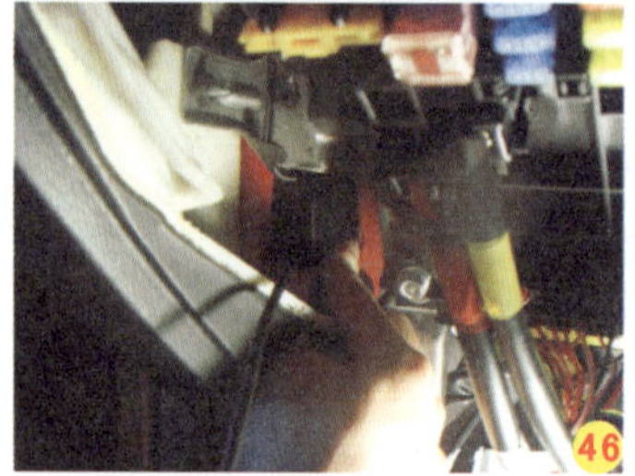

安装振动传感器

将防盗器的振动传感器背面粘贴双面胶布，并粘贴在转向盘下方车身钢板上，然后调整好灵敏度。

安装振动传感器

将振动传感器插头插在主机上。

振动传感器的作用是车辆受到撞击及振动时，振动传感器会发出信号给主机，然后车辆报警，转向灯闪烁。

安装 LED 警示灯

将 LED 警示灯固定在仪表板左前方。

安装天线

将防盗器天线安装在前风窗玻璃的右上方，避免影响驾驶视线。

布线

将天线的线路隐藏在车辆顶篷边缘。

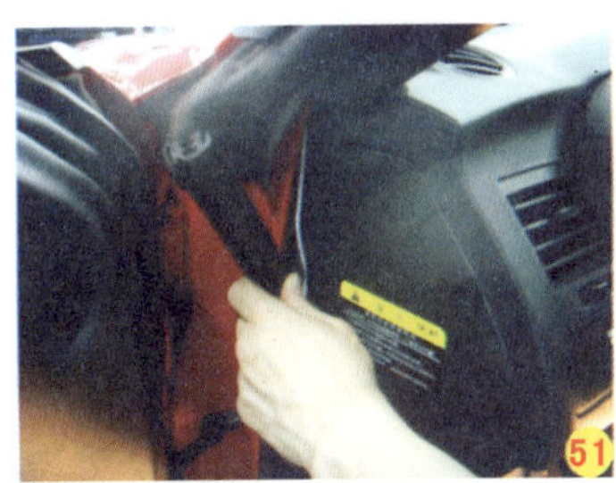

布线

将天线的电线与 LED 灯的电线一同隐藏在门边胶条内，并顺到仪表板下方。

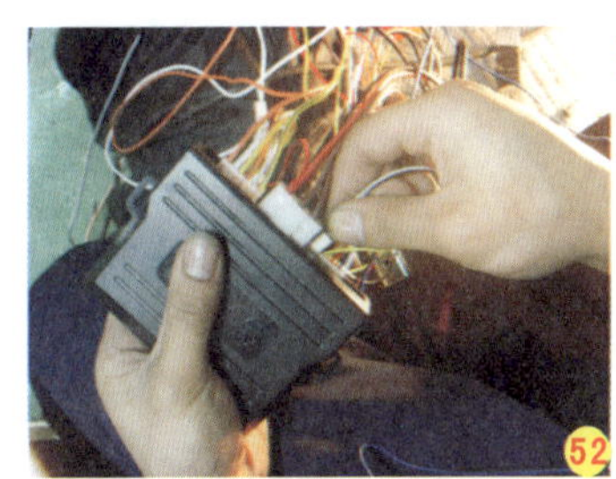

插 LED 警示灯

将 LED 警示灯插头插在主机上。

LED 警示灯的作用是，车辆进入防盗状态后，LED 警示灯闪烁，提示车辆进入防盗状态。

插天线

将天线插头插在主机上。

天线的作用是实现防盗器与遥控手柄间的信号连接。

安装喇叭

将发动机舱防护罩铺在发动机舱外围。

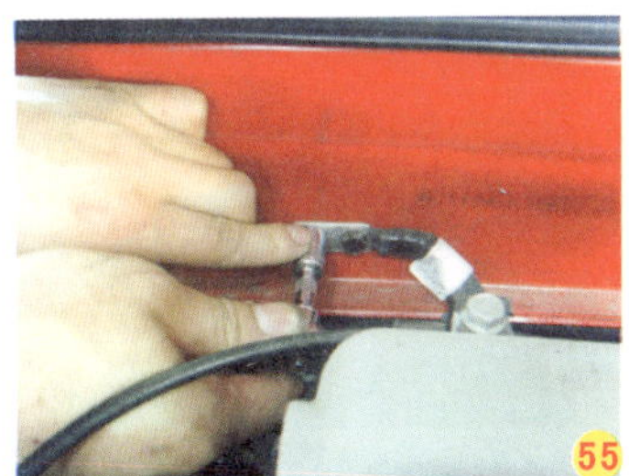

安装喇叭

在发动机舱内选择合适位置固定防盗器喇叭，尽量使用原车螺钉固定。

将原车螺钉拆卸。

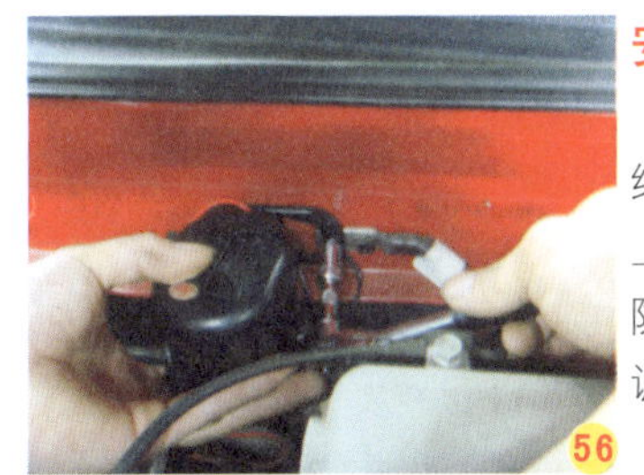

安装喇叭

将喇叭电线的负极（黑色线）与喇叭一同固定在车架上，并注意将喇叭冲下，以防进水短路，打开喇叭后盖调整合适的警报声音。

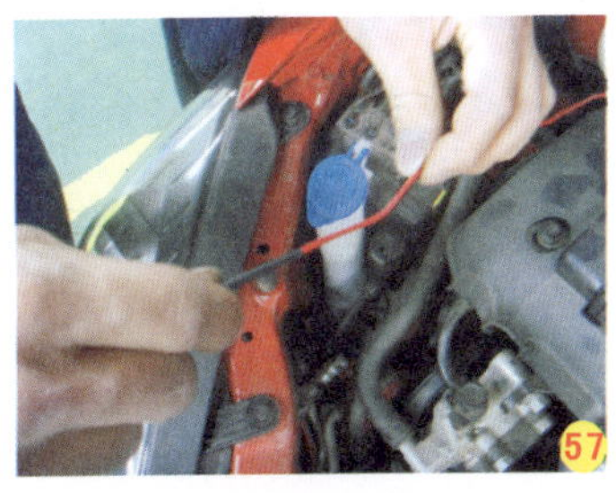

安装喇叭

将喇叭的正极（红色线）外边包裹热缩管，以保护线路。

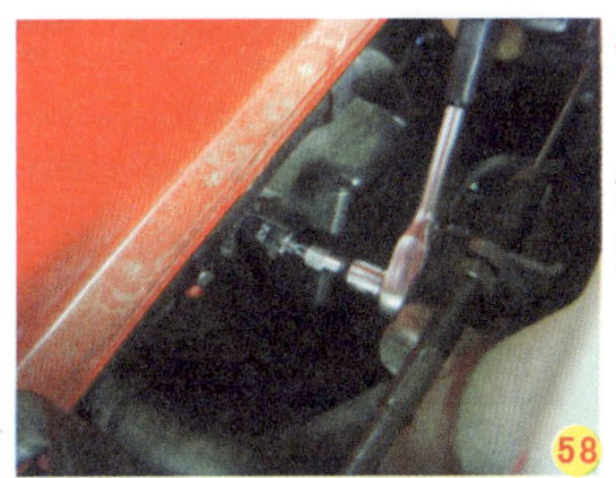

安装喇叭

查找合适位置将喇叭线穿进驾驶室，一般选择原车线束的穿孔。

打开原车线束防护盖。

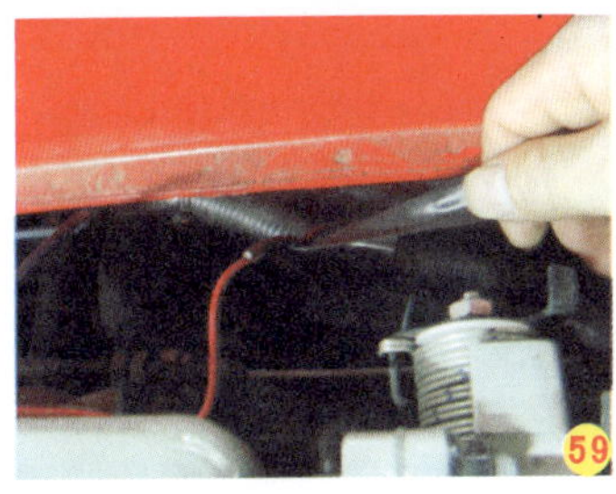

安装喇叭

使用铁丝从驾驶室内沿原车线束穿出，并使用绝缘胶布将喇叭线头与铁丝缠绕在一起。

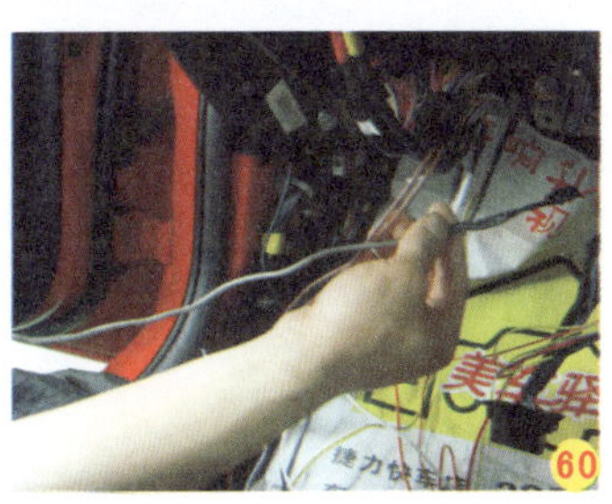

安装喇叭

在驾驶室内将铁丝拽回，直到露出喇叭线。

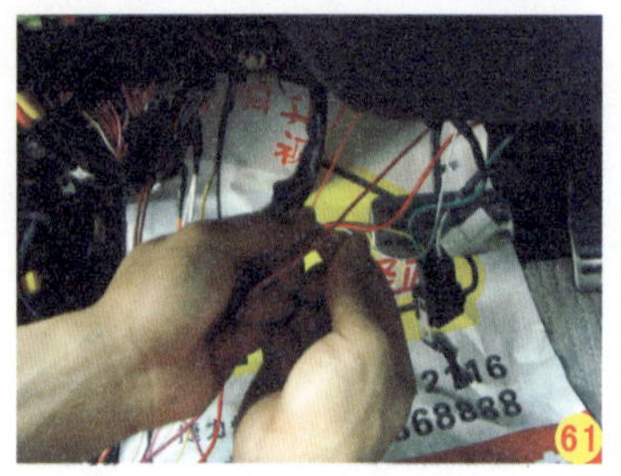

安装喇叭

将喇叭线与插在主机上的喇叭线（粉红色）连接，并缠绕绝缘胶布。

安装喇叭

安装原车线束防护盖。

安装喇叭

喇叭的作用是遥控提示和声音报警。

调试

将车门关闭，在车内调试防盗器遥控手柄各项功能。

将防盗器设置为防盗状态，打开钥匙，车辆无法起动，同时防盗器喇叭报警，转向灯闪烁。

调试

将车门关闭，在车外遥控防盗器，检验各项功能是否正常。

整理线束

检验一切功能正常后，将原车线束恢复包裹，并整理防盗器线束，使用浪管将防盗器线束包裹好。

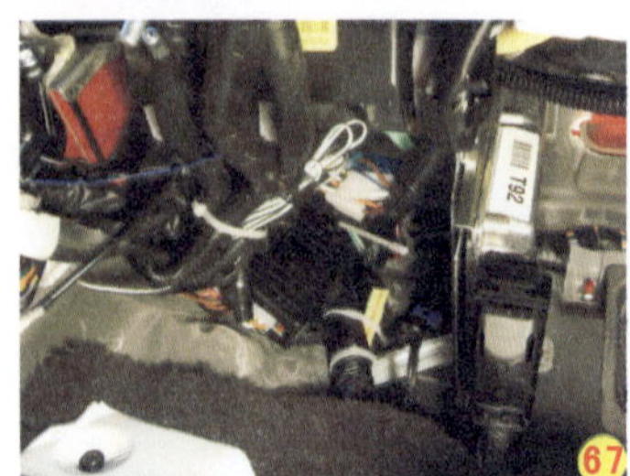

固定主机

将主机固定在转向盘下方，仪表板内部隐蔽处，并将所有线束整理并固定好。

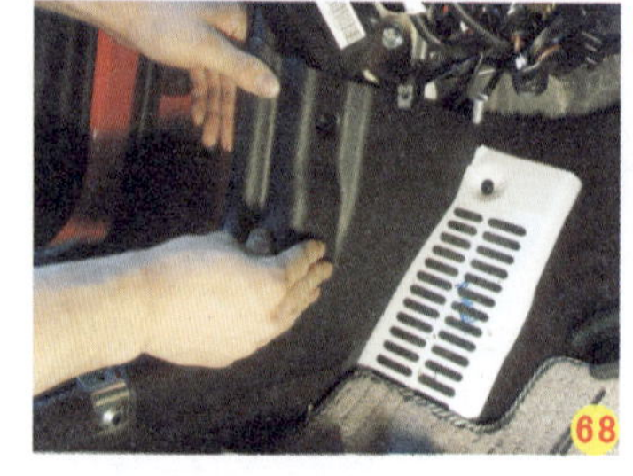

原车恢复

将拆卸的门边护板安装回去。

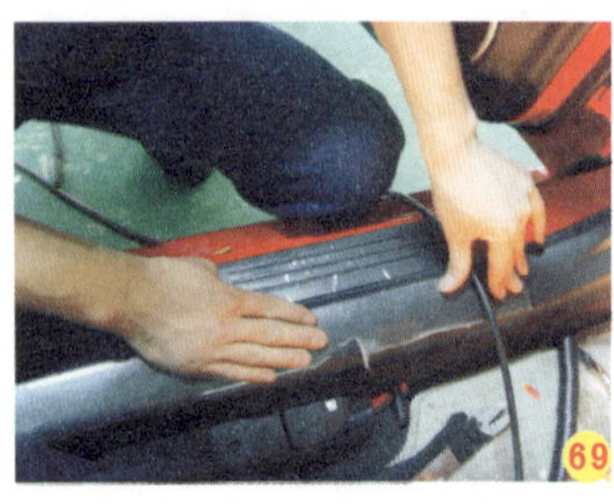

原车恢复

将拆卸的门边踏板安装回去。

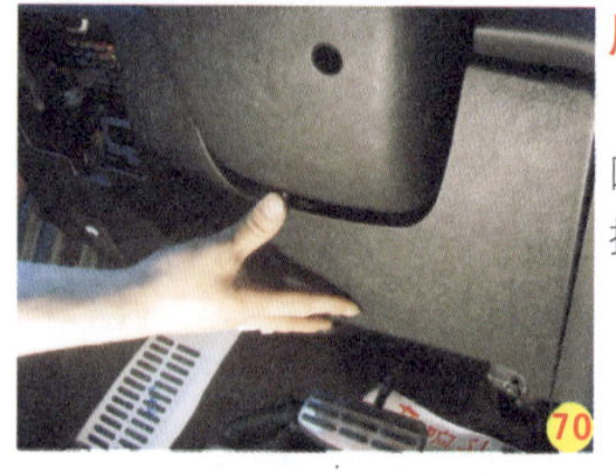

原车恢复

将拆卸的仪表板护板安装回去，并注意将拔掉的插头插上。

再次调试

最后再检验一遍防盗器各项功能，防止整理线束时插头松动，影响各项功能。

防盗器安装结束。

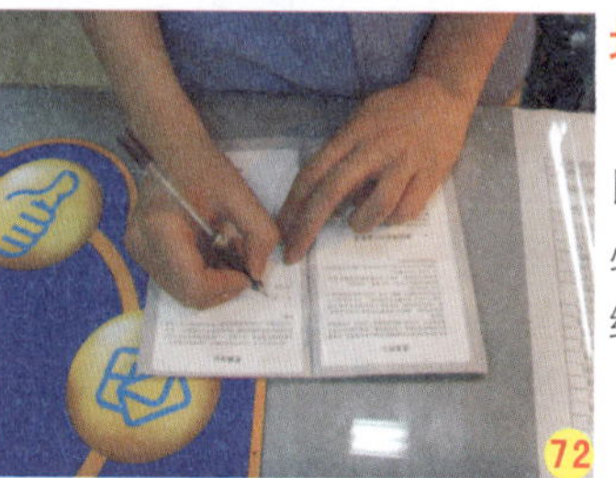

填写质保卡

电子产品售后服务的规定比较严格，所以施工结束后必须正确填写质保卡，并交给车主。

（三）安装倒车雷达

施工前检查工作

首先按客户要求填写施工单，检查车身状况，及时提示车主，并将异常情况在施工单上标注，提示客户随身携带贵重物品，最后请客户在施工单上签字确认，以免事后发生纠纷。

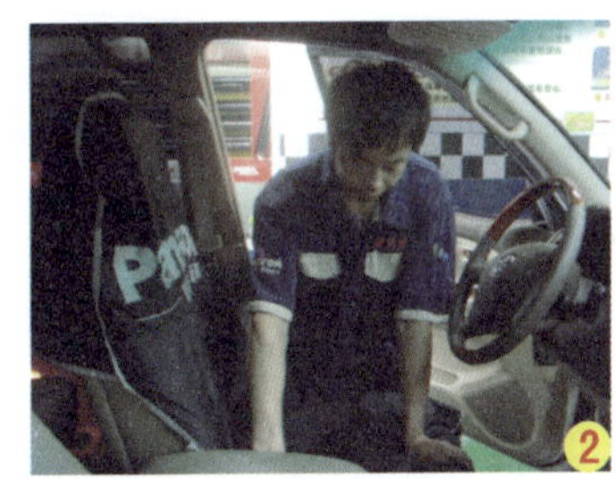

座椅防护

使用座椅防护罩将车内前排座椅进行防尘保护。

由于倒车雷达的品牌、款式及车型各不相同，无法一一列举，以丰田4700车安装铁将军倒车雷达及摄像头为例，以供参考。

车辆检查

打开钥匙门，检查车辆各项指示灯工作是否正常，若发现故障立即与车主确认，以免纠纷。

后保险杠检查

安装倒车雷达前，先检查一下后保险杠的内部结构，判断雷达孔的大致位置是否可以施工，是否可以穿线，尽量避开铁板等坚硬物质。

测量探头

根据车辆情况选择探头安装位置，一般两端探头距离保险杠边缘12～20cm距离。

在保险杠需安装探头位置粘贴胶布，并做竖线标记。

测量探头

探头安装一般在距离地面45～55cm。

在胶布上做横线标记，十字交叉点就是探头的中心点。

测量探头

先将两边探头的安装位置确定，再根据保险杠情况，确定中间两个探头位置，一般中间探头距离各自较近的两端探头距离为两端探头中心距离的0.3倍，也可采取等分距离。

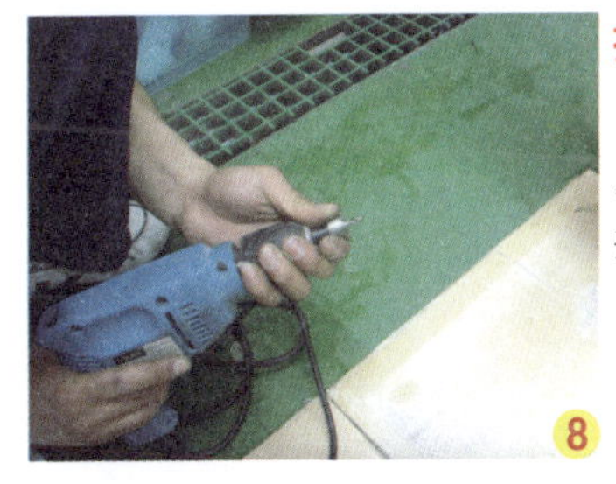

探头钻孔

使用与探头直径相等的专用钻头（雷达包装里配备），并将钻头固定在电钻上。

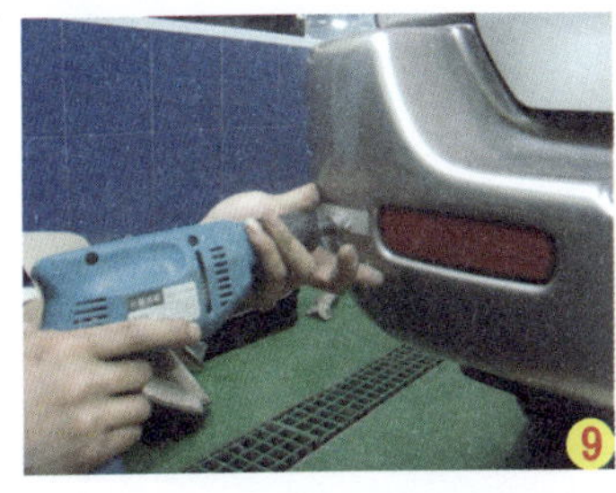

探头钻孔

将钻头中心对准胶布标记中心，一只手的拇指与食指稳定车身，其余手指稳定电钻，另一只手控制电钻手柄，钻头与车身垂直钻孔。

钻孔时，粘贴的胶布可以保护车漆。

探头钻孔

重复同样的动作，按顺序在第二个探头位置钻孔。

探头钻孔

重复同样动作，按顺序在第三个探头位置钻孔。

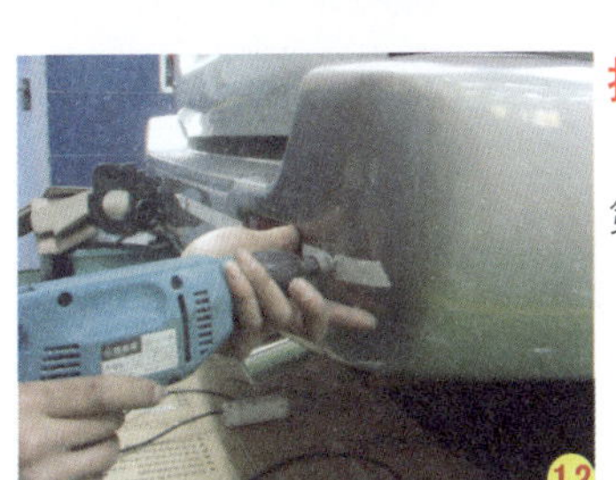

探头钻孔

重复同样动作，按顺序在第四个探头位置钻孔。

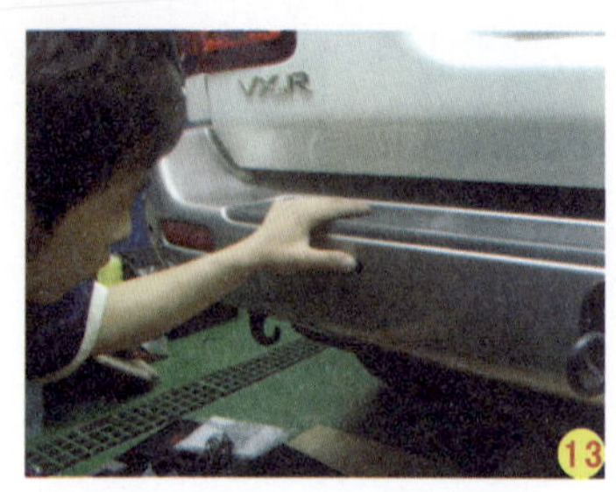

探头钻孔

四个探头钻孔结束后，撕掉胶布，检查钻孔边缘的车漆情况，若有毛边可使用圆锉修理，确保钻孔边缘与车漆水平。

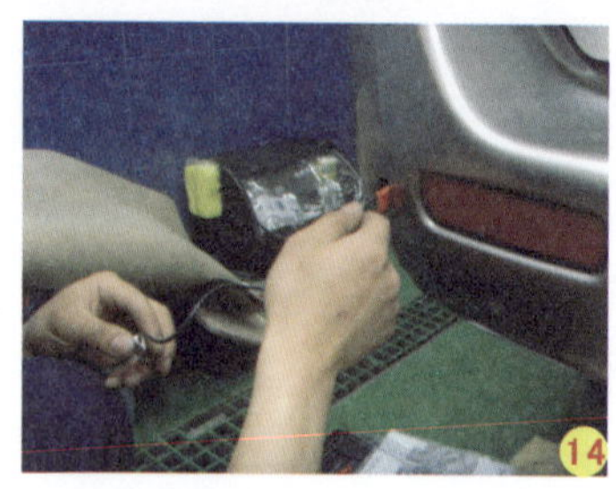

安装探头

按照探头标记的 A、B、C、D 顺序，从左至右将探头安装好。

先将探头连线穿过钻孔，从保险杠后部穿出。

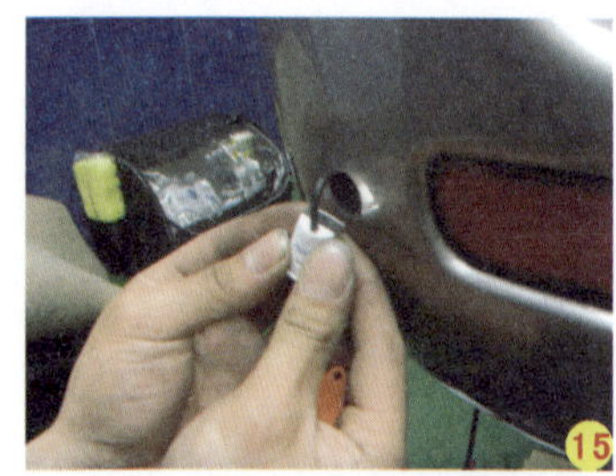

安装探头

按探头指示方向安装。

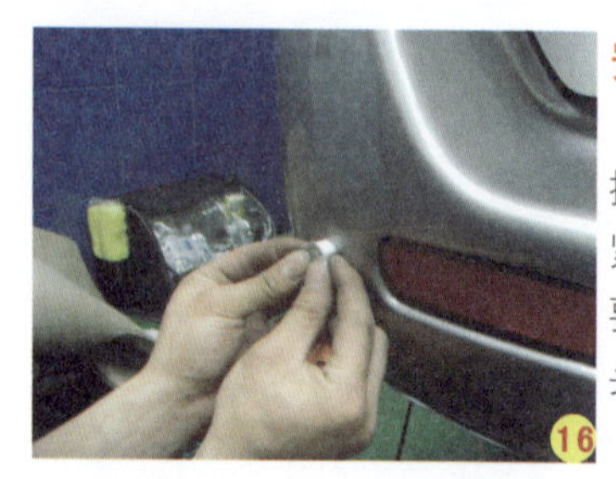

安装探头

双手大拇指均匀用力，将 A 探头推进钻孔，但先不要推紧，主要考虑安装结束后需要检验雷达功能，待确认探头工作正常后再推紧。

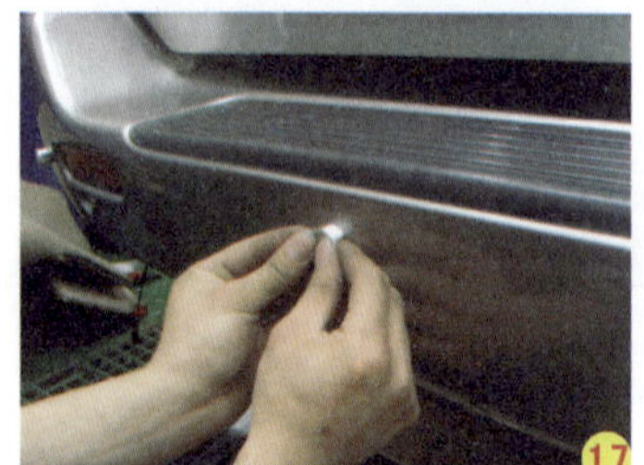

安装探头

双手大拇指均匀用力，将 B 探头推进钻孔，但先不要推紧。

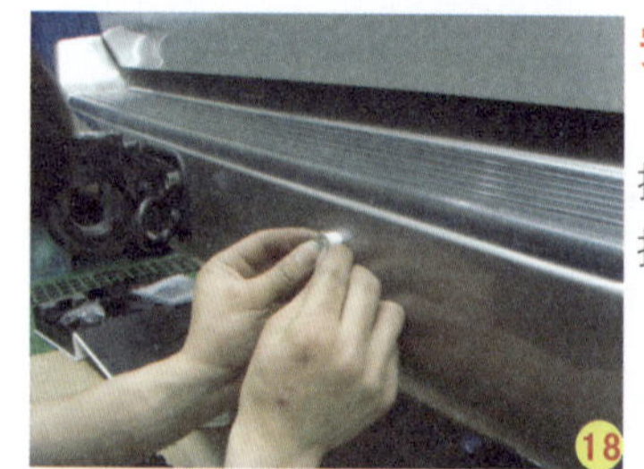

安装探头

双手大拇指均匀用力，将 C 探头推进钻孔，但先不要推紧。

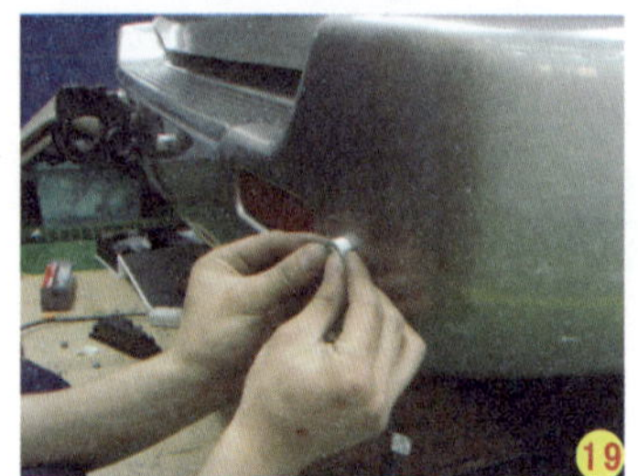

安装探头

双手大拇指均匀用力，将 D 探头推进钻孔，但先不要推紧。

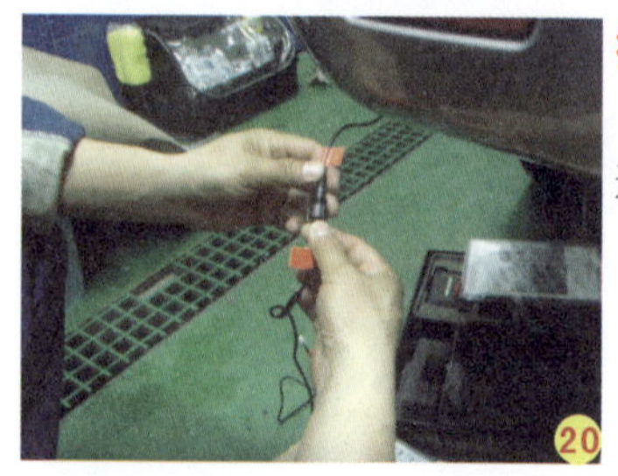

探头连线

将 A 探头连线与对应标记连线相连接，并拧紧。

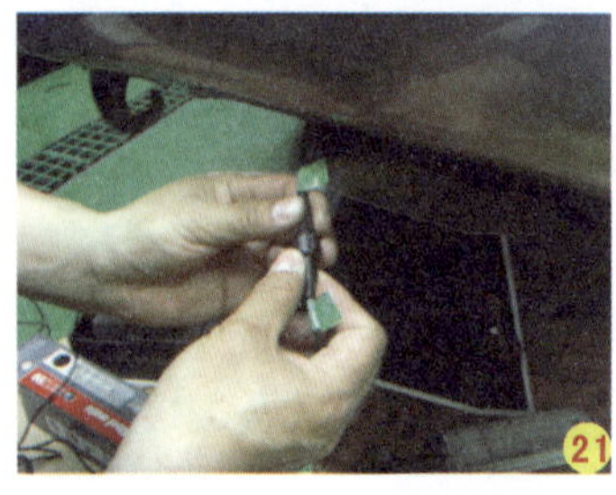

探头连线

将 B 探头连线与对应标记连线相连接，并拧紧。

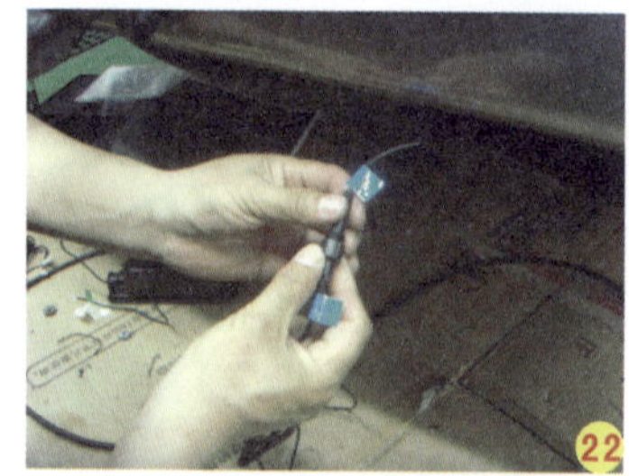

探头连线

将 C 探头连线与对应标记连线相连接，并拧紧。

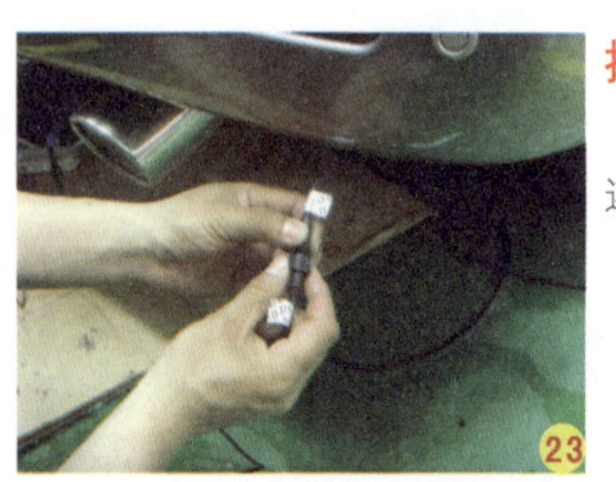

探头连线

将 D 探头连线与对应标记连线相连接，并拧紧。

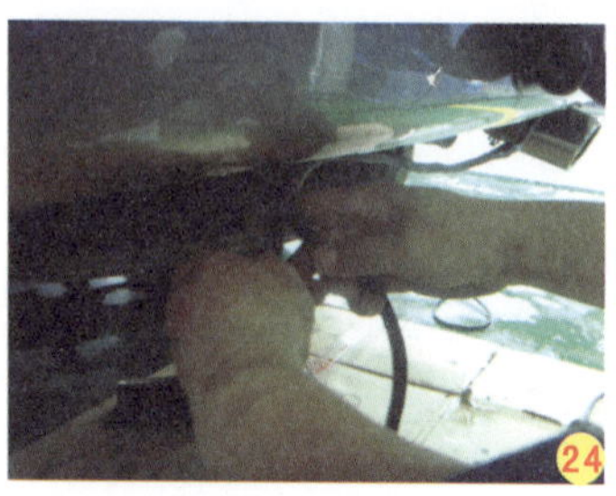

探头连线保护

分别将探头连线穿入浪管中，并缠绕绝缘胶布，以保护探头连线。

探头布线

由于探头连线要穿进车内，所以先拆卸车内布线位置的部件。

由于连线要从座椅后侧穿入车内，所以先拆卸左后排座椅。

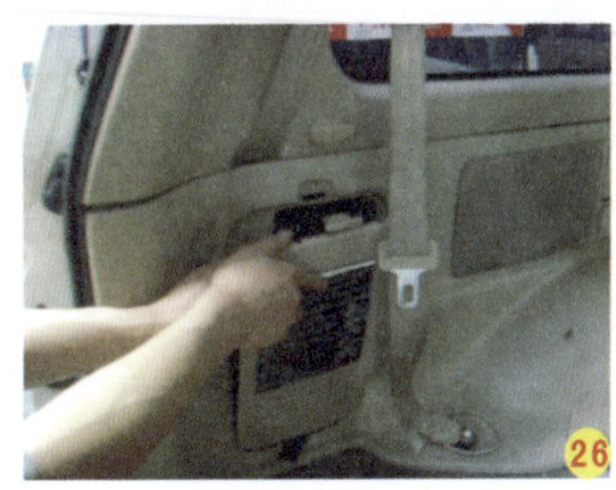

探头布线

拆卸左后侧储物盒盖。

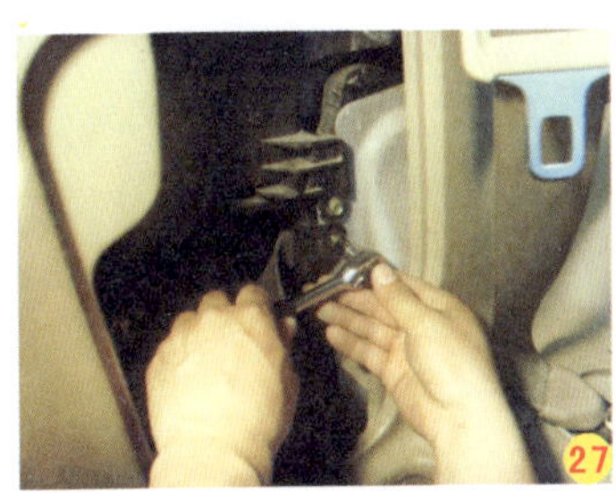

探头布线

拆卸储物盒内物品。

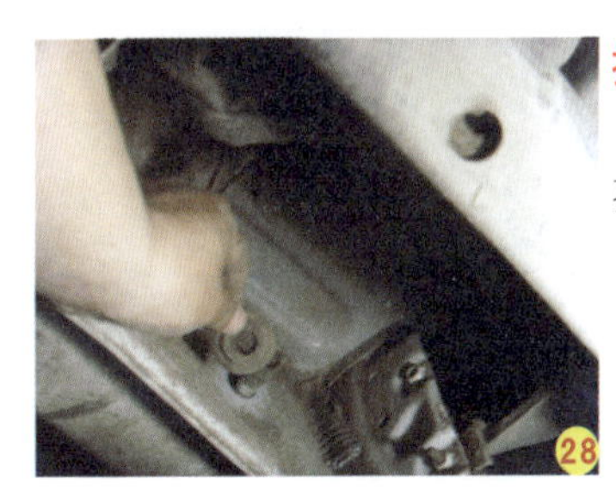

探头布线

在左后车底部将原车进线孔的胶皮拆掉。

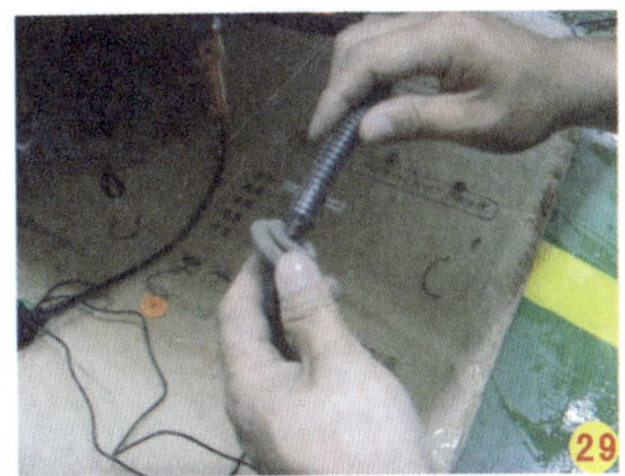

探头布线

将带有探头连线的波管穿过胶皮。

探头布线

再将连线穿过原车进线孔，并将胶皮安装在原来位置。

探头布线

从车内左后储物盒内将探头连线穿出，以备连接主机。

雷达主机倒车连线

倒车雷达的工作原理是车辆挂倒档后，通过倒车灯电源给雷达主机供电，主机工作给探头信号，从而探测物体。

所以先将后灯罩拆开查找连线，很多车辆的倒车灯线在车内也可查找。

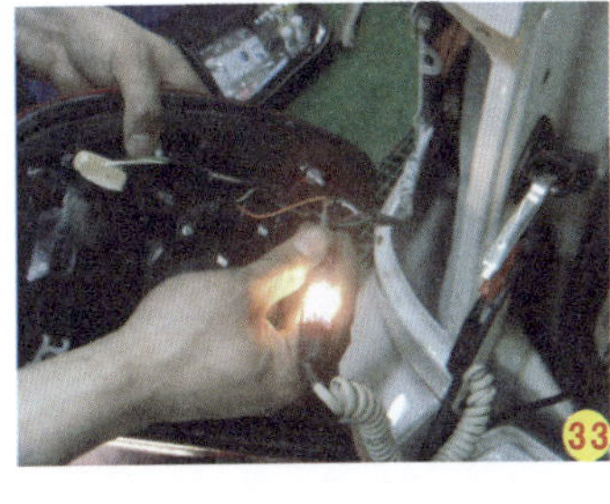

雷达主机倒车连线

将车辆钥匙门打开，车辆挂上倒档，使用试电笔在倒车灯内查找正负电源。

雷达主机倒车连线

将连接主机的电源正极与倒车灯正极并联连接，并缠绕绝缘胶布。

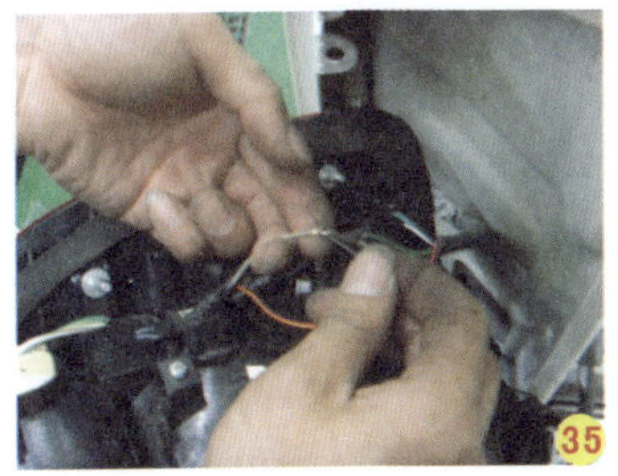

雷达主机倒车连线

将连接主机的电源负极与倒车灯负极并联连接，并缠绕绝缘胶布。

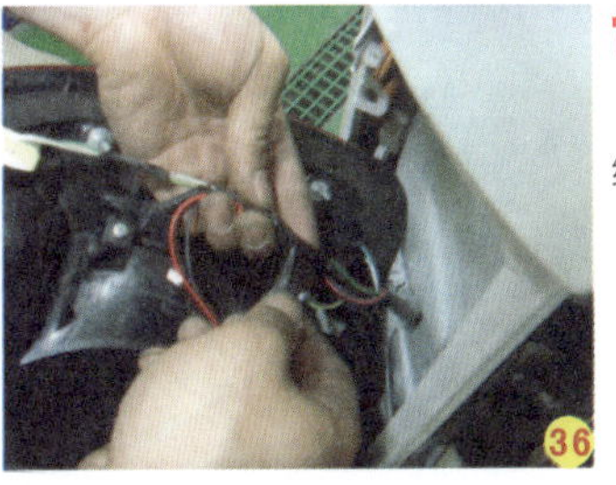

雷达主机倒车连线

再使用绝缘胶布将接线捆绑好。

雷达主机倒车连线

将主机电源线从尾灯内穿入车内储物盒，以备连接主机。

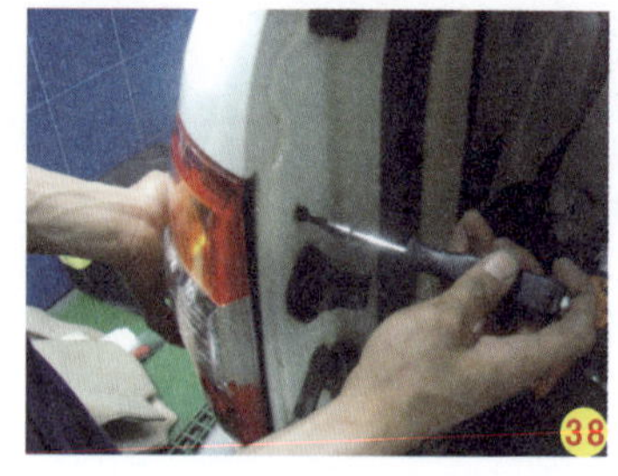

雷达主机倒车连线

将尾灯罩安装归位。

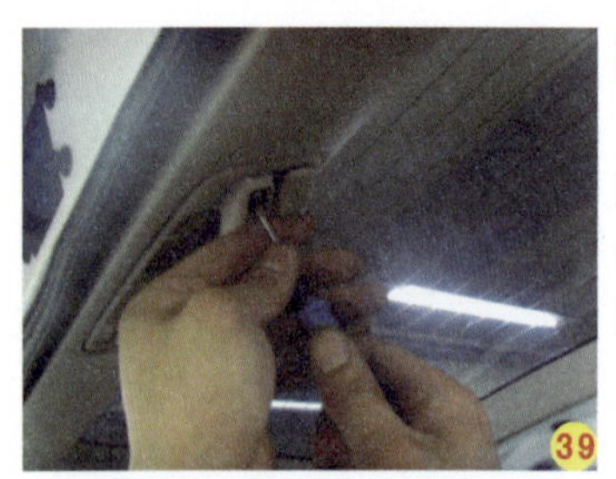

摄像头布线

摄像头安装在车外，需将连线穿入车内，并穿至左后储物盒中，所以要拆卸车门压板。

先将车门拉手拆掉。

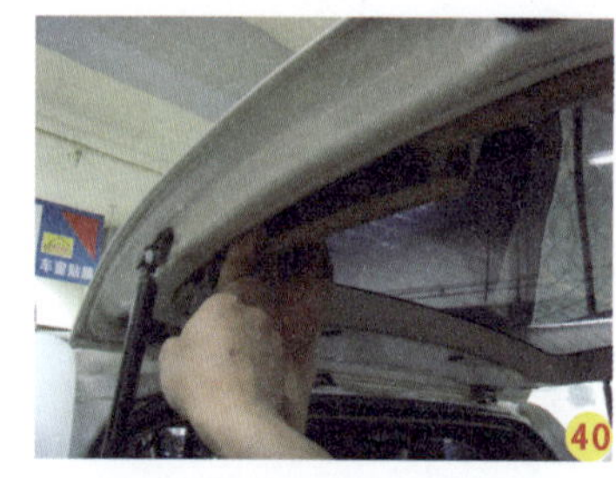

摄像头布线

使用专 H 用拆卸工具，小心地拆卸压板卡扣。

摄像头布线

将压板小心地拆卸。

摄像头布线

由于后门锁挡板阻碍穿线，所以先拆卸后门锁挡板。

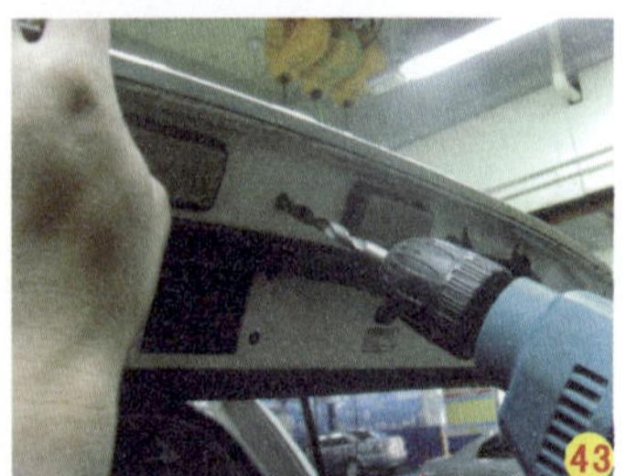

摄像头布线

按照车主要求将摄像头安装在后门牌照灯中间，所以先将车门边钻孔。

摄像头布线

将摄像头连线通过钻孔穿入车门内。

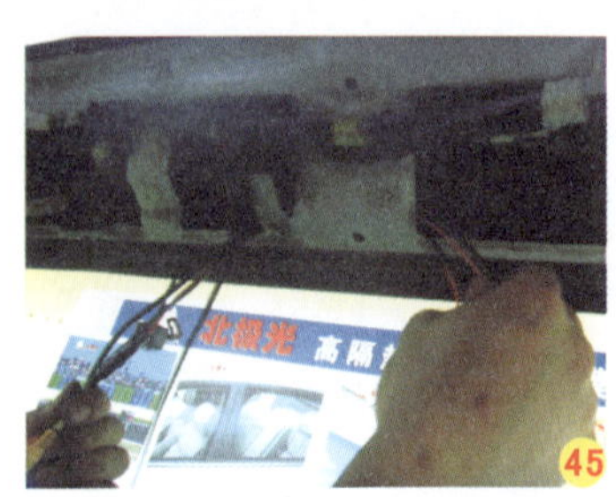

摄像头布线

从车门内将摄像头连线穿出，再穿过门里铁板。

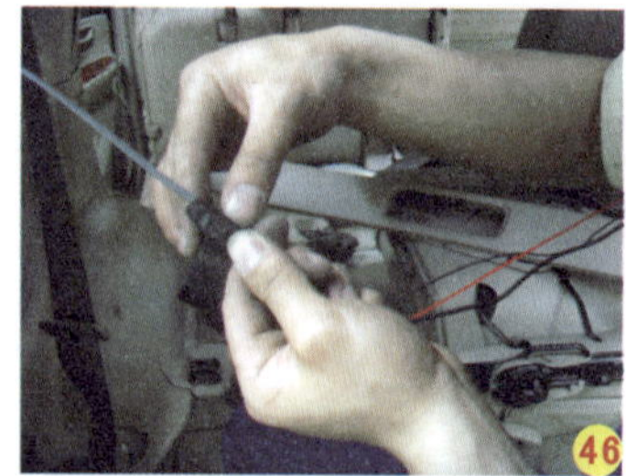

摄像头布线

使用地板革塑料焊条，将摄像头连线头及焊条头使用绝缘胶布缠绕在一起。

由于地板革焊条较硬，便于穿线。

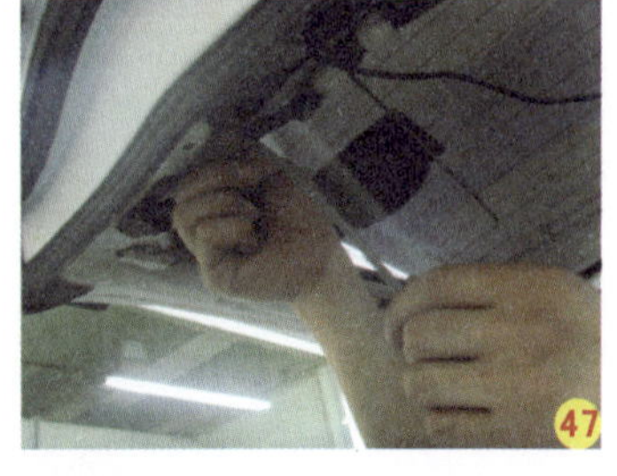

摄像头布线

将地板革焊条按原车线束位置穿入门板内空隙中。

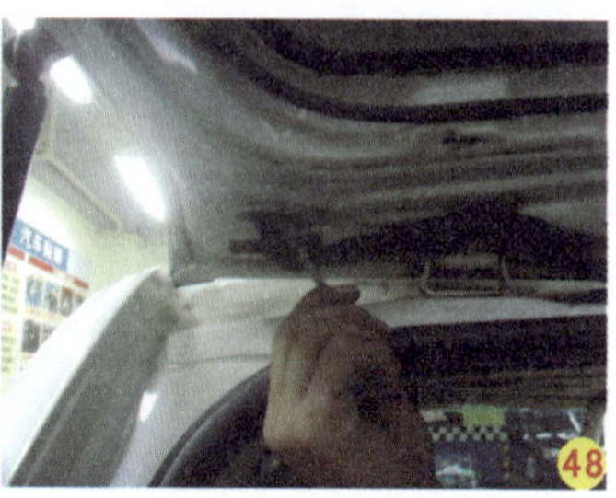

摄像头布线

将原车线束门板穿孔处的胶皮拆开，将焊条穿出。

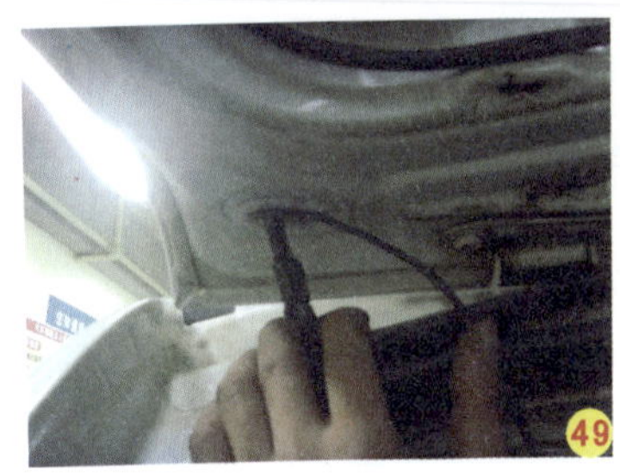

摄像头布线

拽动焊条直至将摄像头连线穿出。

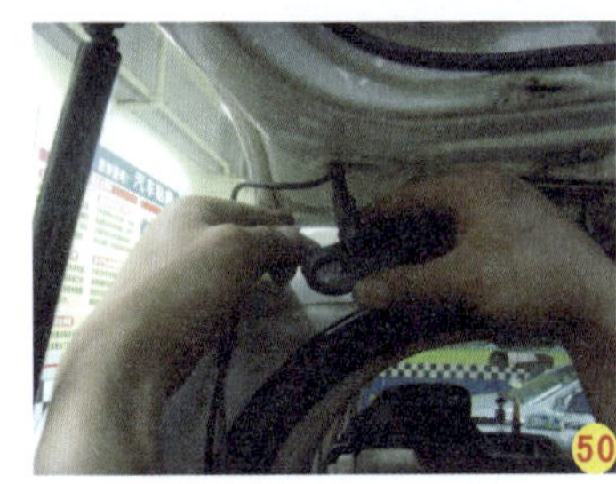

摄像头布线

再将焊条穿入原车线束保护管中。

摄像头布线

从原车线束保护管的另一端将焊条穿出。

摄像头布线

由于要将摄像头连线穿入车内，所以先将车内门边压板拆卸。

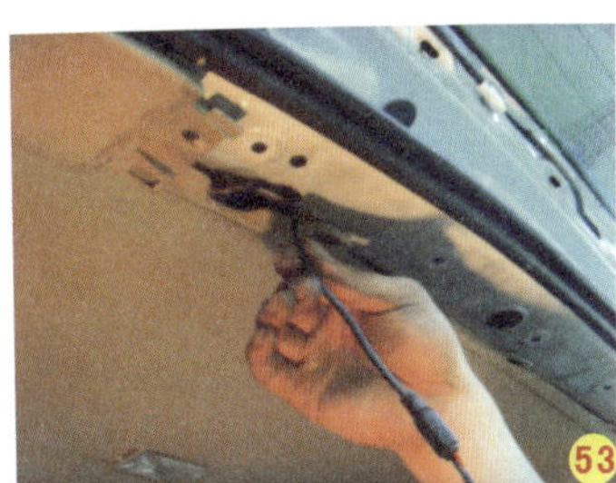

摄像头布线

将摄像头连线再从原车线束穿孔中穿入车内。

摄像头布线

将摄像头连线顺门边压板一直穿进左后储物盒中。

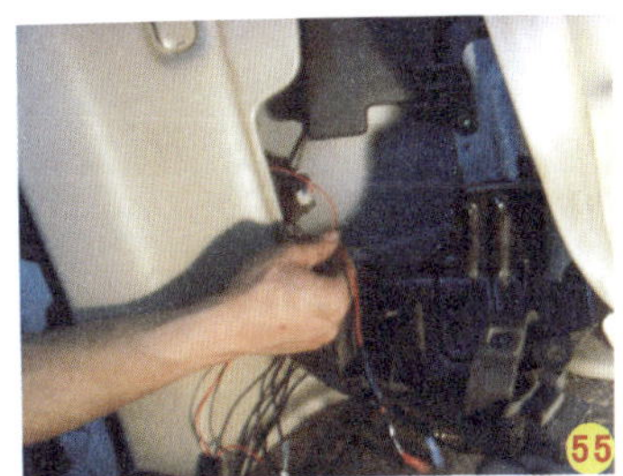

摄像头布线

再将摄像头连线穿出储物盒，以备连接主机。

安装显示器

按照车主要求将显示器安装在左前仪表板。

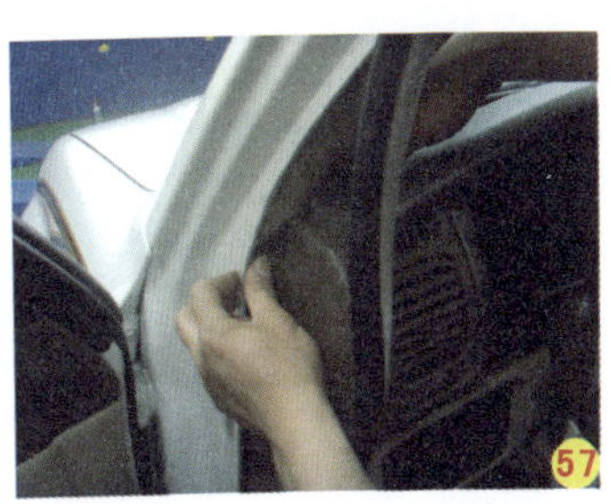

显示器布线

将门边胶条拆开，将显示器连线顺胶条里侧甩到仪表板下方。

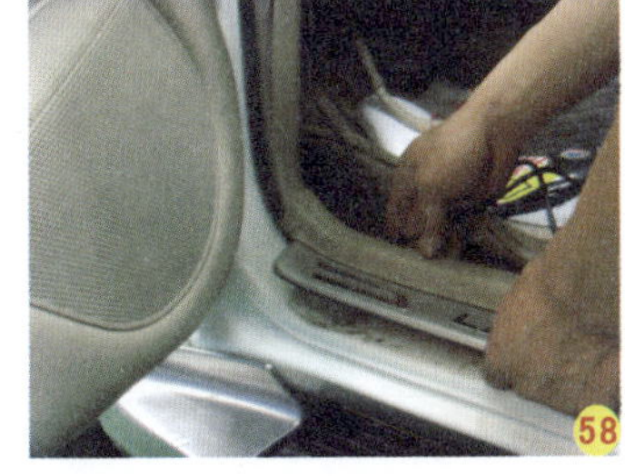

显示器布线

将门边踏板及门边里侧护板拆卸。

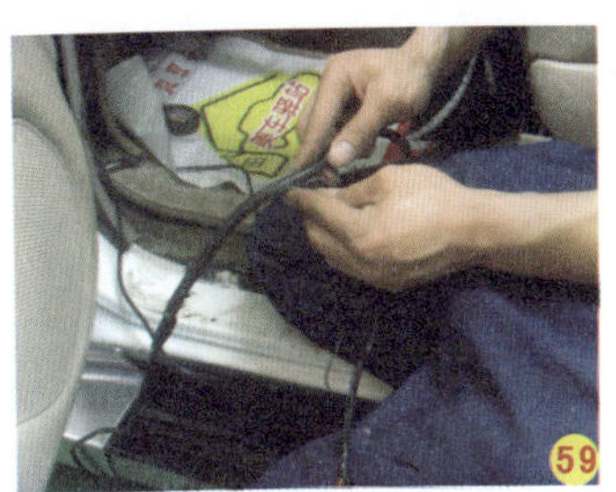

显示器布线

将显示器连线穿入浪管。

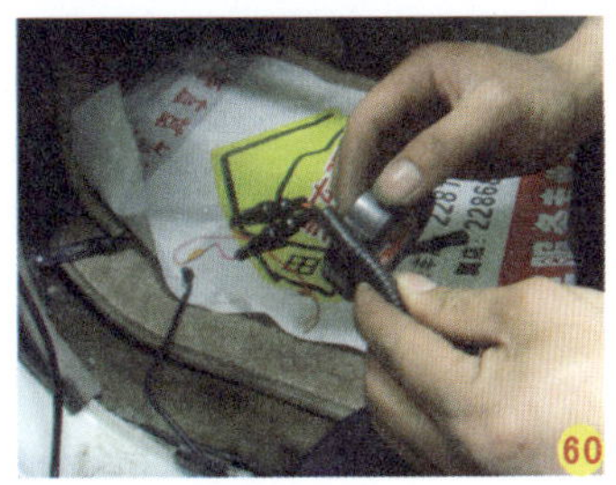

显示器布线

使用绝缘胶布缠绕。

显示器连线

使用试电笔在原车线束中查找蓄电池正极电源。

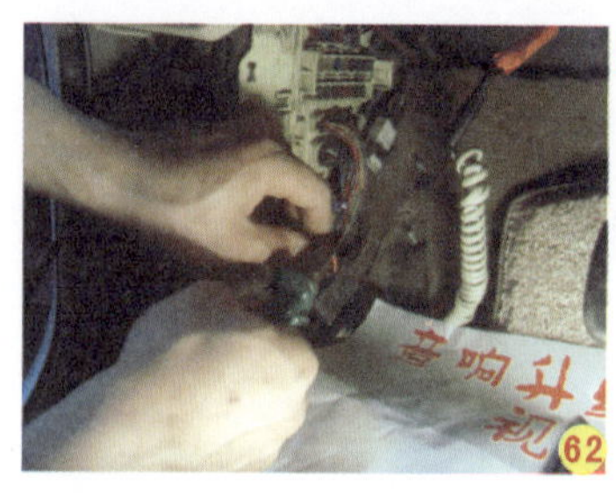

显示器连线

剥开正极电源线皮。

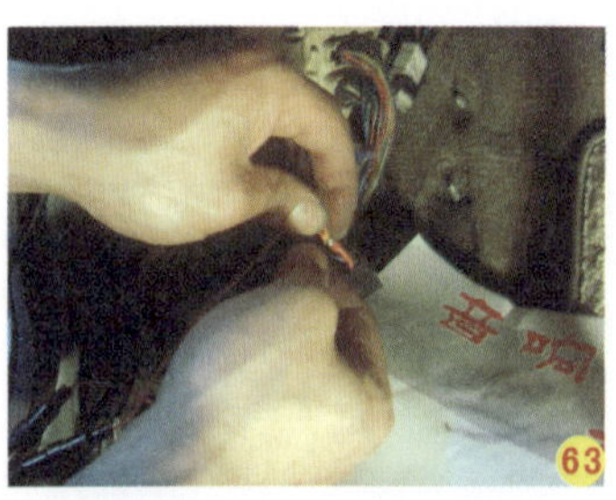

显示器连线

将显示器正极导线（橙色线）与原车正极连接，并使用绝缘胶布缠绕。

连接蓄电池正极常电是为了供显示器时钟用电。

显示器连线

将车钥匙开至 ON 档，开至 ACC 档也可。

显示器连线

使用试电笔在原车线束中查找 ON 正极连线。

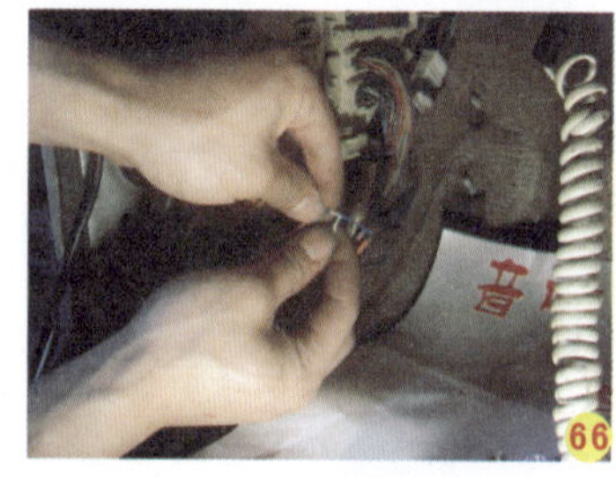

显示器连线

将显示器另一条正极导线（粉色线）与原车 ON 线连接，并使用绝缘胶布缠绕。

连接 ON 线是为了供显示器其他功能用电，并由钥匙门控制。

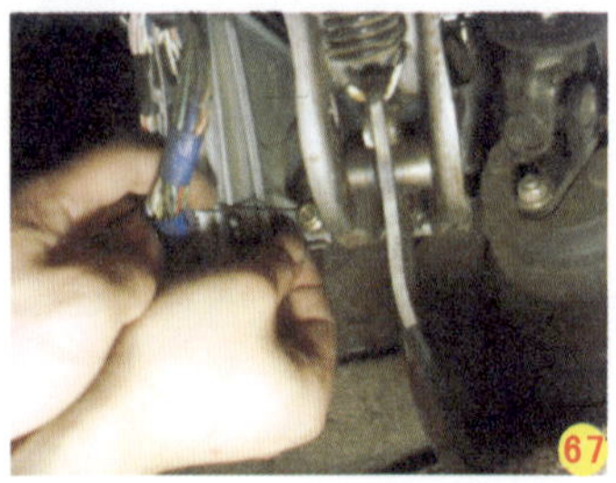

显示器连线

将显示器负极（黑色线）与车辆搭铁连接。

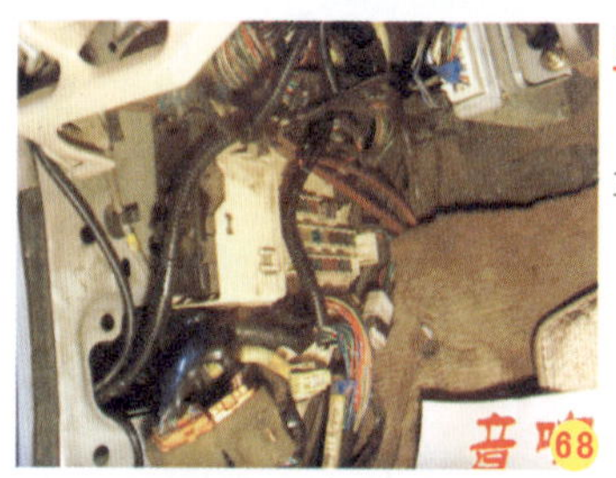

显示器连线

将线束整理好并固定在原车线束上。

显示器连线

将显示器主机的导线与显示器导线连接。

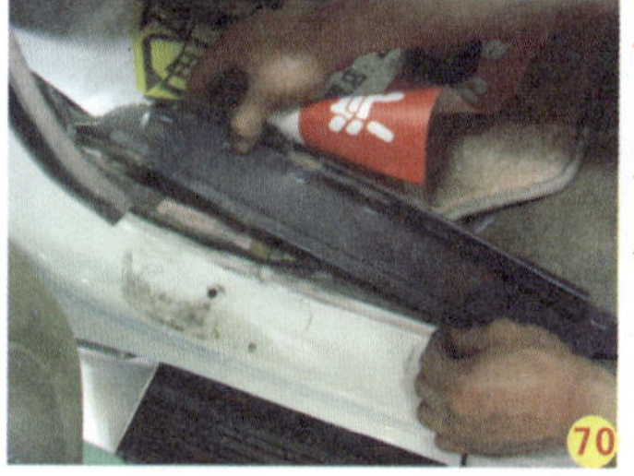

显示器布线

将门边地毯压板拆卸，并将导线从前往后压到地毯底下。

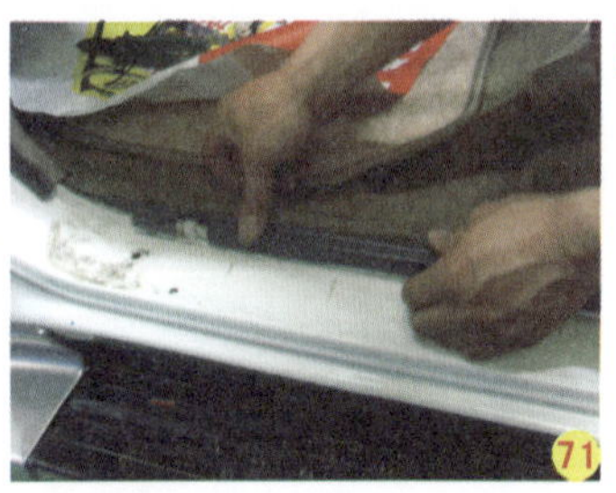

显示器布线

将地毯压板归位。

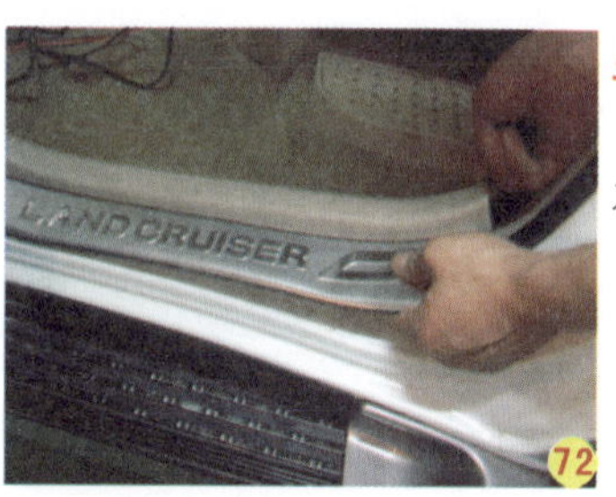

显示器布线

将连线穿到左后门，并将左后门踏板拆开。

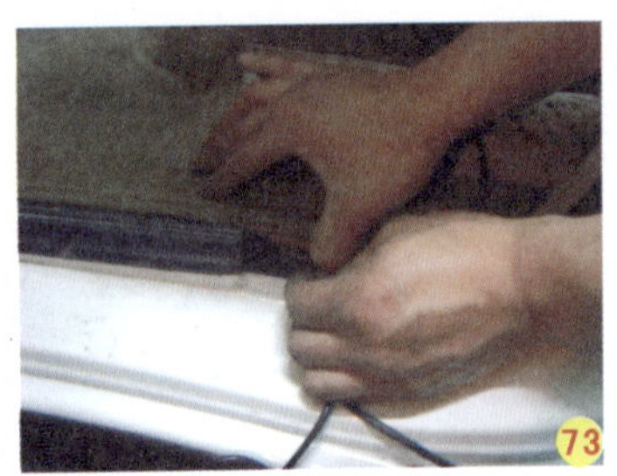

显示器布线

将导线压到地毯底下。

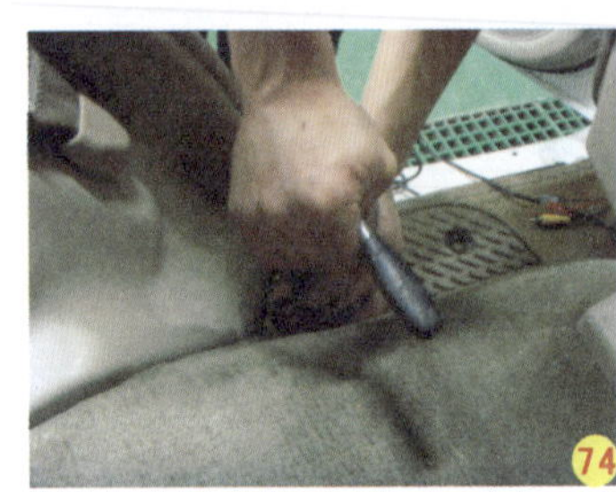

显示器布线

将左后门边里侧踏板拆开。

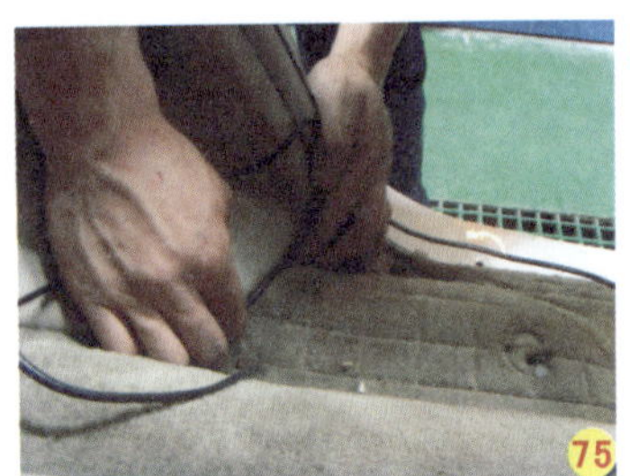

显示器布线

将导线压到车内轮槽护板底下。

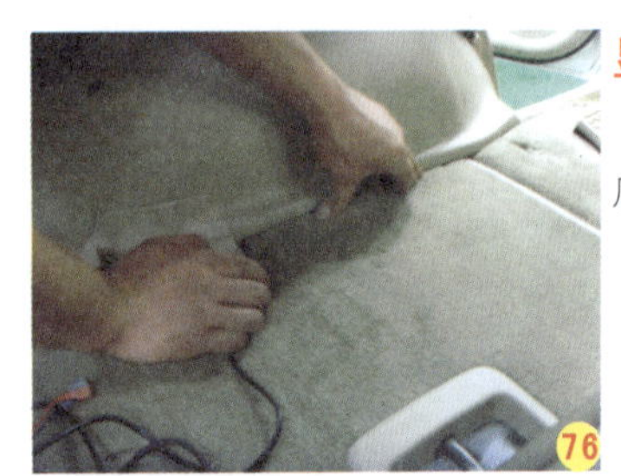

显示器布线

将导线压到车内轮槽护板底下。

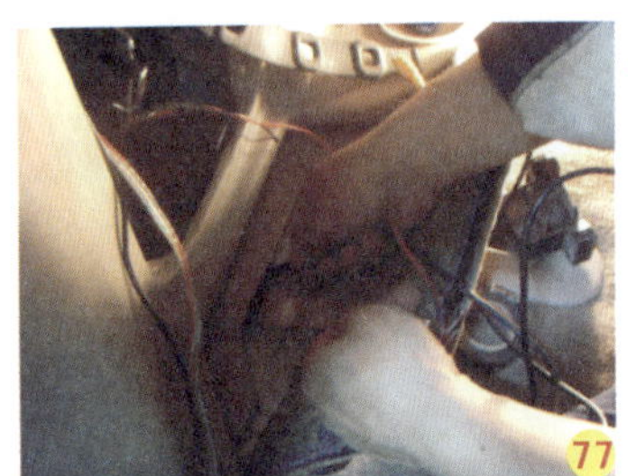

显示器布线

将左后储物盒外侧地毯扒开，使用起扣工具将左后储物盒底边撬开，将显示器连线穿入。

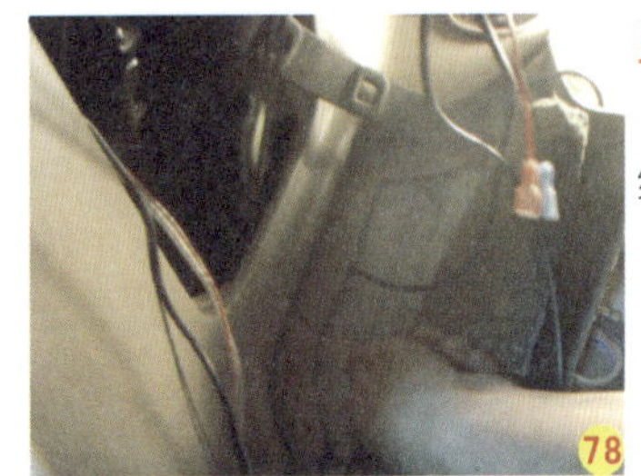

显示器布线

在储物盒内再将显示器导线拽出。

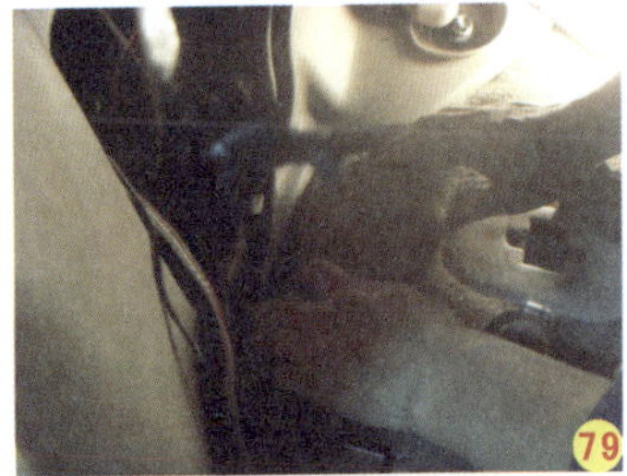

显示器布线

将地毯恢复。

主机插线

将之前布线的探头插线按A、B、C、D顺序，分别插在对应的主机插头上。

主机插线

将摄像头连线插头端与主机对应位置插上。

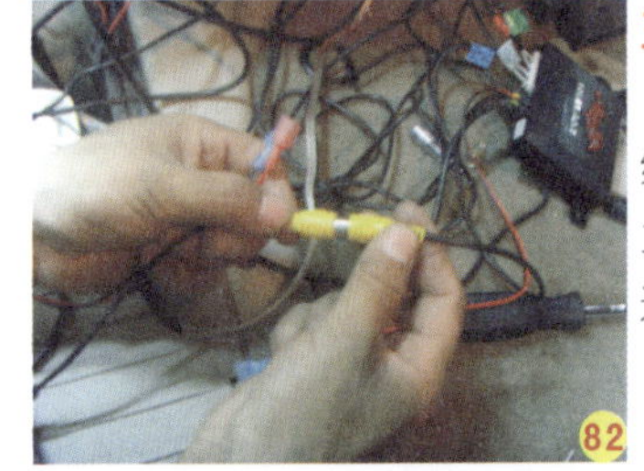

主机插线

再将之前布线的摄像头连线中的视频线，与刚刚插在主机上的插线中的视频线连接。

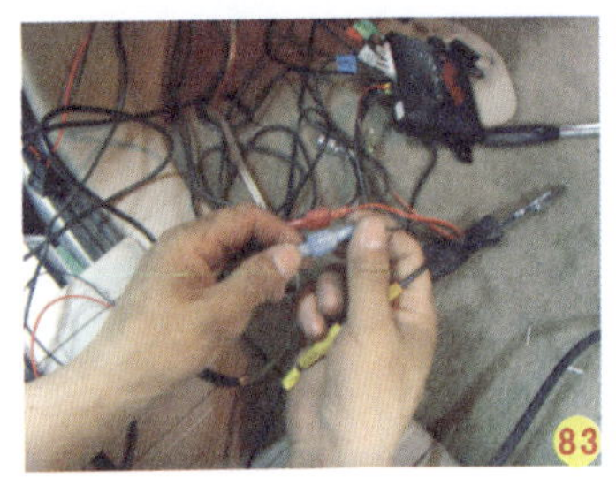

主机插线

再将之前布线的摄像头连线中的两根电源线，与刚刚插在主机上的两根电源线分别连接。

主机插线

将与倒车灯连接的电源线插头与主机连接好。

检验调试

将钥匙门打开，挂上倒车档。

检验调试

首先检验显示器工作是否正常，再通过显示器画面检验雷达及摄像头工作是否正常。

整理线束

一切功能正常后，先将所有连接插头缠绕上绝缘胶布。

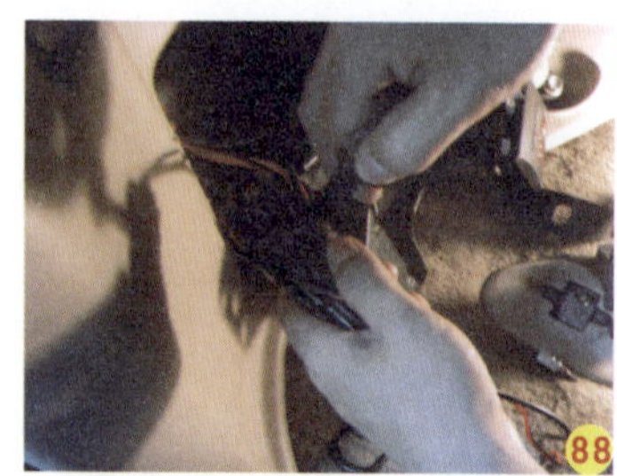

整理线束

再将所有线束捆绑整理好。

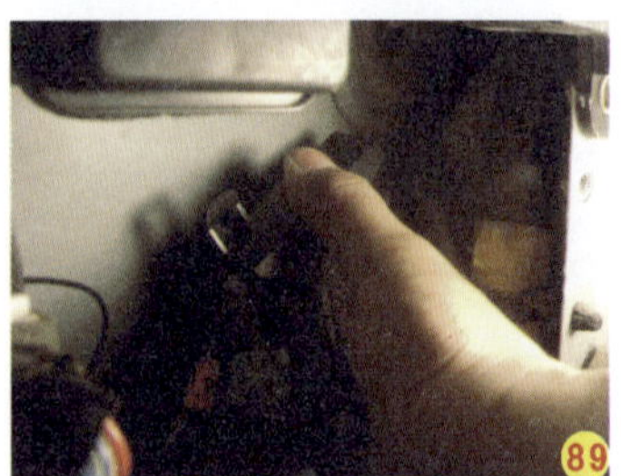

固定主机

将主机粘贴固定在左后储物盒内。

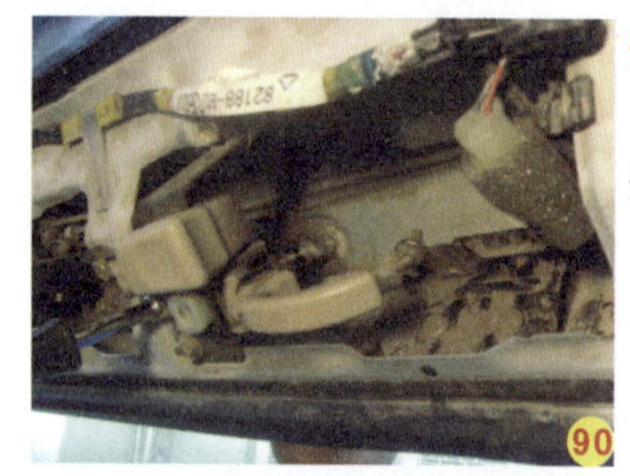

安装后门锁挡板

将之前拆卸的后门锁挡板安装归位。

固定线束

将车门内侧线束捆绑固定。

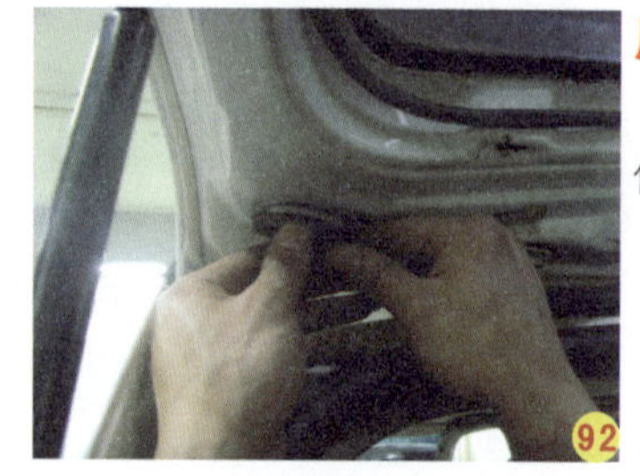

原车恢复

将原车线束穿孔胶皮恢复位置。

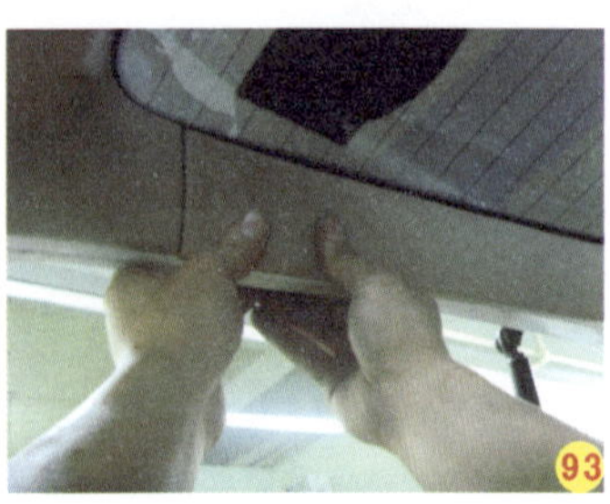

原车恢复

将原车后门压板安装好。

原车恢复

将后门拉手安装好。

原车恢复

将后门边压板安装好。

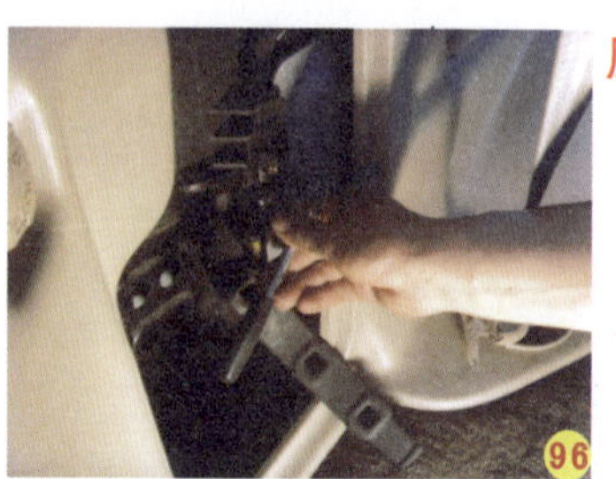

原车恢复

将左后储物盒内物品归位。

原车恢复

将储物盒盖安上。

原车恢复

将后排座椅安上。

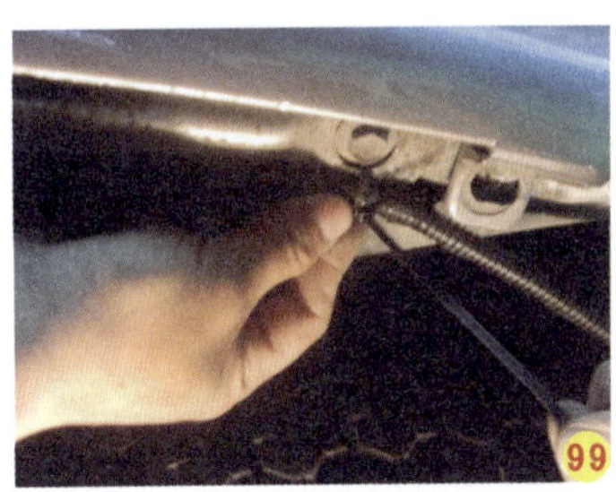

固定线束

将保险杠底侧雷达导线浪管捆绑固定。

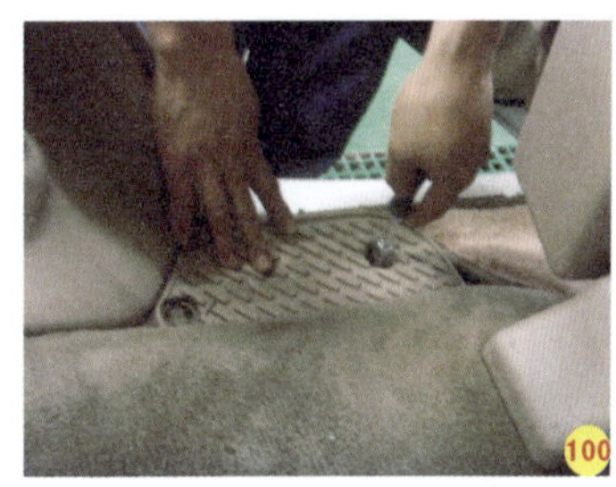

原车恢复

将左后门里侧踏板归位。

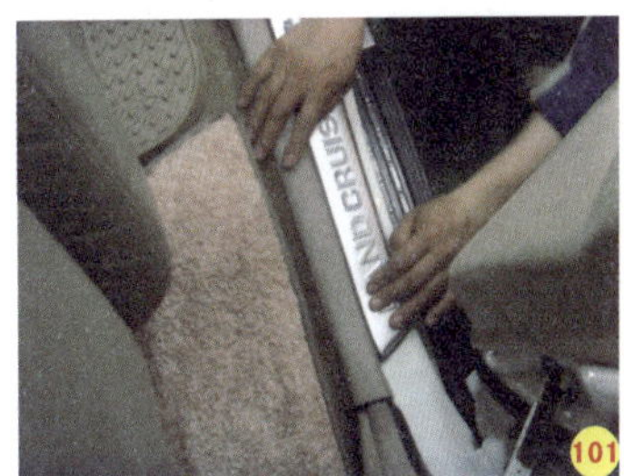

原车恢复

将左后门踏板归位。

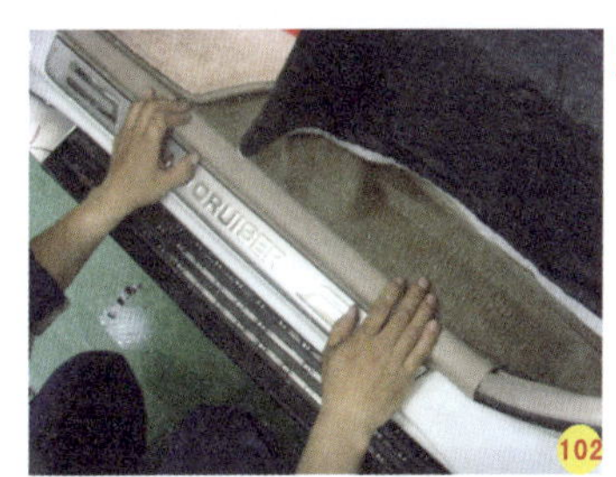

原车恢复

将左前门踏板归位。

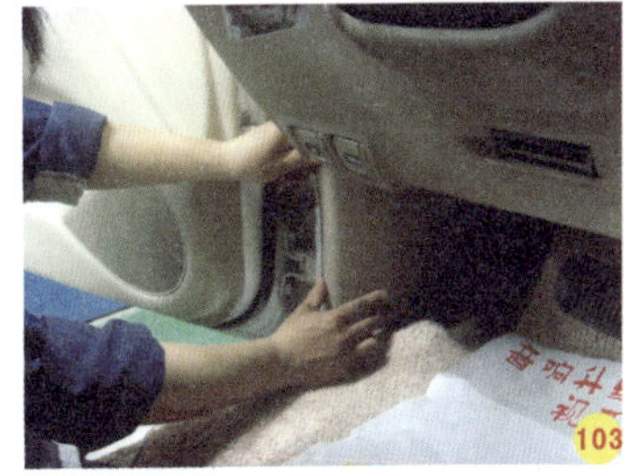

原车恢复

将左前门边护板归位。

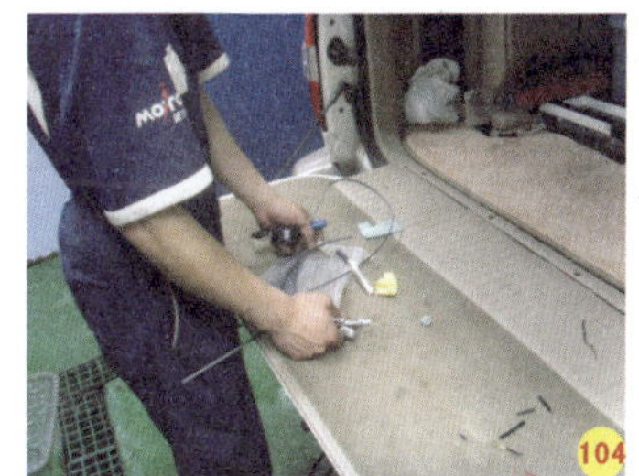

工具整理

将遗留在车内的安装工具及其他杂物清理好。

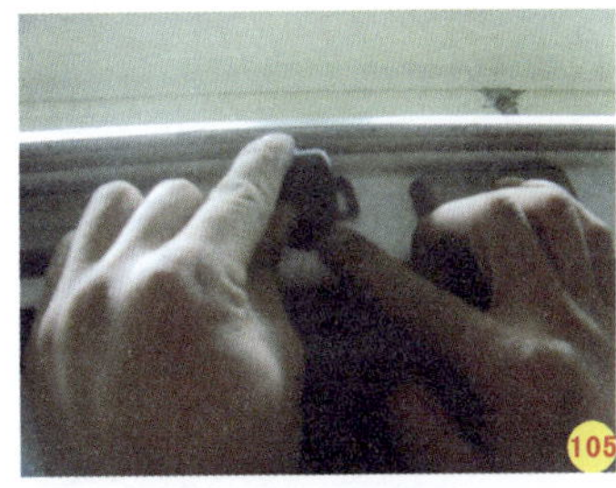

固定摄像头

使用密封胶将摄像头穿线孔密封好。

固定摄像头

将摄像头固定点钻孔。

固定摄像头

调整摄像头最佳摄像角度。

丰田 4700 在此位置安装摄像头时，需要加垫片，才能获得最佳角度。

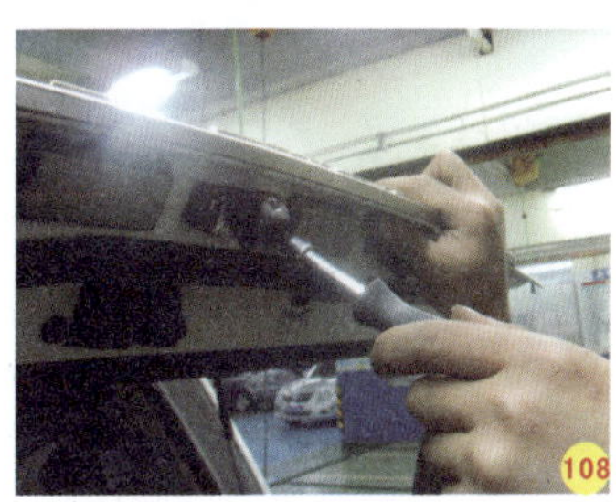

固定摄像头

安装螺钉，固定摄像头。

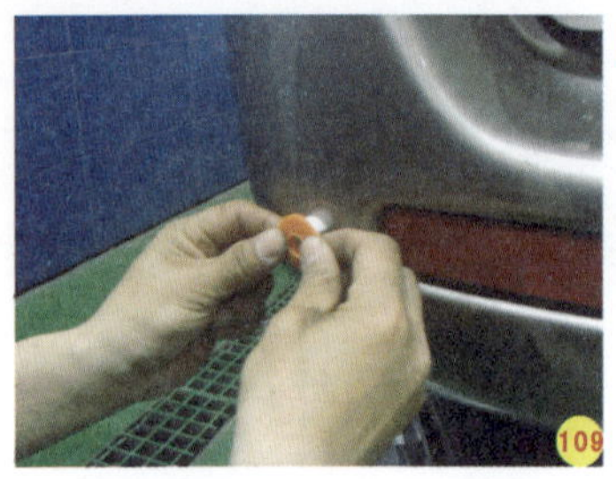

固定探头

使用探头推片对准探头中心，分别将探头推进钻孔，并紧贴漆面。

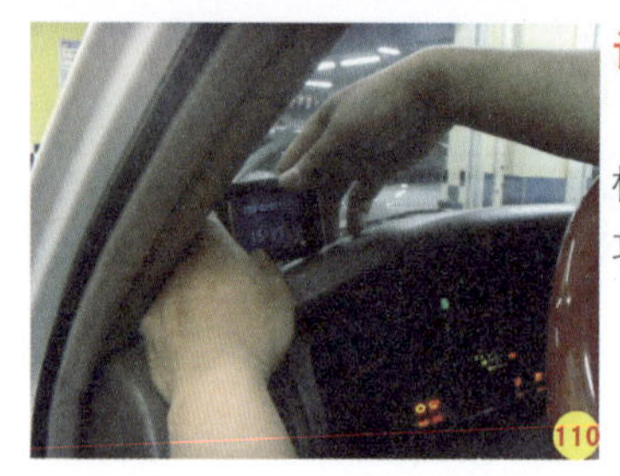

设置显示器

将钥匙门打开，挂上倒车档，调整设置显示器各项功能。

最后检验

再次确认倒车雷达及摄像头工作正常。

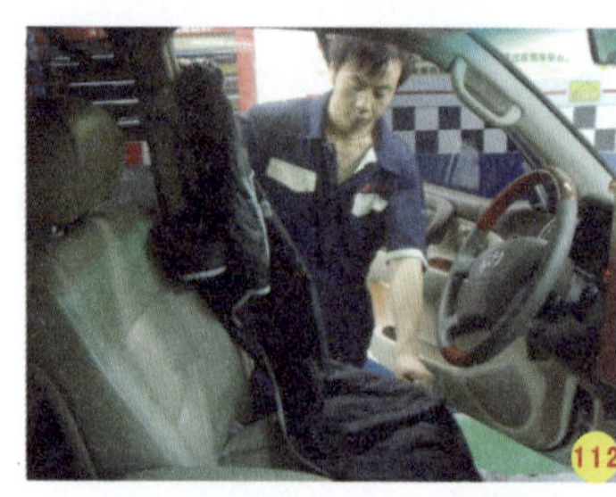

撤掉防护

将车内座椅防护撤掉，并将车辆清洁。

安装效果

倒车雷达及摄像头安装结束。

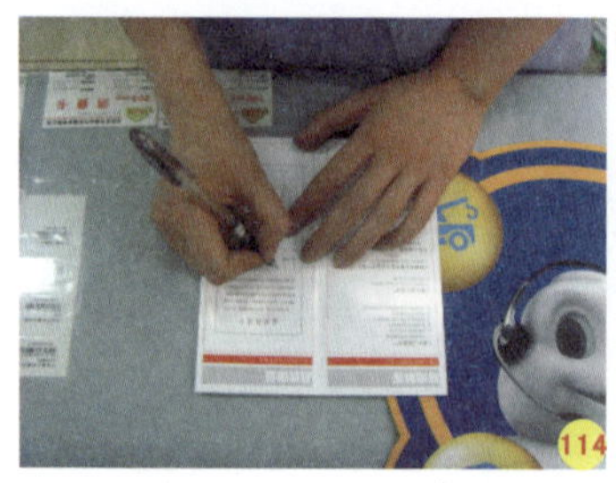

填写质保卡

正确填写质保卡并交给车主。

（四）安装氙气灯

施工前检查工作

首先按客户要求填写施工单，检查车身状况，及时提示车主，并将异常情况在施工单上标注，提示客户随身携带贵重物品，最后请客户在施工单上签字确认，以免事后发生纠纷。

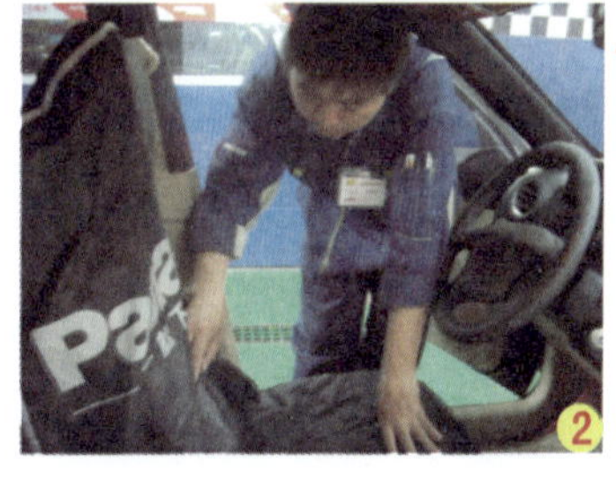

座椅防护

使用防尘罩防护座椅。

车辆检查

将钥匙门打开，检查仪表各项指示灯及其他部件工作是否正常。

车身防护

在发动机舱两边使用防尘罩进行保护。

拆卸保险杠

由于安装氙气灯时灯芯不能直接插在原车车灯上，需要改装处理，所以要将原车灯拆卸，而拆卸原车灯，首先要拆卸保险杠。

首先松动卡扣螺栓，拆卸护板。

拆卸保险杠

再拆卸保险杠上的所有六角螺栓。

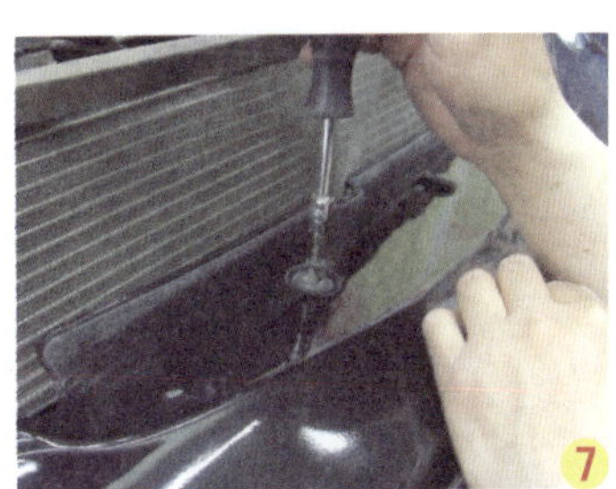

拆卸保险杠

然后拆卸保险杠上的所有卡扣螺栓。

拆卸保险杠

将所有螺栓拆除后，小心地将保险杠从车上拆卸下来。

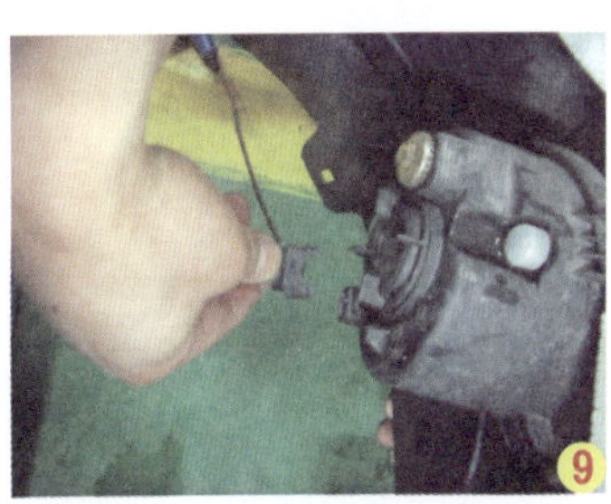
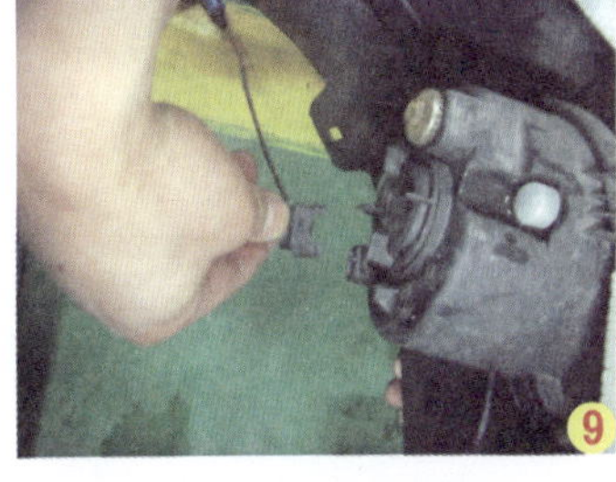

拆卸保险杠

将连接保险杠雾灯的插头拔掉。

拆卸车灯

将车灯所有螺栓拆除。

拆卸车灯

将车灯小心地从车上拆下，并拔掉原车灯电源插头。

拆卸车灯

将另一侧车灯拆下。

更换氙气灯

拆除原车灯密封罩。

更换氙气灯

取出原车灯芯。

更换氙气灯

由于氙气灯灯芯稍粗，无法插入原车灯座，所以使用铁锉处理，注意向外锉动，以免铁沫进入灯罩内，影响使用。

更换氙气灯

处理过后，将氙气灯灯芯插入原车灯座。

更换氙气灯

将原车灯芯卡簧锁紧。

本车只安装近光灯，所以重复上述步骤，更换另一个灯芯。

密封罩钻孔

按照氙气灯自带的密封胶垫尺寸，在原车车灯密封罩中心钻孔。

氙气灯布线

将氙气灯自带线束取出，并将主控线束放在左前灯处。

氙气灯布线

将氙气灯线束及继电器捆绑在合适位置。

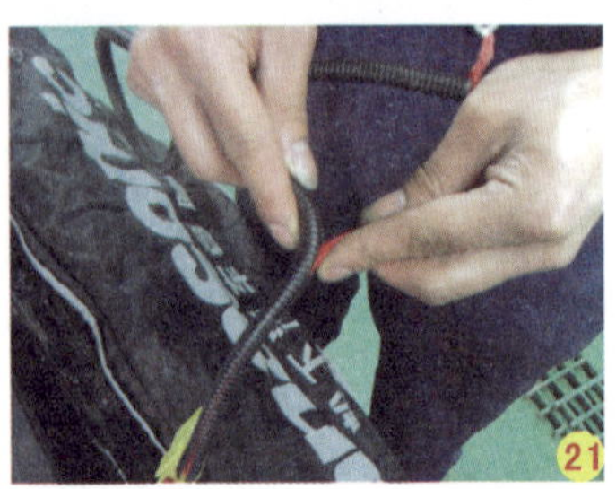

氙气灯布线

将氙气灯电源线用浪管包裹保护。

氙气灯布线

红色正极电源接在蓄电池正极。

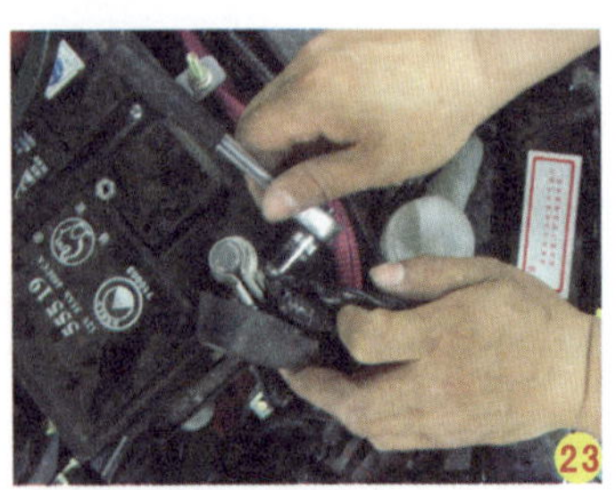

氙气灯布线

黑色负极电源接在蓄电池负极。

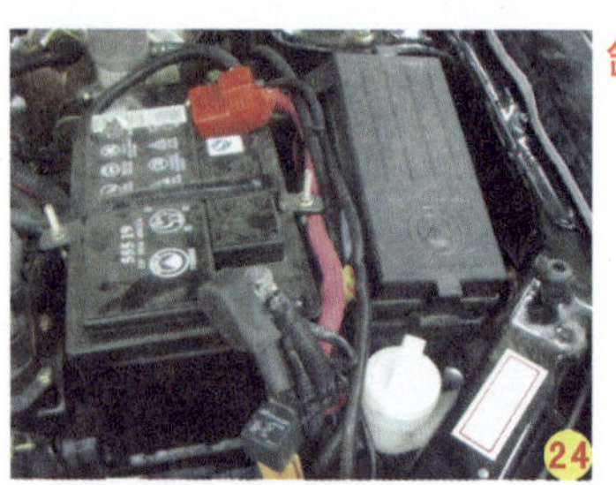

氙气灯布线

将线束捆绑固定。

氙气灯布线

将氙气灯线束另一端沿保险杠里侧，甩到右前车灯位置。

氙气灯布线

将线束固定。

安装左前氙气灯

将氙气灯主控线束中输入继电器的两条电源控制线，穿过加工好的原车车灯密封罩，注意方向正确。

安装左前氙气灯

再将两条控制线穿过氙气灯密封胶垫。

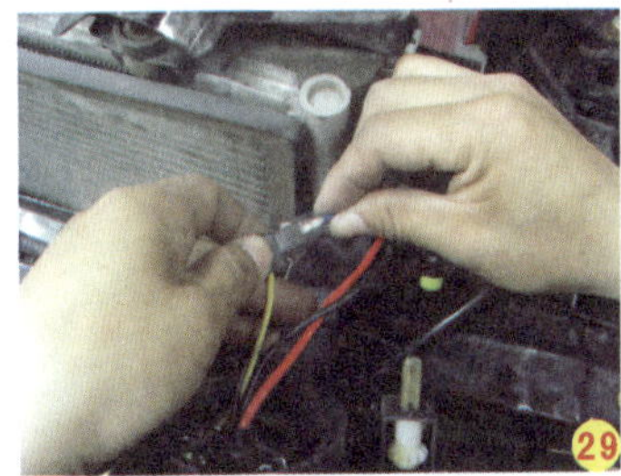

安装左前氙气灯

将原车灯线的正极与输入继电器的正极连接。

安装左前氙气灯

将原车灯线的负极与输入继电器的负极连接。

原车灯开关通过控制线输入继电器电流，使继电器工作。

安装左前氙气灯

将输入氙气灯芯的两条高压线，穿过加工好的原车密封罩。

安装左前氙气灯

将氙气灯自带的密封胶垫穿在中心孔密封。

安装左前氙气灯

将原车密封罩扣紧。

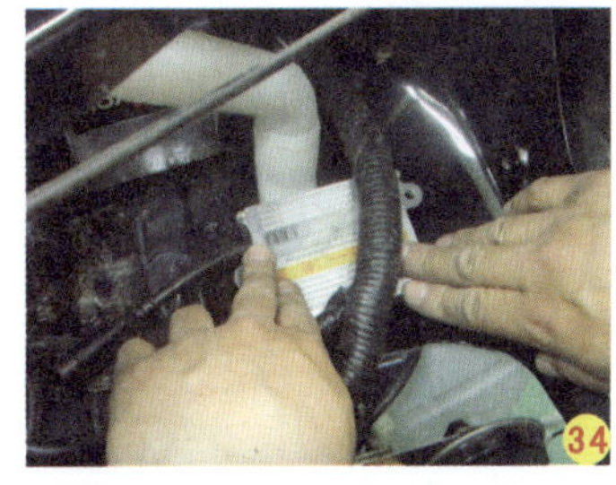

安装左前氙气灯

将电源稳定器固定在合适位置。

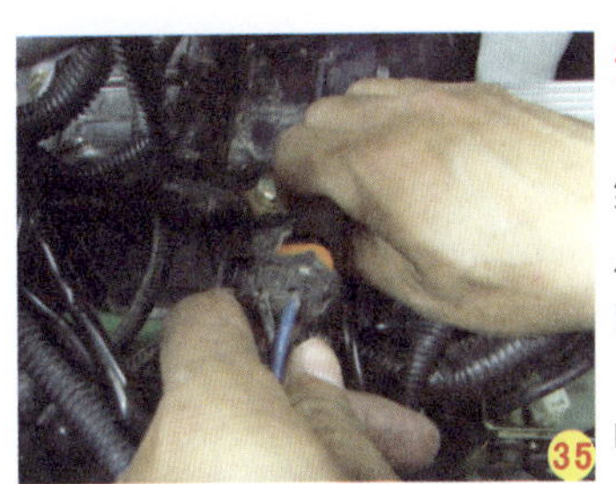

安装左前氙气灯

将继电器分出的正极控制线及与另一条负极控制线组成的插头，插在输入稳定器的控制线插头上。

继电器工作后，通过线圈吸合，又将电流供给稳定器。

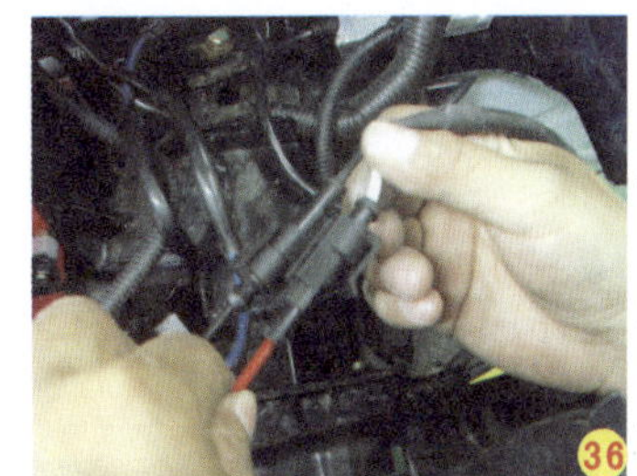

安装左前氙气灯

将稳定器输出的两条高压控制线，分别与输入氙气灯芯的两条高压线连接，并注意正负极。

稳定器供电后，瞬间产生高压电，并通过控制线将电流供给灯芯，灯芯发光。

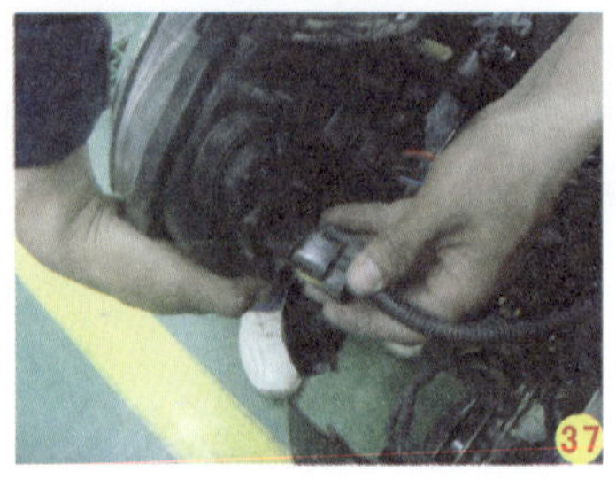

安装左前氙气灯

将原车车灯控制线插回车灯。

左前车灯更换氙气灯结束。

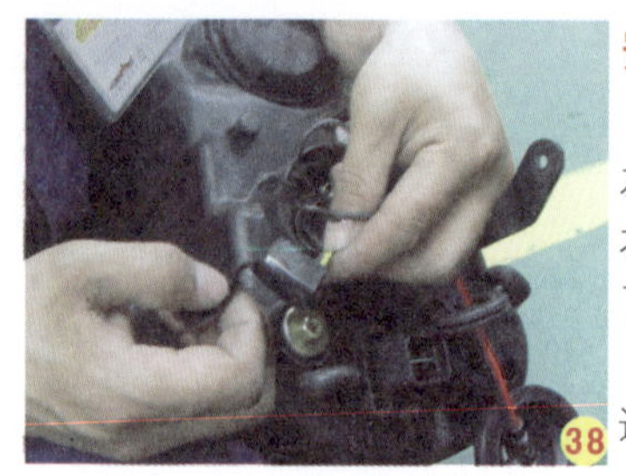

安装右前氙气灯

右前车灯的电源通过连接左前车灯的线束控制，所以右前车灯原车控制线不需要了，使用绝缘胶布缠绕包裹。

将包裹好的原车控制线放进灯罩内。

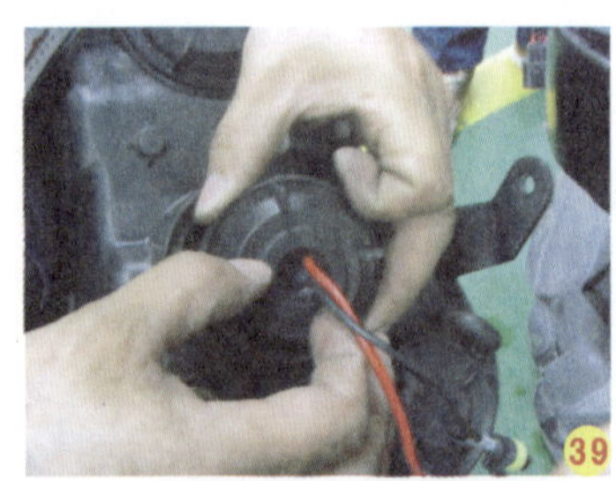

安装右前氙气灯

将输入灯芯的高压线穿过原车密封罩，并做好密封处理。

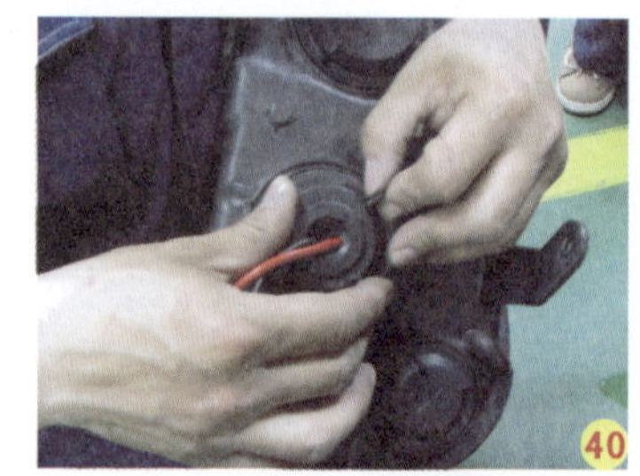

安装右前氙气灯

将密封罩拧紧。

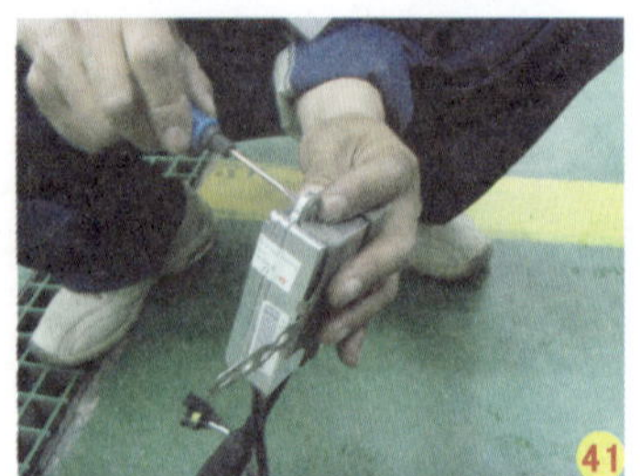

安装右前氙气灯

由于右侧固定稳定器的位置狭小，所以需要使用氙气灯自带的支架。

将支架固定在稳定器上。

安装右前氙气灯

再将支架固定在合适位置。

安装右前氙气灯

将继电器分出的正极控制线及与另一条负极控制线组成的插头，插在输入稳定器的控制线插头上。

安装右前氙气灯

将稳定器输出的两条高压控制线，分别与输入氙气灯芯的两条高压线连接，并注意正负极。

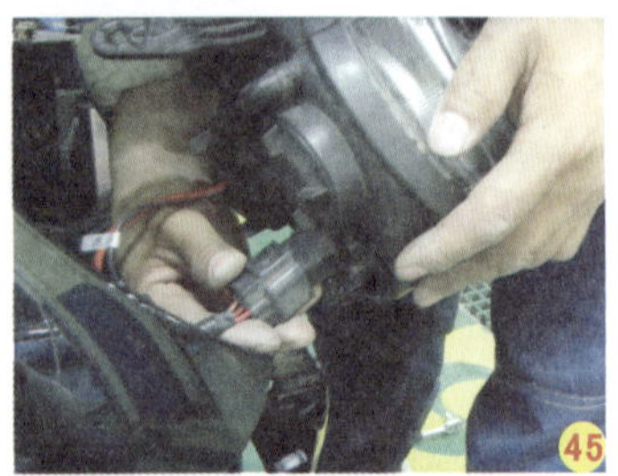

安装右前氙气灯

将原车车灯控制线插回车灯。

右前车灯更换氙气灯线束。

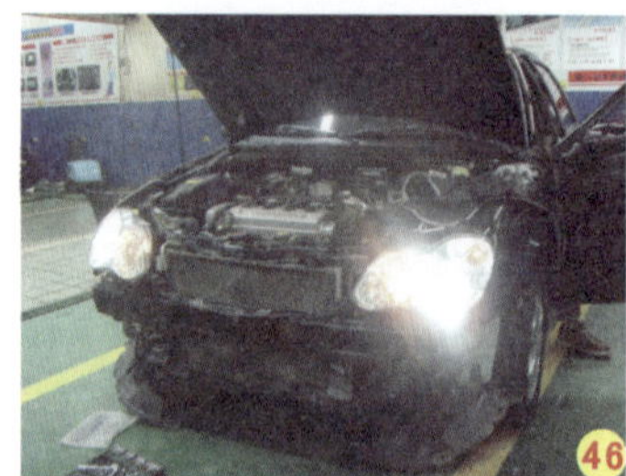

车灯调试

将安装好的车灯放回原位，打开车灯开关，检验两侧灯光工作是否正常。

固定车灯

固定左前车灯。

固定车灯

固定右前车灯。

安装保险杠

将保险杠雾灯插头插上。

安装保险杠

将保险杠安装回车身。

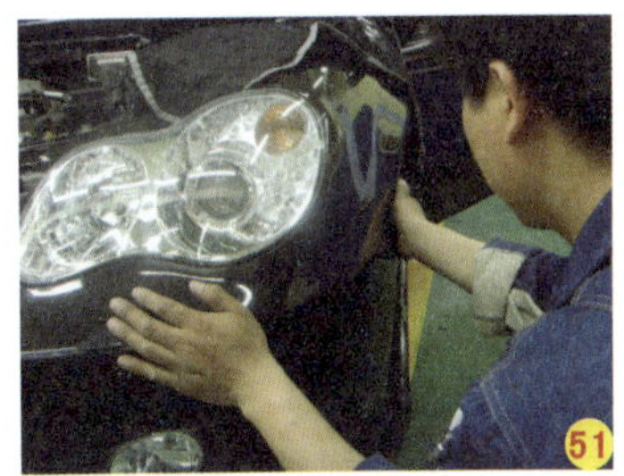

安装保险杠

注意边角缝隙对齐。

安装保险杠

拧紧所有六角螺栓。

安装保险杠

拧紧所有卡扣螺栓。

安装保险杠

拧紧所有护板螺栓。

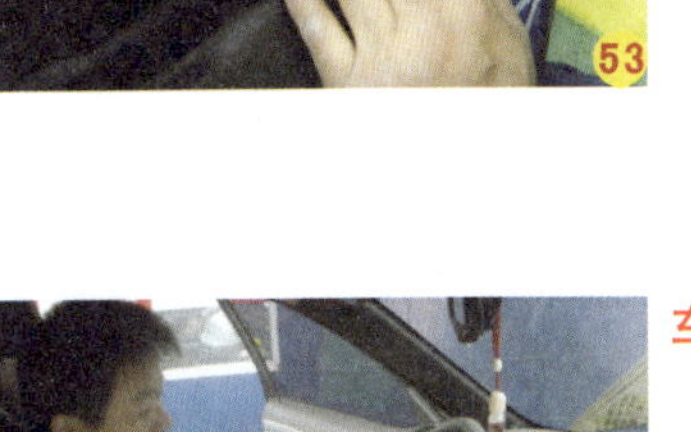

车辆检查

将钥匙门打开，检查仪表指示灯等各项部件是否正常。

并且再次打开车灯，检查灯光是否正常，注意灯光高度是否适中，并做及时调整。

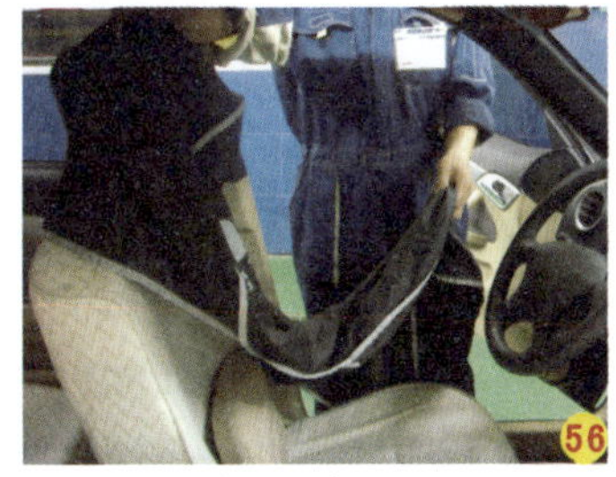

撤掉防护

将车内防护撤掉，并做好车辆清理。

氙气灯安装结束。

灯光效果

注意灯光高度。

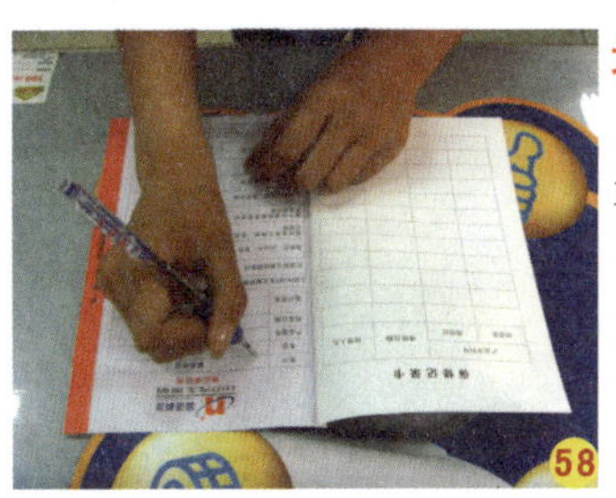

填写质保卡

认真填写质保卡，并交给车主。

（五）安装音响

施工前检查工作

首先按客户要求填写施工单，检查车身状况，及时提示车主，并将异常情况在施工单上标注，提示客户随身携带贵重物品，最后请客户在施工单上签字确认，以免事后发生纠纷。

座椅防护

将车内前排座椅进行防护。

汽车音响安装方案很多，以下施工过程为：更换主机、更换前门喇叭、安装低音炮。

车辆检查

施工前将钥匙门打开，检查仪表指示灯及其他部件工作是否正常。

拆卸主机

将音响主机面板螺钉拆掉。

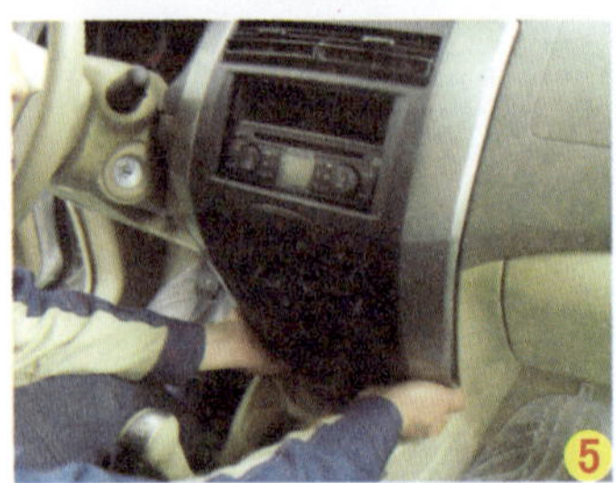

拆卸主机

试探性地将面板卡扣松动，将面板拆掉，注意避免损坏面板及卡扣。

拆卸主机

拔掉与面板连接的电源插头。

拆卸主机

拆卸原车主机固定支架螺钉。

拆卸主机

将原车主机拔出。

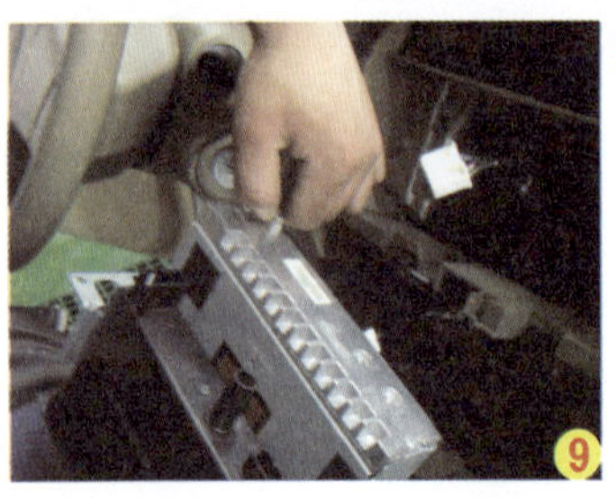

拆卸主机

拔掉原车主机所有电源插头，并将原车主机先放在一边。

拆卸门板

首先使用专用撬压工具，拆卸驾驶人反光镜护罩。

拆卸门板

拆卸门板拉手螺钉。

拆卸门板

拆卸车门拉手护罩。

拆卸门板

撬动车门控制开关面板，注意避免损坏。

拆卸门板

拆卸控制开关面板。

拆卸门板

拔掉面板电源插头。

拆卸门板

撬动门板四周卡扣，并注意避免损坏卡扣。

拆卸门板

将门板拆卸下来。

拆卸喇叭

拔掉原车喇叭插线。

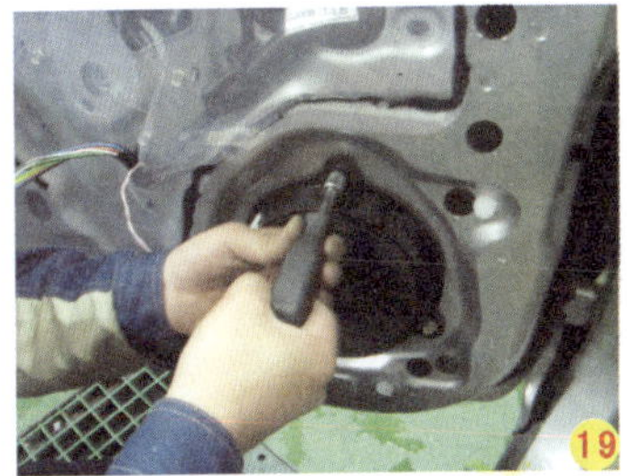

拆卸喇叭

拆卸喇叭螺钉。

拆卸喇叭

将原车喇叭拆掉。

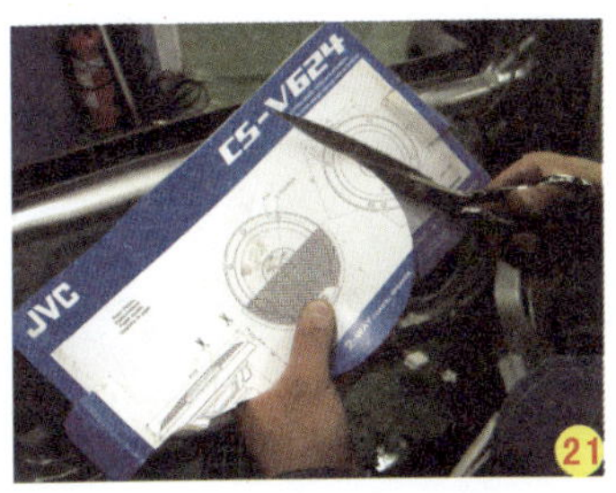

制作喇叭托

由于新安装的喇叭比原车喇叭厚，原样安装会阻挡玻璃升降，所以需要制作喇叭托。

按新安装喇叭包装纸样裁剪喇叭托。

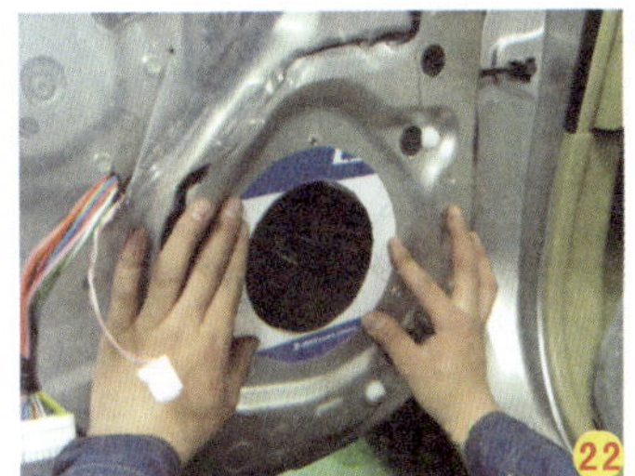

制作喇叭托

与原车喇叭孔比较。

制作喇叭托

使用相应厚度的密度板，按纸样尺寸画印。

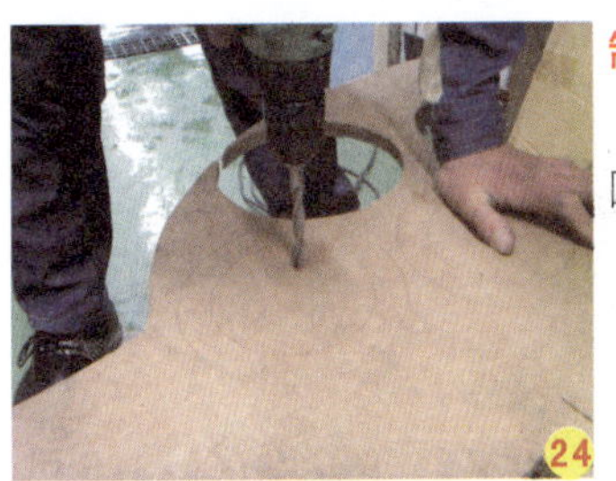

制作喇叭托

先使用电钻在密度板上的圆圈内钻孔。

制作喇叭托

使用曲线锯先在内圈沿画印将密度板锯掉。

制作喇叭托

再沿画印将外圆锯掉。

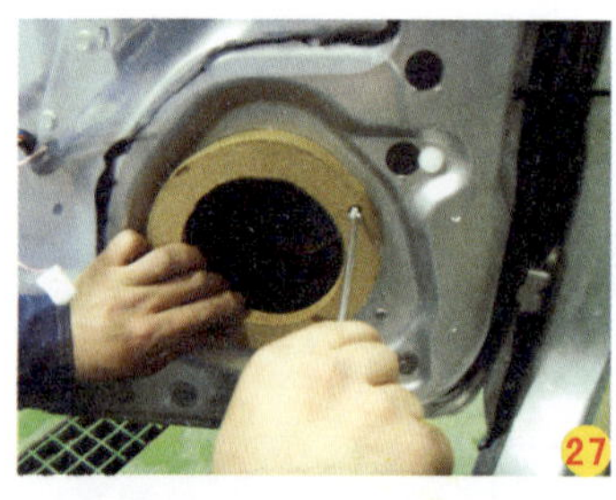

安装喇叭托

将喇叭托固定在原车喇叭孔外，注意对准尺寸。

安装喇叭托

使用电钻在喇叭托外沿靠近原车喇叭线一侧钻线槽。

若车主要求使用原车线路，为达到音质最佳效果，应该使用专用音频线，并重新布线安装。

安装喇叭

将新喇叭插头插上。

安装喇叭

将喇叭固定在喇叭托上，并将喇叭线从线槽中穿出。

安装喇叭

将原车喇叭线插头剪掉。

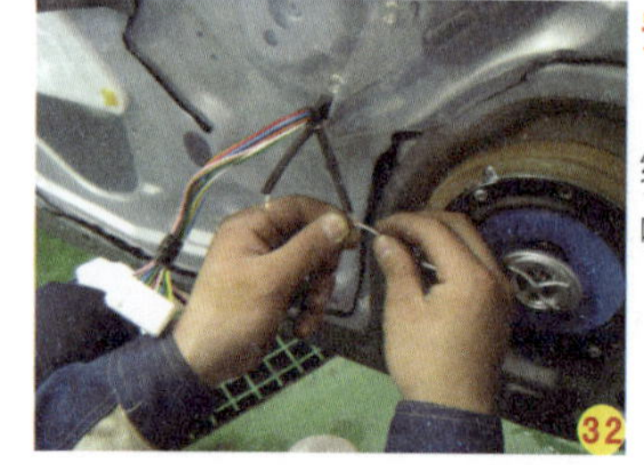

安装喇叭

先将热缩管穿过原车喇叭线，再将原车喇叭线与新装喇叭线连接。

安装喇叭

将热缩管穿到电线连接处，使用烤枪加热热缩管，进行绝缘包裹。

重复以上步骤更换前排乘客车门喇叭。

安装低音炮

首先将低音炮放在行李箱内。

低音炮布线

拆卸车内后排椅座。

低音炮布线

将低音炮线束从椅背底下穿进行李箱。

低音炮布线

将低音炮线束插在低音炮上。

低音炮布线

将左后门板压条拆开，将低音炮线束捆绑整理，并将黑色的低音炮负极电源甩出，准备接负极。

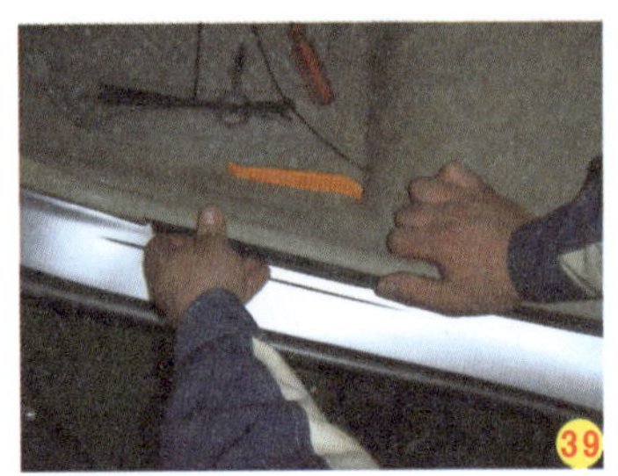

低音炮布线

将整理好的低音炮线束与原车线束一同走线，并将门板压条恢复。

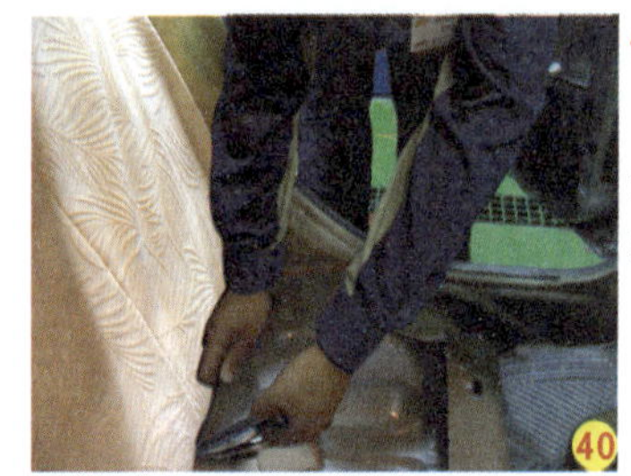

低音炮布线

将甩出的低音炮负极与安全带紧固螺钉拧在一起并搭铁。

低音炮布线

按左后门布线方法将低音炮线束布在驾驶人门边。

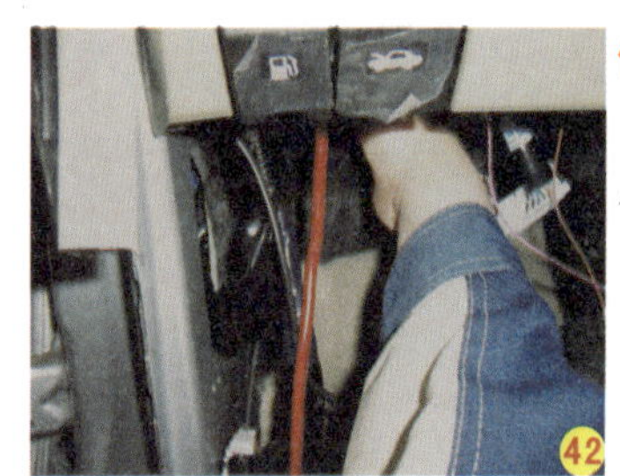

低音炮布线

将低音炮的红色电源正极从驾驶室内穿到发动机舱内。

低音炮布线

将电源线与原车线束捆绑紧固。

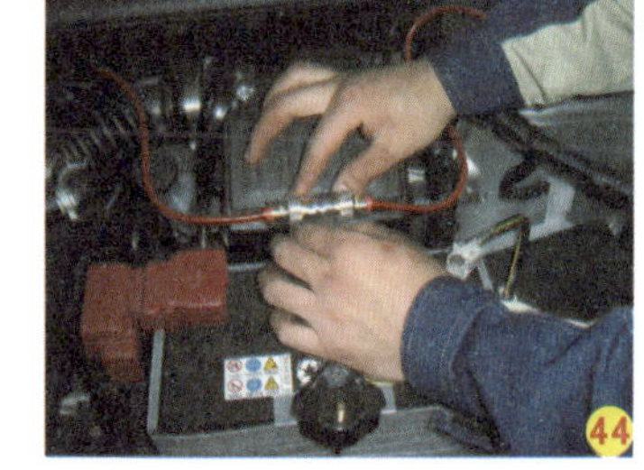

低音炮布线

在发动机舱内合适位置固定电源线上的熔断器。

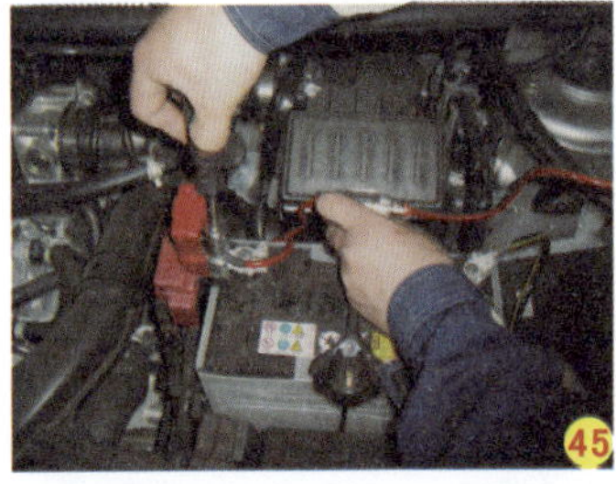

低音炮布线

将正极电源与蓄电池正极连接。

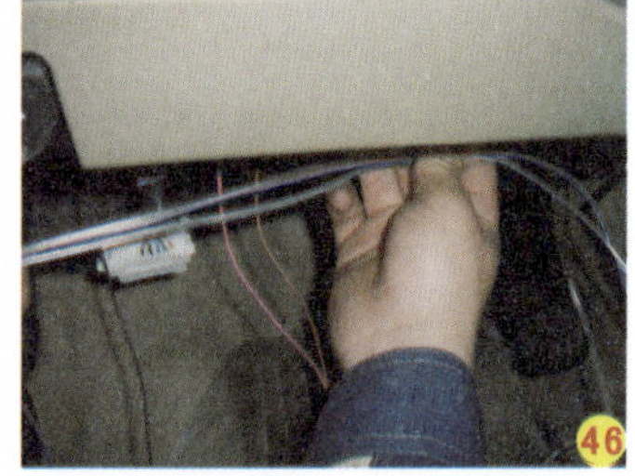

低音炮布线

将低音炮的信号线及控制线在仪表板下方甩到原车音响后部。

更换主机连线

使用试电笔测量原车音响线束中正极常电，并与对应的新主机线束中的正极连接。

后加装的音响主机所带的线束中，厂家会标明每条线的用途。

更换主机连线

将车钥匙开到 ACC 档，使用试电笔测量原车音响线束中的 ACC 控制线，并与对应的新主机线束中的 ACC 线连接。

49

更换主机连线

使用电表测量原车音响线束中的左右喇叭线，并与对应的新主机线束中的喇叭线连接。

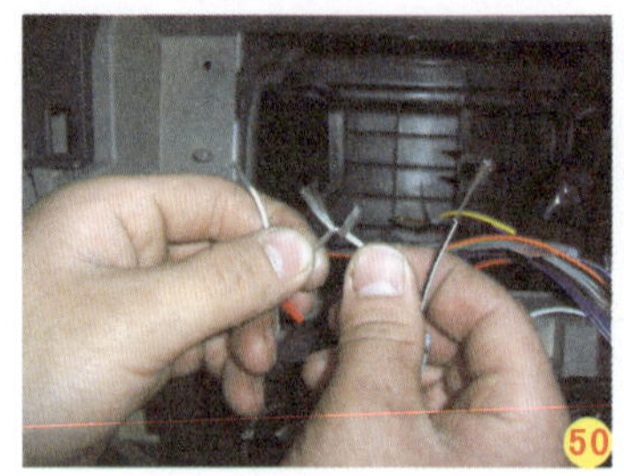

50

更换主机连线

将甩到前边的低音炮音频信号线与对应的新主机线束上的低音信号线进行连接。

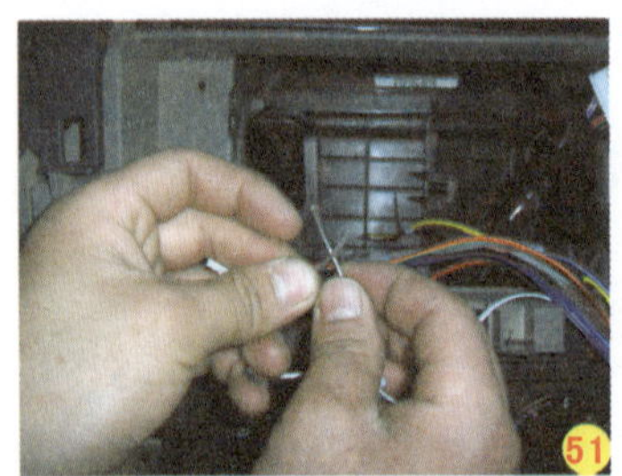

51

更换主机连线

将甩到前边的低音炮另一条音频信号线与对应的新主机线束上的低音信号线进行连接。

52

更换主机连线

将甩到前边的低音炮电源控制线与对应的新主机线束上的控制线进行连接。

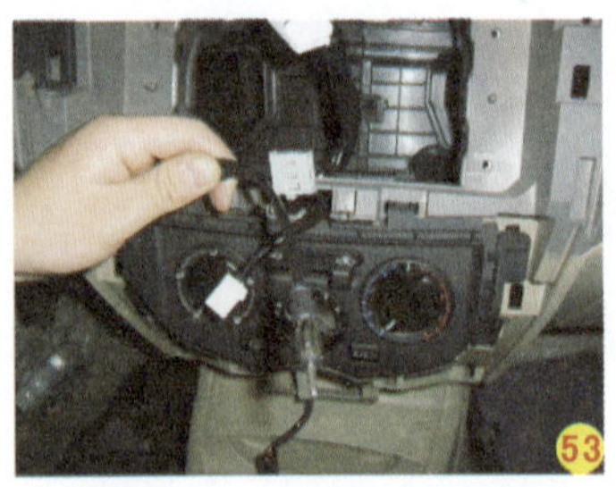

53

更换主机连线

将原车收音机的插线与新主机收音机的插线进行连接。

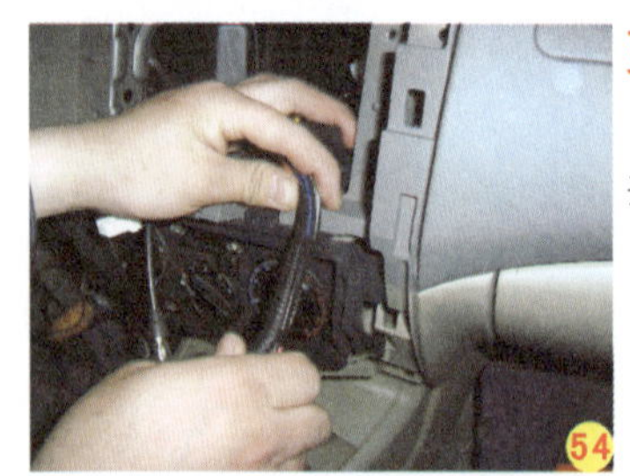

54

更换主机连线

将所有连接的线束整理好并使用浪管进行包裹。

55

更换主机连线

最后使用绝缘胶布缠绕包裹浪管。

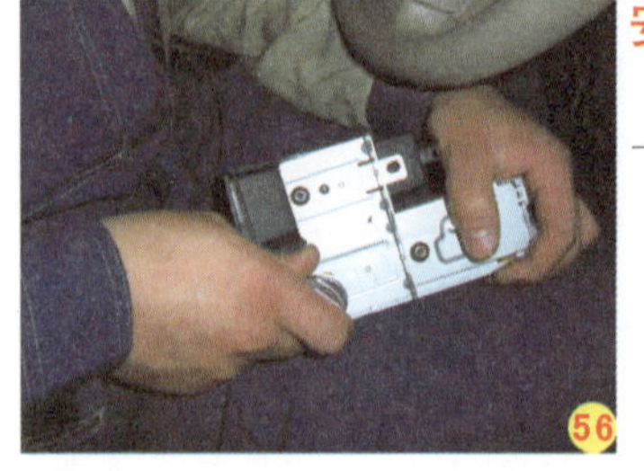

56

安装新主机

将原车主机音响支架拆卸下来。

57

安装新主机

将原车音响支架安装在新主机上，注意比较安装位置。

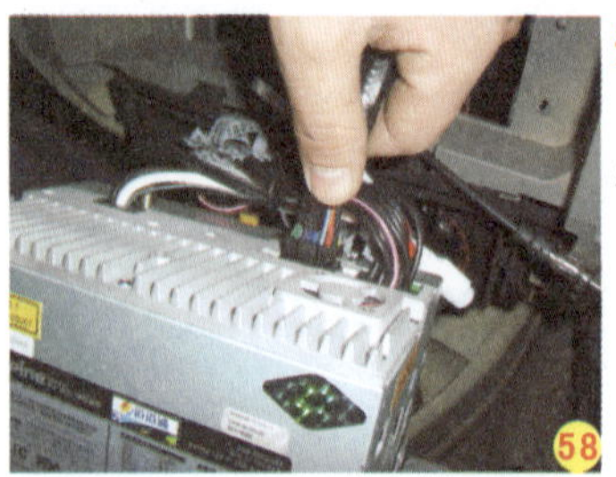

58

安装新主机

将连接好的新主机线束插在新主机插头上。

59

安装新主机

将收音机插线插上。

60

安装新主机

将连接好的新主机推进音响安装孔，调整好位置，并将配套的音响面板框安在主机上。

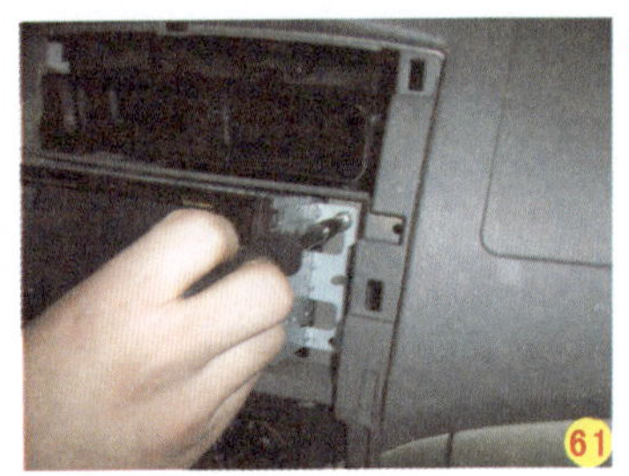

安装新主机

紧固音响固定螺钉。

音响调试

打开钥匙门，再打开音响主机，调试各项功能是否正常，并检验新安装的扬声器及低音炮是否正常工作。

音响调试

调试低音炮，使其达到最佳效果。

原车恢复

将前期拔掉的点烟器插头插上。

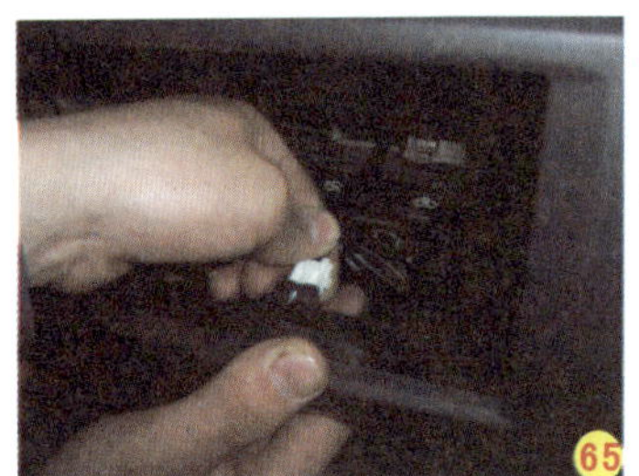

原车恢复

将双闪指示灯开关插头插上。

原车恢复

将原车音响面板归位。

原车恢复

将驾驶人车门板归位。

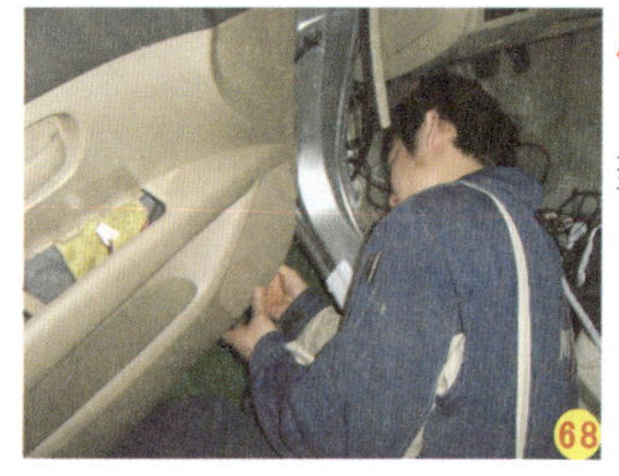

原车恢复

确定门板周边卡扣安装到位。

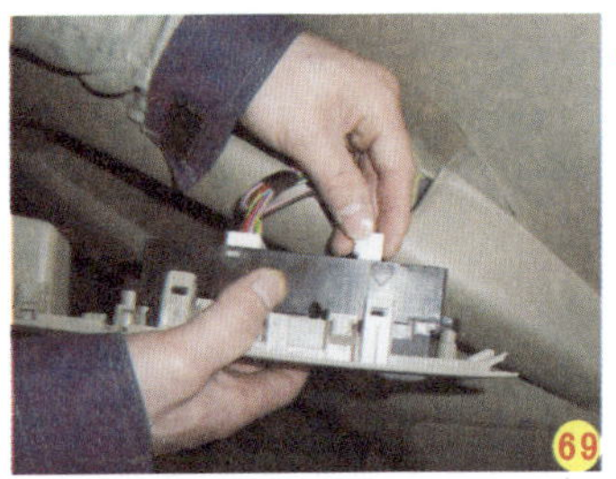

原车恢复

将车门玻璃控制开关连接并归位。

原车恢复

确保玻璃升降开关正常工作。

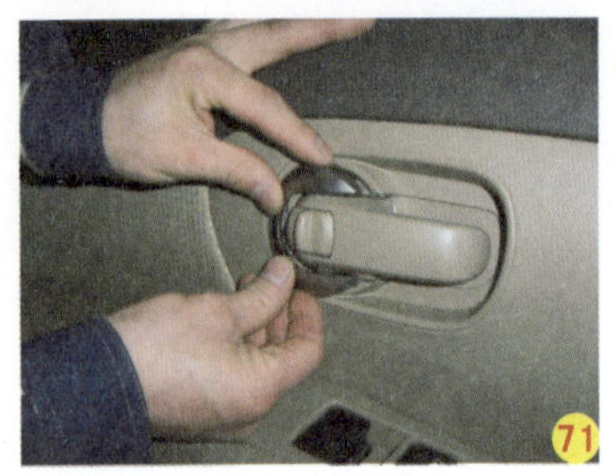

原车恢复

将门内拉手护罩归位。

原车恢复

拧紧门板拉手螺钉。

原车恢复

将反光镜护罩归位。

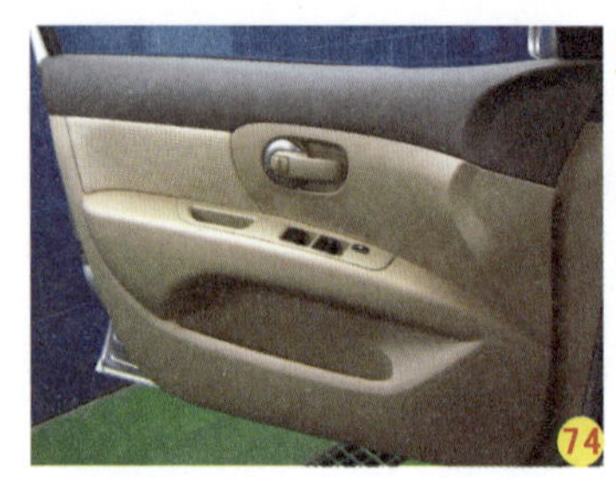

原车恢复

重复以上步骤将前排乘客车门恢复。

安装效果

再次检查安装效果。

安装效果

将低音炮固定在合适位置，撤掉车内防护，整理工具，并将车辆清理干净。

音响安装施工结束。

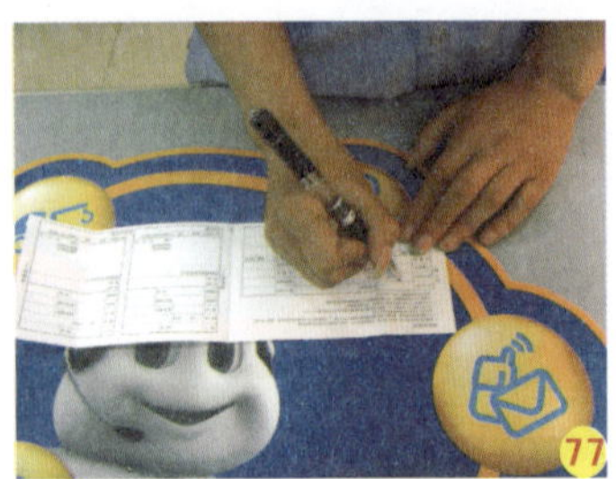

填写质保卡

认真填写质保卡，并交给车主。

三、轮胎保养

（一）更换轮胎

确定架车点

填写施工单，检查车身状况，并标注及提示顾客随身携带贵重物品，施工前做好车辆防护。

首先确定好架车点。

安装防盗螺栓钥匙

车辆轮辋带防盗螺栓的，将防盗螺栓钥匙安在防盗螺栓上。

松动螺栓

使用十字扳手，依次将轮辋所有螺栓松动。

举升架机

将车辆升起（离地即可），并确认车辆平稳。

防护保险

启动举升机防护保险。

拆卸螺栓

将轮辋螺栓拆卸下来。

拆卸轮辋

将车轮从车辆上拆卸下来，注意力度，避免磕碰轮辋。

拆卸气门帽

将轮胎气门帽拆卸下来。

拆卸气门芯

使用专用工具拆卸气门芯，放掉胎内气体。

拆卸轮胎

首先将轮胎正面朝外，垂直靠在扒胎机挤压保护支撑垫上，使用挤压板挤压轮胎，并反复转动轮胎重复挤压，使轮胎与轮辋彻底分离。

拆卸轮胎

重复上述步骤，挤压轮胎内侧。

拆卸轮胎

将轮胎小心地放在扒台机卡盘上，注意避免磕碰，启动卡爪，稳固轮辋，拉下拆装臂，在扒胎弯头与轮辋间垫上防护胶垫。

拆卸轮胎

使用撬板将轮胎外侧胎唇撬过扒胎弯头，转动卡盘，将轮胎外侧扒出。

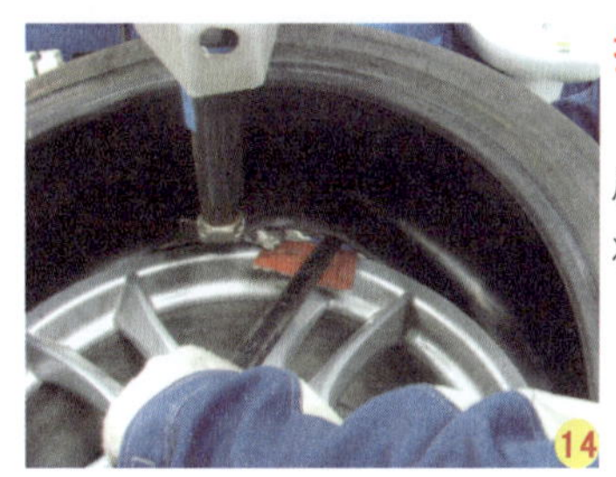

拆卸轮胎

再使用撬板将轮胎内侧胎唇撬过扒胎弯头，转动卡盘，将轮胎内侧扒出。

拆卸轮胎

将轮胎从轮辋上拆下。

轮胎润滑

使用专业轮胎润滑脂，润滑新轮胎两侧胎唇。

轮辋润滑

使用专业轮胎润滑脂，润滑轮辋两侧法兰边缘及轮辋胎唇底座。

更换气门嘴

更换新的轮胎必须更换新的气门嘴，以确保轮胎行驶安全。

原车为钢制气门嘴，并带气压感应器的，可不更换气门嘴。

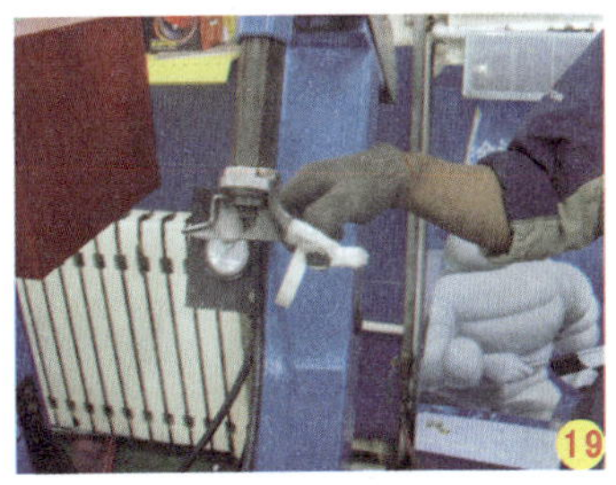

安装轮胎

为确保安装轮胎安全，安装轮胎前可将扒胎弯头缠绕胶布保护。

安装轮胎

察看轮胎的安装方向：OUTSIDE 标识向外、单导向花纹轮胎按箭头前进方向安装、白凸字向外、胎壁带保护层的保护层一侧向外。

并注意轮胎气门嘴标记与轮辋气门嘴对齐。

安装轮胎

拉下拆装臂，旋转卡盘，先将下面一侧胎唇安装进轮辋，再将上面一侧胎唇安装进轮辋。

安装轮胎

若轮胎张力过紧，安装吃力，可使用附加臂压盘附助安装。

安装轮胎

轮胎安装进轮辋后，松动卡爪，小心地将轮胎从卡盘上卸下。

轮胎充气

先将轮胎气压充到3.5bar，使轮辋与胎唇紧密结合，最好填充氮气，有助于轮胎行驶的安全性。

轮胎充气

安装气门芯并拧紧。

轮胎充气

将气压调整到汽车制造厂规定的标准气压。

检查气密性

首先使用喷壶检查气门芯及气门嘴底座的气密性。

检查气密性

再检查轮辋与胎唇结合部位的气密性。

安装气门帽

将气门帽安装并拧紧，若轮胎上带有贴纸的，最后将贴纸撕掉。

重复以上步骤更换其他轮胎。

（二）动平衡

拆卸中心孔盖

首先将轮辋中心孔盖拆掉，并检查轮胎气压。

清洁轮辋

使用专用清洁剂清洁轮辋里外，旧轮胎要清除轮胎花纹中的石子等异物，新轮胎要将标签贴撕掉。

固定轮辋

将轮辋中心孔穿过平衡机转轴，并套入合适锥体。

固定轮辋

使用平衡机卡具紧固轮辋。

拆除旧平衡块

将轮辋上的旧平衡块拆除，并经顾客同意方可丢弃。

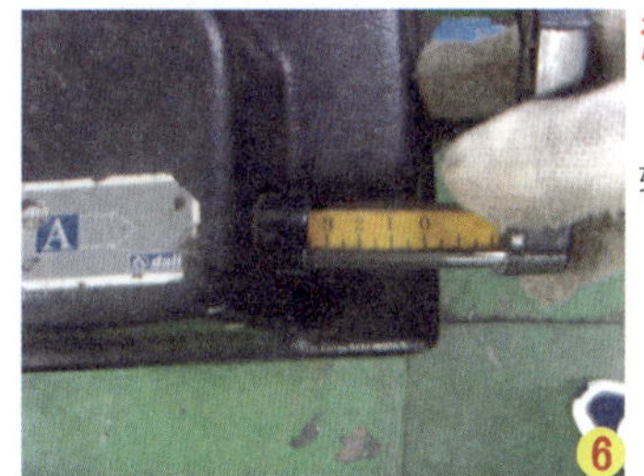

测量卡距

拉出平衡机量尺，测量轮辋与平衡机转轴基点的距离。

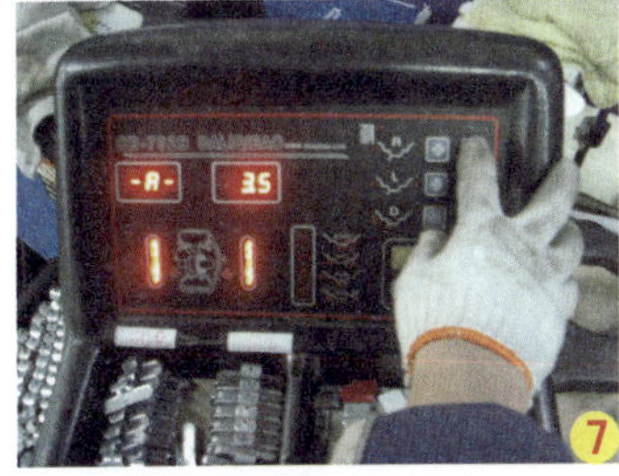

输入数据

将测量的数据输入平衡机。

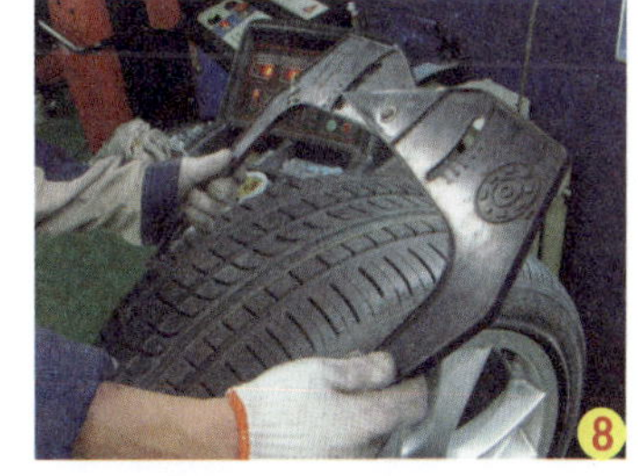

测量轮辋宽度

使用卡尺，测量轮辋的宽度。

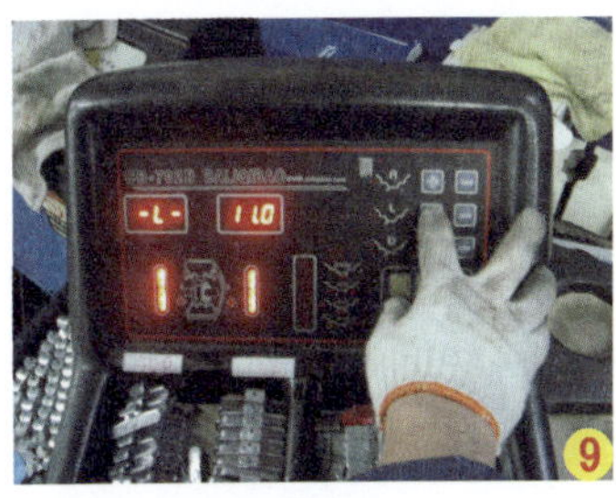

输入数据

将测量的数据输入平衡机。

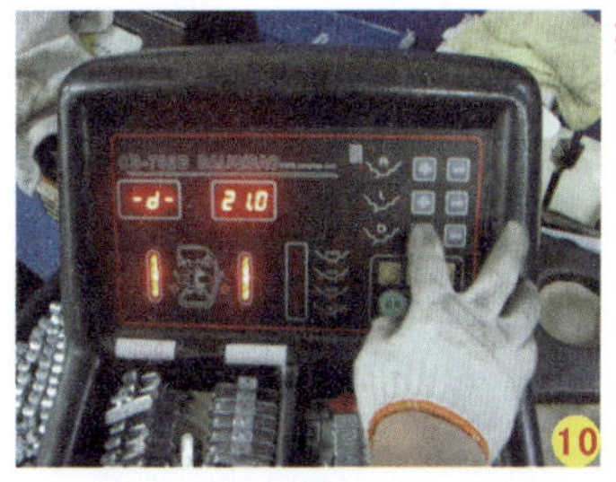

输入数据

将轮辋的直径输入平衡机。

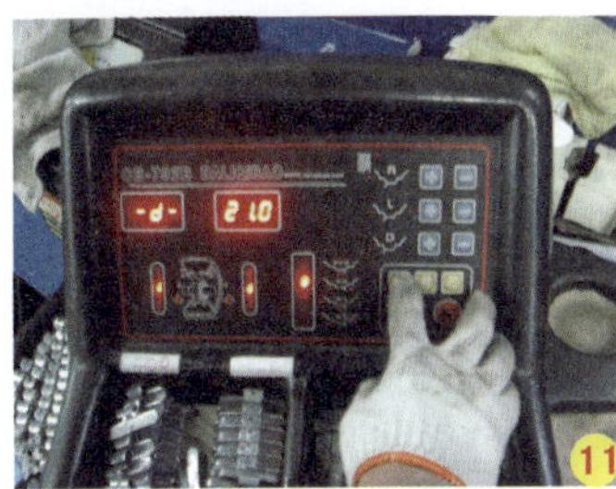

输入数据

选择平衡块安装模式。

测试数据

若平衡机有轮胎保护罩要放下，起动平衡机转轴，旋转车轮，测试轮辋内外边缘不平衡数值。

13

确定平衡点

旋转车轮，依据平衡机显示确定轮辋外侧边缘不平衡点。

14

表面清洁

使用毛巾清洁不平衡点表面，确保其清洁干燥。

15

安装平衡块

依据平衡机读取的数据，粘贴相应质量的平衡块。

16

测试数据

再次转动车轮，测试数据。

17

确定平衡点

首先查看外侧是否已经平衡，若还有偏差，需要再次按照偏差质量粘贴平衡块。

旋转车轮，依据平衡机显示确定轮辋内侧边缘不平衡点。

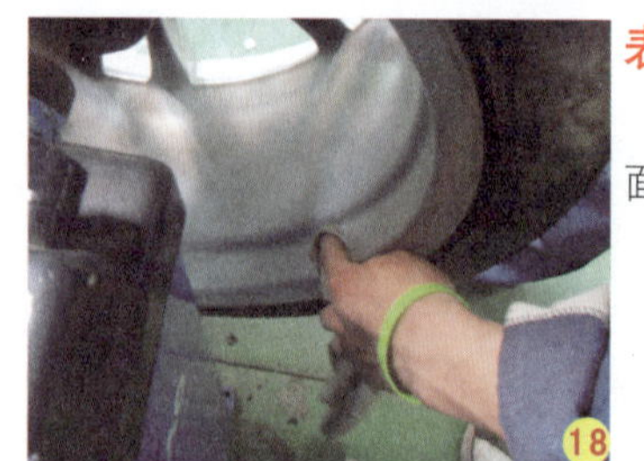
18

表面清洁

使用毛巾清洁不平衡点表面，确保其清洁干燥。

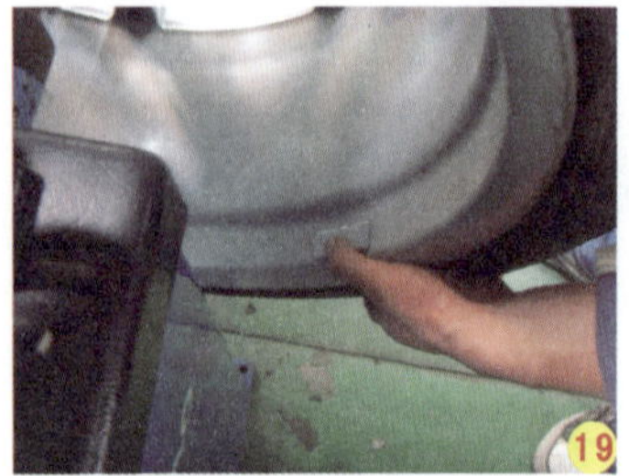
19

安装平衡块

依据平衡机读取的数据，粘贴相应质量的平衡块。

20

再次测量

再次转动车轮，查看平衡机测试数据是否为零，否则需重复上述步骤直至平衡。

21

安装中心孔盖

安装轮辋中心孔盖。

22

安装轮胎

将车轮安装到车上。

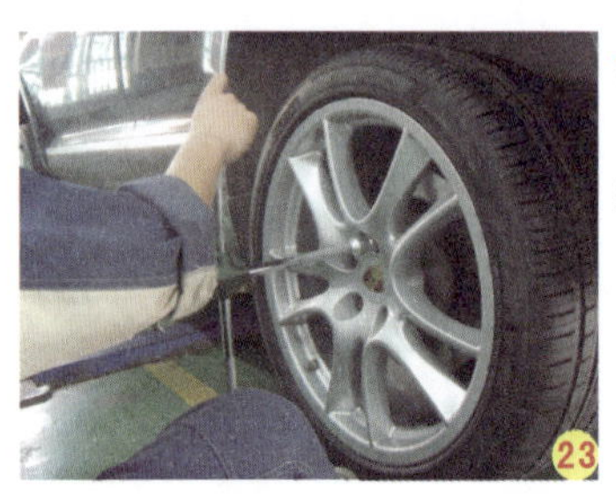
23

安装轮胎

使用十字扳手安装轮辋螺栓。

24

安装轮胎

使用力矩扳手拧紧螺栓，紧固螺栓按照上下左右对称顺序操作。

（三）修补轮胎

拆卸轮胎

首先将需要修补的轮胎拆卸下来。

以下介绍的为贴片修补方法。

架车保护

使用专用支架保护架机安全。

查找漏气孔

检查轮胎整体表面，查找漏气孔。

拆卸气门芯

拆掉气门帽及气门芯。

拆卸轮胎

使用扒胎机，将轮胎拆卸下来。

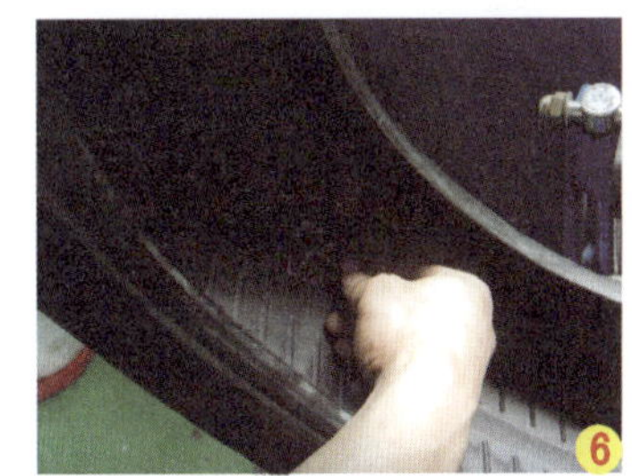

漏孔标记

在轮胎内侧将漏孔处标记清楚。

拔掉扎钉

将轮胎表面的扎钉拔掉。

扩撑轮胎

将轮胎放在扩台机上，将两侧胎壁扩撑。

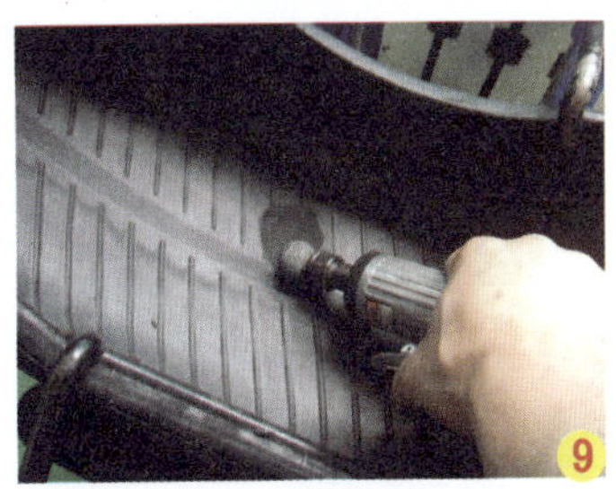

打磨

使用专用打磨机，按扎孔范围及使用的贴片大小打磨轮胎表面，注意避免破坏气密层，打磨后使表面平整、周边圆滑。

吸尘

使用钢丝刷将打磨表面处理干净，然后使用吸尘器清除橡胶碎沫。

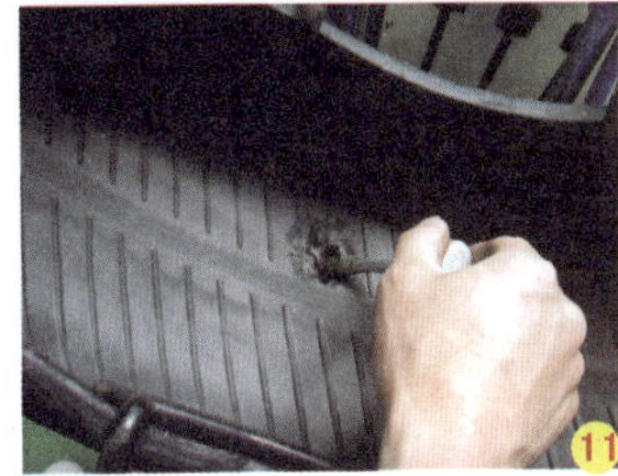

涂抹硫化剂

将打磨表面均匀涂抹上专业硫化剂。

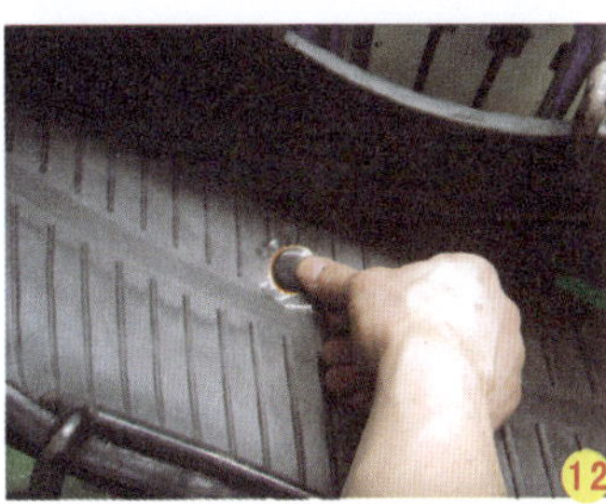

粘贴贴片

硫化剂表面干燥后，将贴片粘贴在打磨表面。

贴片滚压

使用专用压实滚轮，在贴片表面反复用力滚压，最后反复滚压贴片边缘，确保贴片与轮胎表面紧密贴合。

贴片密封

滚压后，将贴片表面保护膜撕掉，并在贴片表面及边缘涂抹密封胶，确保修补处完全密封。

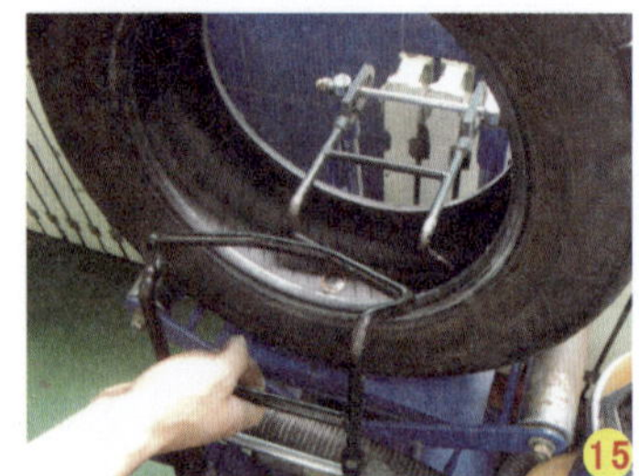

拆卸轮胎

将轮胎从扩胎器上拆卸下来。

安装轮胎

使用专业润滑脂润滑两侧胎唇。

安装轮胎

使用专业轮胎润滑脂润滑轮辋两侧法兰边缘及轮辋胎唇底座。

安装轮胎

将轮胎安装在轮辋上。

安装轮胎

先将轮胎气压充到 3.5bar，使轮辋与胎唇紧密结合，最好填充氮气，有助于轮胎行驶的安全性。

安装轮胎

安装气门芯并拧紧，再将气压调整到汽车制造厂规定的标准气压。

安装轮胎

首先使用喷壶检查气门芯及气门嘴底座的气密性。

安装轮胎

再检查轮辋与胎唇结合部位的气密性。

安装轮胎

将气门帽安装并拧紧。

安装轮胎

最后将车轮安装到车上。

轮胎修补结束。

（四）四轮定位

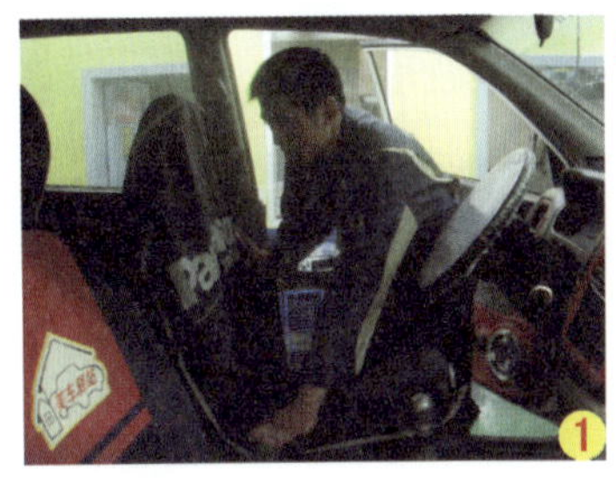

施工前检查防护

首先填写施工单，检查车身状况，提示客户随身携带贵重物品。

将座椅及转向盘进行防尘保护。

车辆上架

确定转角盘和侧滑板锁定后，将车辆开上四轮定位举升平台，注意前边要有人指引，车辆前轮正停在转角盘中心。

左前门窗降下，拉驻车制动，将变速杆换到停车档位，关闭发动机。

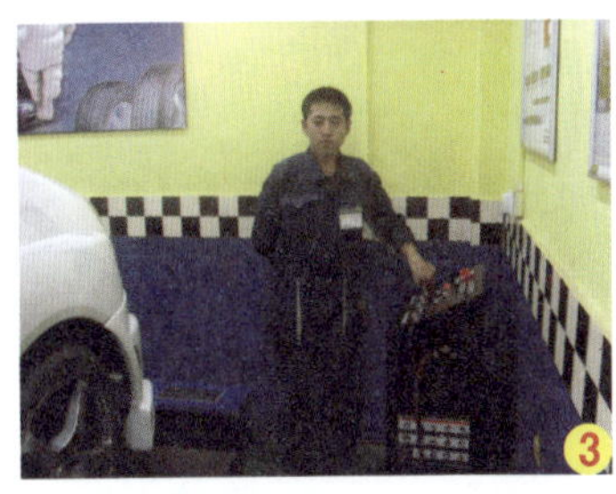

举升车辆

起动举升机，将车辆四轮悬空，举升高度为车下可进人施工，并按下举升机保险防护。

调整气压

检查轮胎尺寸及花纹磨损情况，并将气压调整到汽车厂家的规定气压。

底盘检查

晃动车轮，检查球头、拉杆、上下支臂、减振器、压力轴承等是否正常。

悬架复位

完全降下车辆，轻压车头，让车辆上下振动，使悬架系统复位。

固定卡具

将轮辋上所有的装饰罩拆掉，按轮辋尺寸调整卡具上的卡爪距离，并将卡爪紧固在轮辋上。

固定卡具

使用卡具上的橡胶条，将卡具与轮辋再次固定。

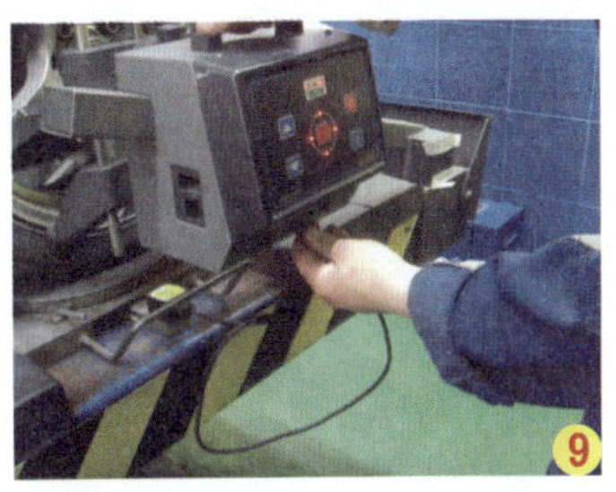

连接电脑

将传感器与电脑连接。

松开转角盘

将固定转角盘的插销拔掉。

按以上步骤，将其他轮辋安装卡具及传感器。

输入客户资料

将电脑打开，输入顾客及车辆基本资料。

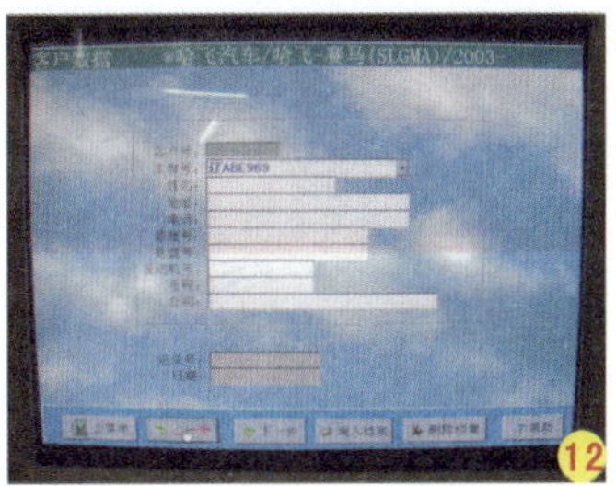

客户资料

客户资料界面如图所示。

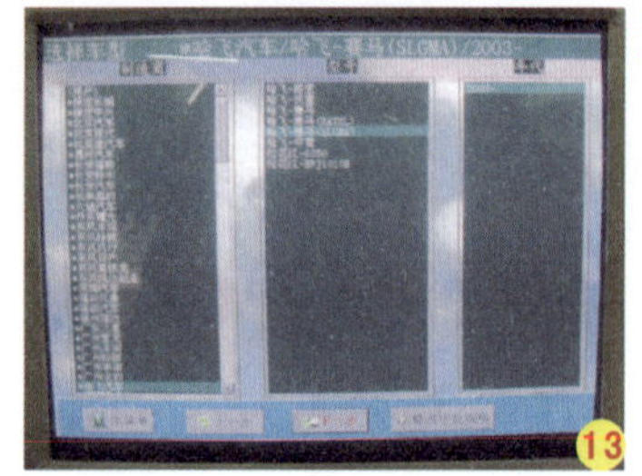

选择车型

资料输入后，按“下一步”提示键，选择车辆类型。

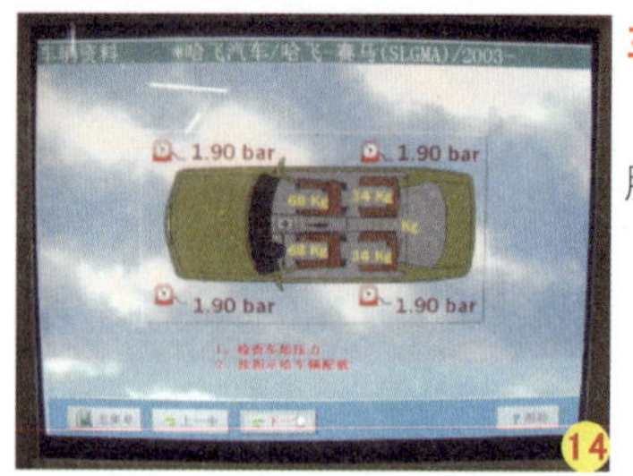

车辆资料

按“下一步”提示键，电脑会显示存储的该车资料。

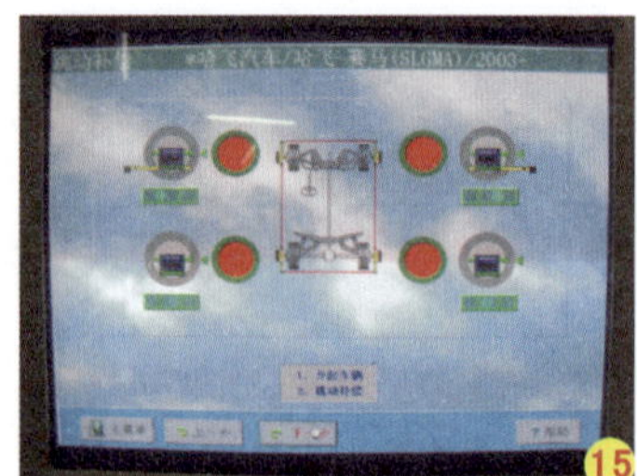

跳动补偿

按“下一步”提示键，电脑会显示车轮跳动补偿。

跳动补偿

首先将四个传感器调整水平。

跳动补偿

按电脑提示，按下传感器跳动补偿按键。

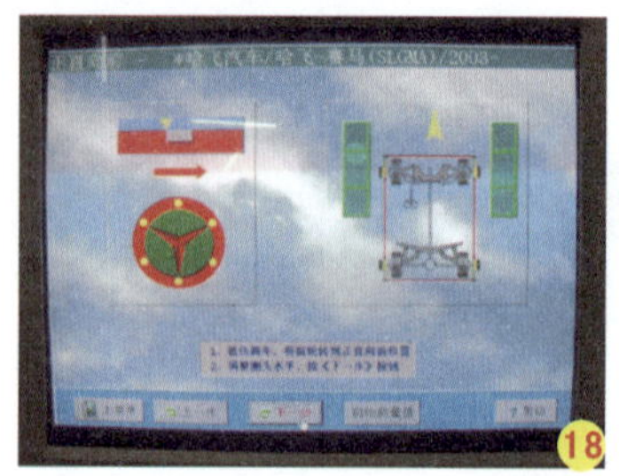

车轮向前

按“下一步”提示键，电脑显示：抵住制动踏板，将车轮正直向前。

抵住制动踏板

按电脑提示，使用制动锁将车辆制动踏板抵住。

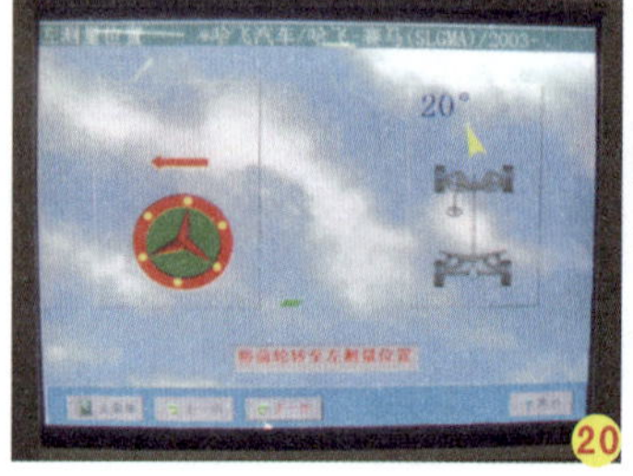

测量车轮位置

按“下一步”提示键，电脑显示前轮扭动角度，以测量数据。

测量车轮位置

按电脑提示角度，扭转车轮。

测量车轮位置

测量结果如图所示。

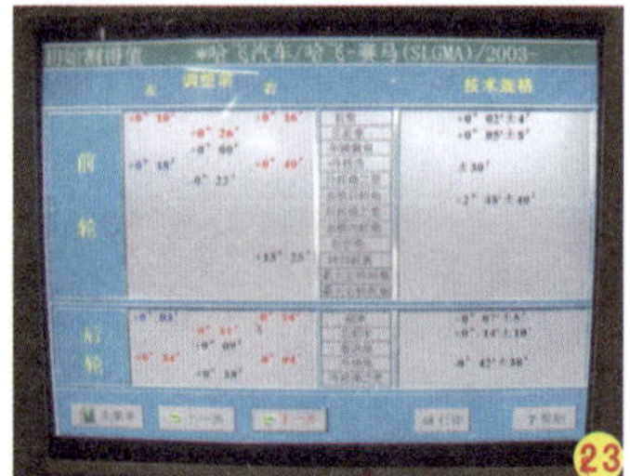

初始测得数值

电脑会自动测得相应技术数据。

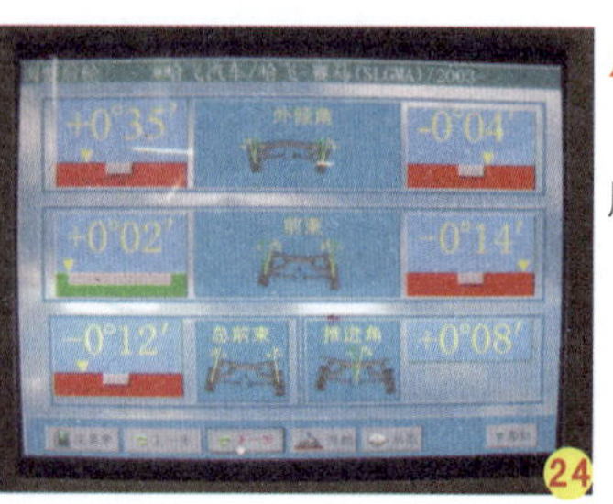

后轮数据

按“下一步”提示键，电脑显示后轮的测量数据。

调整后轮

依据电脑显示项目及数据，调整后轮。

调整前轮

调整完后轮后，按“下一步”提示键，电脑检测前轮数据。

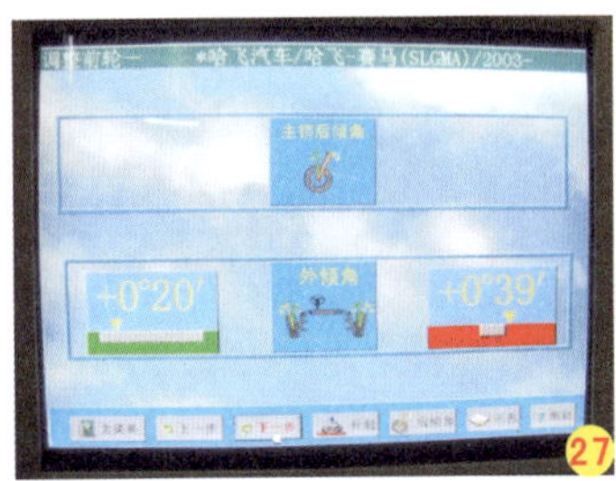

调整前轮

再按“下一步”提示键，电脑显示前轮的倾角数据。

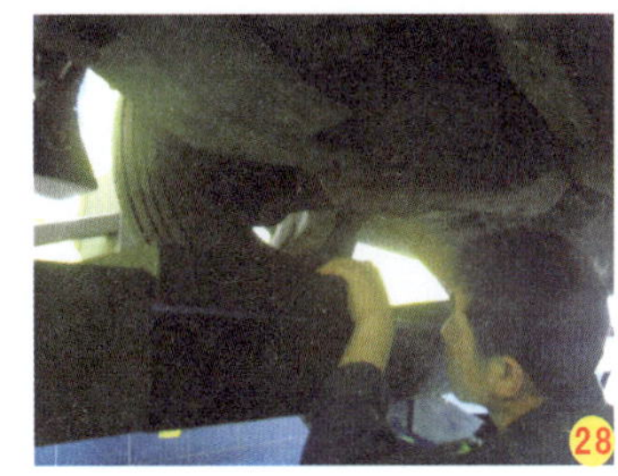

调整前轮

按电脑显示数据，调整前轮倾角。

调整前轮

再按“下一步”提示键，电脑显示前束数据。

调整前轮

首先使用转向盘锁，将转向盘锁定。

调整前轮

按电脑提示数据，调整前束。

保存数据

车辆调整完毕，将数据打印好并保存电脑资料，将打印数据交给客户。

拆卸卡具

将四个车轮的卡具拆卸，并存放在指定位置。

固定转角盘

将前轮两个转角盘固定。

降低车辆

将车辆降到最低。

撤掉防护

将车内的锁具及防尘罩撤掉，将车辆开下举升平台。

四轮定位结束。

四、车辆安全检测

车辆信息登记

按查车单项目登记车辆信息。

车辆安全检测，既是对车主安全行驶负责，也是店铺增值服务的体现，并且还可以争取潜在的销售机会，所以要认真对待。

车辆信息登记

登记车辆行驶里程。

轮胎检测

查看轮胎品牌，检查轮胎表面异常情况，检查轮胎DOT标志，判断轮胎是否过期。

轮胎检测

使用花纹尺检查轮胎沟槽深度，轮胎花纹深度低于1.6mm的，要建议车主更换。

轮胎检测

检查气门帽情况。

轮胎检测

检查轮胎气压，并按标准调整气压。各个车型的标准气压不都相同，一般在驾驶人车门边缘，可查找到车厂规定的标准气压。

记录检查结果

按检查结果，详细填写查车单。

按左前轮—右前轮—右后轮—左后轮—备胎的顺序，依次检查所有轮胎。

备胎检查

首先取出备胎。

备胎检查

检查轮胎表面情况并检测花纹深度。

备胎检查

检查轮胎气压，并按标准调整气压。

记录检查结果

按检查结果，详细填写查车单。

将备胎放回车内。

车身表面检查

检查车身表面划痕、凹陷等情况，并填写查车单。

13

刮水器检查

检查左右两个刮水器胶条及支架情况。

14

记录检查结果

按检查结果，详细填写查车单。

15

打开发动机舱盖

将发动机舱盖打开。

16

风窗玻璃清洗液检查

检查风窗玻璃清洗液是否缺少。

17

发动机机油检查

高档汽车发动机机油及变速器油的油量等由车辆电脑监控，所以检查时打开油盖查看机油颜色即可。

普通汽车发动机机油检查，可将机油尺拔出，检查机油液面所在位置及机油颜色。

18

制动油检查

打开制动油盖，检查油量及颜色。

19

冷却液检查

在发动机温度降低时打开散热器盖，温度高时打开，里面冷却液温度很高会喷出，极易烫伤。

检查冷却液是否缺少及颜色是否正常。

20

发动机传动带检查

检查发动机传动带是否老化、松动。

21

记录检查结果

按检查结果，详细填写查车单。

各个车型发动机舱构造都不相同，以上检查项目的位置也不相同，所以要熟悉各部件的通用标志符号，并熟练掌握各部件位置。

22

发动机表面清洁

清洁发动机表面。

23

发动机舱盖归位

将发动机舱盖扣上。

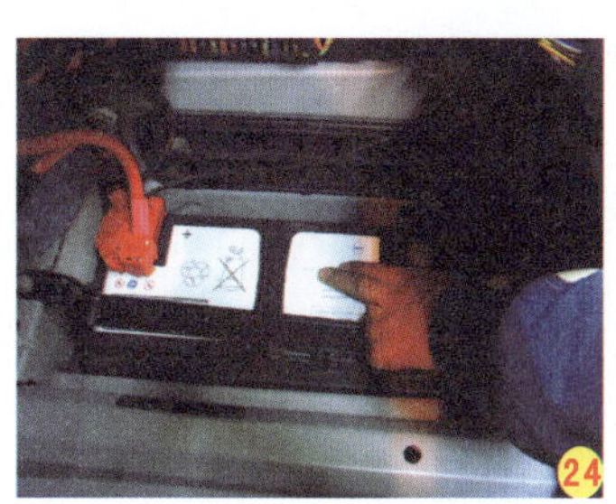

24

蓄电池检查

检查蓄电池表面是否完好，蓄电池使用显示是否正常。

车辆蓄电池有些在发动机舱里，有些在行李箱里，有些在后排座椅下面，要熟悉了解。

记录检查结果

按检查结果，详细填写查车单。

灯泡检查

检查车辆尾部的倒车灯、制动灯、转向灯是否正常。

记录检查结果

按检查结果，详细填写查车单。

灯泡检查

检查车辆前部的小灯、近光灯、远光灯、转向灯是否正常。

记录检查结果

按检查结果，详细填写查车单。

车辆安全检测完毕

仔细填写查车单各项，并填写店铺电话及查车人姓名。查车单一式两联，一联店铺保存，一联交给车主，并告知检查结果以及需要更换、维修的项目，争取销售机会。

空白查车单

店员保存

车辆检测卡

客户姓名：	联系电话：	牌照号码：
车辆名称：	行驶里程：	月均里程：
轮胎规格：	保险日期：	检测日期：

轮胎检测结果

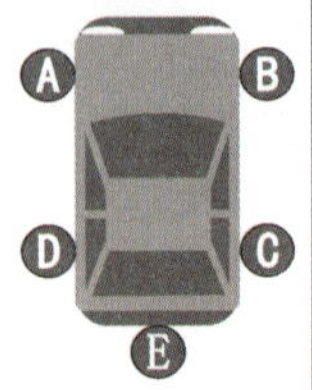

轮胎检测	左前胎A	右前胎B	右后胎C	左后胎D	备胎E	正确建议
品牌						
异常情况	扎钉 □ 伤痕 □ 偏磨 □	扎钉 □ 伤痕 □ 偏磨 □	扎钉 □ 伤痕 □ 偏磨 □	扎钉 □ 伤痕 □ 偏磨 □	扎钉 □ 伤痕 □ 偏磨 □	调整气压 轮胎换位
气压/kPa						
	偏高 偏低	偏高 偏低	偏高 偏低	偏高 偏低	偏高 偏低	四轮定位
花纹/mm						
	正常 过浅	正常 过浅	正常 过浅	正常 过浅	正常 过浅	修补____
气门帽	有□ 无□	有□ 无□	有□ 无□	有□ 无□	有□ 无□	
DOT						更换____

给您的建议

□ 没有异常，暂无妨碍。
□ 要调整轮胎气压。
□ 要注意，为了保持安全行驶建议及早更换。
□ 很危险，建议马上更换。
□ 为了延长使用寿命，建议更换轮胎位置。

其他检测项目

项目	状态			正确建议
车身表面	正常□	刮痕□	凹陷□	
刮水器	正常□	劣化□	破损□	
风窗玻璃清洗液	正常□	缺少□		
发动机油	正常□	缺少□	污浊□	
制动油	正常□	缺少□	污浊□	
助力油	正常□	缺少□	污浊□	
变速器油	正常□	缺少□	污浊□	
冷却液	正常□	缺少□	污浊□	
传动带	正常□	破损□		
蓄电池	正常□	故障□		
灯泡	倒车□ 制动/左.右□ 转向/左.右□ 前照灯/左.右□ 小灯/左.右□			

联系电话：____________ 经手人：________

填写实例

店员保存

车辆检测卡

客户姓名：王某某	联系电话：88888888	牌照号码：666666
车辆名称：宝马530	行驶里程：12313	月均里程：2000
轮胎规格：225/50R17	保险日期：2008/4/10	检测日期：2008/2/16

轮胎检测结果

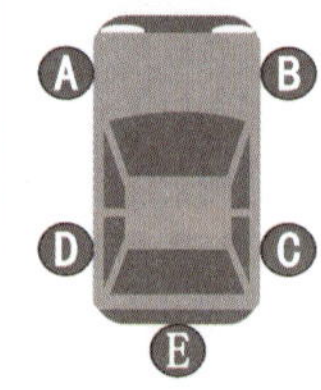

轮胎检测	左前胎A	右前胎B	右后胎C	左后胎D	备胎E	正确建议
品牌	固特异	固特异	固特异	固特异	固特异	
异常情况	扎钉 □ 伤痕 □ 偏磨 □	扎钉 □ 伤痕 □ 偏磨 □	扎钉 □ 伤痕 □ 偏磨 □	扎钉 □ 伤痕 □ 偏磨 □	扎钉 □ 伤痕 □ 偏磨 □	调整气压 轮胎换位
气压/kPa	2.0	3.0	2.5	2.5	2.0	调整气压
	偏高 偏低✓	偏高✓ 偏低	偏高 偏低	偏高 偏低	偏高 偏低✓	四轮定位
花纹/mm	4.2	4.1	4.5	4.5	4.5	
	正常 过浅	正常 过浅	正常 过浅	正常 过浅	正常 过浅	修补____
气门帽	有☑ 无□	有☑ 无□	有☑ 无□	有☑ 无□	有☑ 无□	
DOT	1107	1107	1107	1107	1107	更换____

给您的建议

☑ 没有异常，暂无妨碍。
□ 要调整轮胎气压。
□ 要注意，为了保持安全行驶建议及早更换。
□ 很危险，建议马上更换。
□ 为了延长使用寿命，建议更换轮胎位置。

其他检测项目

项目	状态			正确建议
车身表面	正常☑	刮痕□	凹陷□	
刮水器	正常☑	劣化□	破损□	
风窗玻璃清洗液	正常□	缺少☑		补充玻璃水
发动机油	正常☑	缺少□	污浊□	
制动油	正常☑	缺少□	污浊□	
助力油	正常☑	缺少□	污浊□	
变速器油	正常☑	缺少□	污浊□	
冷却液	正常☑	缺少□	污浊□	
传动带	正常☑	破损□		
蓄电池	正常☑	故障□		
灯泡	倒车☑ 制动/左.右☑ 转向/左.右☑ 前照灯/左.右☑ 小灯/左.右☑			

联系电话：66666666 经手人：陈某